天下文化

BELIEVE IN READING

WARREN AND BILL
巴菲特與蓋茲
一 段 改 變 世 界 的 友 誼

Gates, Buffett, and the Friendship
That Changed the WorldFuture

Anthony McCarten

安東尼・麥卡騰——著

譚天——譯

人類的利他情懷若不能利己，是不會有結果的。

——馬塞爾．普魯斯特（Marcel Proust）

目錄

第二部

前言

朋友之間總是相互影響。在我的好友鼓勵下，我玩過衝浪（結果災情慘重），學了吉他（情況好得多），開始打網球（永遠感恩），吸了大麻（淺嘗即止），與幾位女友說拜拜後又搭上另幾位女孩（一段五味雜陳的荒唐史），我力爭上游（現在進行式），甚至還當了作者（各位評審請高抬貴手）。

這本書談的是一段友誼，一段當代最具影響力的友誼。事實上，我絞盡腦汁，怎麼也想不出另一段能在金融、科技、全球慈善領域造成如此深遠影響的友誼。華倫．愛德華．巴菲特（Warren Edward Buffett）與威廉．亨利．蓋茲三世（William Henry Gates III）相識於一九九一年；兩人一起玩牌、打高爾夫、嘻笑打諢、交換商業祕密、共享垃圾食物。人們很少改變，往往只有心愛的伴侶或至交好友才可能讓人改變，而且這種改變還是暫時的——它需要伴侶好友們有增無已的施壓。華倫和比爾與日俱增的友誼帶來內在與外在的變化，這種轉變在一開始很微小，而且帶有玩笑意味，但逐漸成為影響深遠的轉變。為了這段友誼，兩人都投入他們最珍貴的商品：他們的時間（兩人都珍惜時間如命）。沒多久，他們各自的人生伴侶也在這齣一幕幕展開的友情劇中扮演決定性角色，有史以來最大規模的慈善事業——比爾與梅琳達．蓋茲基金會（Bill & Melinda Gates Foundation）——就這樣建立了。根據最新財報，這家基金會持有近七百億美元資產。直到二〇二一年，它只有三位董事：比爾．蓋茲、梅琳達．蓋茲、與華倫．巴菲特。

蓋茲的父母親在西雅圖郊外的度假屋舉辦一場花園派對，而蓋茲在聽說巴菲特也會出席之後還明確表示不想參加，他們之間不尋常的友誼是如何從這樣不帶希望的起點發展起來的？具體來說，他們兩人各以什麼方式開始影響對方？兩人各以什麼樣的性格特質引起對方共鳴？兩位超級巨富的夥伴關係，對於其他人，特別是對於在這個貧富懸殊的世界中日益依賴**超級**有錢人的慷慨和判斷的數百萬窮苦大眾，代表什麼意義？

我對比爾．蓋茲的興趣始於學生時代。當時我懷抱著中間偏左的傾向和年輕人的義憤，總想著，像他這麼有錢的人怎麼可能**不**想全力投入拯救地球、緩解人世苦難、改善人類命運的事業。我自問，這人的**良心**到哪裡去了？結果發現，他的良心睡著了，等著一個彷彿童話故事情節的喚醒。一位美麗的公主登場，以一個化腐朽為神奇的皇家之吻印在這青蛙王子的唇上。魔咒破解，王子醒了。就在我們眼前，億萬富豪比爾突然化身為推動全球慈善的「加拉哈德爵士」（Sir Galahad）*。比爾在二〇〇〇年卸下「微軟」（Microsoft）執行長職位，不再以壟斷我們的數位未來為職志，而是專注於關懷受傷的人、照顧瀕危的人，幫助社會上最弱勢的一群。

他是個正人君子。

然而，邂逅前妻梅琳達，真的是改變比爾，造成這個重大轉變的關鍵因素？還是說，這個重大轉變的種子之前就已經播下？

比爾仍是位爭議人物。他有他的粉絲群，也有指責他的人，他們長期壁清野，各擁強大火力。在寫這本書時，網上幾乎每天都有一些荒謬的陰謀論，有人指控他為了賣疫苗大發利市，而祕密釋出致命的病毒，還有人說他其實是隻……是隻蜥蜴。群眾心理對妖魔鬼怪總是情有獨鍾，儘管比爾做得很好，卻一再遭到妖魔化——而喬治．索羅斯（George Soros）始終沒有類似遭遇。像這樣一再成為眾矢之的，遭人口誅筆伐，會是什麼**感覺**？這一切會讓他受傷嗎？是什麼樣的內在防火牆讓他能對這些痴言瘋語置若罔聞？

發現比爾喜歡打橋牌時，我對他的興趣又深了一層。橋牌是一種變幻莫測的紙牌遊戲，你得叫牌，得有攻防策略。我們在下一個主題也會談到橋牌。

人稱「奧瑪哈先知」（seer of Omaha）的華倫是一位非常非常強大的橋牌玩家。而比爾正是他最喜歡的橋牌搭檔之一。為什麼？因為他們能無聲地交流，精確解讀對方所給的線索，這正是橋牌出色搭檔的關鍵。想擊敗這樣的搭

---

* 譯注：為傳說中亞瑟王圓桌武士的一員，只有他才能找到聖杯。

檔非常困難。此外，自二戰結束後幾十年來（戰爭結束那年，他十五歲），華倫建立了一個全球帝國，在撰寫本書時，這個帝國市值近一千兩百億美元，使他成為世界排名第五的富豪。同時，他不僅為人喜愛，還非常受歡迎，在若干領域甚至受到尊敬。為什麼一個如此令人羨慕的富人會有如此令人羨慕的好人緣？為什麼沒有人指控他陰謀釋放 COVID-19 病毒？為什麼沒有網路酸民攻擊他，說**他**其實是一頭科摩多龍（Komodo dragon）*？為什麼沒有人對他因妒生恨？

部分原因是華倫搶先了批評者一步。他贊同超級富豪應該繳更多的稅，他甚至以「停止溺愛超級富豪」（Stop Coddling the Super-Rich）為題，在《紐約時報》（*New York Times*）撰文，呼籲政府對他以及像他這樣的有錢人課以重稅。他不但沒有扮演路易十六（Louis XVI）的角色，還繼承了羅伯斯皮耶（Robespierre）**的衣缽。華倫向我們保證，他**有能力**支付更多稅金。他也**願意**付更多的稅。他主張廢除那些不公平的稅務減免優惠，因為這些優惠只能圖利那些根本不需要財務補助的人。有錢人多繳稅，這才是正確的做法。

他很受歡迎。

（比爾也樂意繳納更多個人所得稅——甚至願意多付一倍——而且認為自己也應該繳納更多的資本利得稅，儘管他在二〇一八年曾自豪地宣稱自己繳了一百多億美元的稅，比其他人都多。「如果人們希望稅收達到一定水準，很好，就把稅收訂在這個水準上。」這話他至少公開說了十年。但關於未稅資金能否用於慈善捐助，以及這類捐款普遍具有的稅務減免優惠，仍然存在問題，特別是當捐款金額龐大時，而所有科技巨頭都用這些企業稅制度上的漏洞來避稅——比爾與華倫這類人士所以能成為如此巨富，部分原因也在於此。值得注意的是，比爾大張旗鼓捐入比爾與梅琳達．蓋茲基金會的資產，都是他在微軟的未稅股份。既然如此，誠如一些批評人士所說，**他們**的錢是不是也應該被視

* 譯注：世上最大型的蜥蜴。
** 譯注：法國大革命時期領導人。

為**我們**的錢，受到更公開的檢視、規範與監管？）

另一個原因是：華倫的住家。華倫沒有城堡般的豪宅。自一九五八年以來，他一直住在一棟不起眼的房子裡，這是盡人皆知的事。這房子外緣只有一小塊可以輕鬆跨越的草皮。這位老兄**邀請**大家觀察他的生活、習慣與商務做法。他沒有什麼好隱瞞的。任何路過華倫那棟房子的人都不難想像，騎著腳踏車送報的報童，根本不需要多強的臂力，也能輕輕鬆鬆將一份《華爾街日報》（*Wall Street Journal*）扔到華倫的門廊前。華倫沒有什麼好怕的。九十三歲的時候，他甚至說，就連死神找上門，他也沒在怕。他說，就算你本事再大，面對死神也無計可施，只能俯首聽命。華倫知道，當代表死亡的荷官喊出「遊戲終止」，並在計分表下畫一道平行線時，他會低下頭看著自己攤在桌上的那副牌——相對於比爾，他更加珍視那副牌——說道：「太好了。」他這場極盡輝煌、精采的人生牌戲即將落幕。就像之前消逝的所有超級富豪一樣，他將一文不名地入土或升天，只存活在世人對他行了多少公益、幹了多少壞事的記憶中。誠如華倫自己所說，我們走了以後，留下來的不是金錢，而是愛：我們給了多少愛，得了多少愛。

柏拉圖寫道，這世上有三種人：愛智慧的人、愛榮譽的人、愛利益的人。我們應該問問柏拉圖，一個追求利益的人，是否也能同樣愛榮譽？或者，一個重視榮譽的人，是否也會同樣愛利益？一個人難道不能以同樣的心力追求利益、榮譽和智慧嗎？本書要探討的是，這三種屬性中的任何一種，會不會妨礙另外兩種屬性的取得，或者一個人是否有可能否定柏拉圖這句名言，成為三者兼備的典範。

* * * * *

我還要針對現代慈善事業現狀，特別是對「創造性資本主義」（creative capitalism）進行檢視，提出若干觀察所得。「創造性資本主義」是蓋茲提出的一個新詞，要旨在利用市場原則造福公益，將慈善捐助的承諾與私有企業的力量結合在一起。那麼，哪些人最可能因創造性資本主義而獲利？哪些人最可能蒙受其害？人類的苦難很容易被忽視，因為它無所不在，世事**總是**如此：就像二十四小時燒著的瓦斯火焰發出的聲響一樣，不斷聽著那種令人難以忍受的噪音，一段時間過後，它就成了一種寂靜。

何必陷入這個複雜的泥潭呢？

慈善是個極具爭議性的話題。在許多批評者心目中，慈善不過是一種特赦，讓那些超級大賊以自首方式歸還（部分）不法利得，從而免於被起訴。其他人則認為，對任何慷慨行動的非難，都是心胸狹隘且違反人性的——是一種「友軍砲火誤傷」形式，會傷害那些社會迫切需要的好人。

或許，研究有史以來兩位最偉大慈善家的**生平**，可以說明**我們這個時代**慈善事業的真正本質。

* * * * *

在我看來，這兩位人物之所以值得我們研究還有另一個理由。

儘管有譴責收入不平等的大規模遊行，儘管「社會主義者」一詞從歷史垃圾桶中被重新拾回，但多年來我始終覺得，我們其實一直忽略了那些非常富有的人，也因此處於危險之中。我們沒有以正確的方式關注他們，也沒有提出正確的問題。我們一直專注於自己對塵世的不滿、爭執、日常需求、欲望、希望、權利、度假計畫、房貸、人際關係、工作、債務、病痛、社群媒體帳戶、寬頻速度、爆胎等，各種令人不勝其煩的雜事。而與此同時，那些非常富有的人卻在悄悄地累積無法估量的財富，甚至不斷刷新人類史上既有的財富紀錄，例如：凡爾賽宮的路易十四、羅曼諾夫（Romanovs）王朝那些偷竊癖最嚴重的君王、勤奮的卡內基家族（Carnegies）、積極囤積財富的范德堡家族（Vanderbilts）、「鍍金時代」（Gilded Age）的洛克菲勒家族（Rockefellers）、溫莎王朝（Windsor）或歐洲各地的王公貴族、所羅門王（King Solomon）、克努特王（Canute），或在裝滿驢奶的浴池裡沐浴的克麗奧佩特拉（Cleopatra）。數十年來，就在我們無暇他顧的情況下，有錢人的金錢、金錢、金錢，不斷在增加、增加、增加，增加到金庫裝不下，數量龐大到令人難以想像。究竟有多少錢？根據「樂施會」（Oxfam）*二〇一七年的一份報告，世上最有錢的八個人的財富，與全球最窮的一半人口的財產總額相當。容我重複一遍。我說的不是全球最富有的八十萬人，不是最富有的八千人、八百人，或八十人：而是最富有的**八個人**。這八個人擁有世上**半數人口擁有的一切**財富。

正如一位被遺忘的詩人所說：這是什麼鬼？

所以，那些有錢人和你、我不一樣。至少不會再一樣。他們現在是一個就連他們自己也難以適應的國度的公民。他們每天醒來，面對他們特有的挑戰。他們生活的氣候與景觀獨一無二、前所未見，根本沒有可供參考的旅遊指南。他們怎麼知道該如何邁出步伐，並避免因他們的獨特情勢而可能犯下的大錯？因為沒有——也不可能有——這樣一份指南，告訴你該怎麼做，才能與另外七個人——全員聚在一起也只夠打一場籃球比賽——妥善管理**全球半數人口的財富**。

* * * * *

正如亞里斯多德在幾千年前所說，「施捨錢財很簡單，每個人都辦得到。但要決定把錢給誰、給多少、什麼時候給、基於什麼目的給、怎麼給，既非每個人都辦得到，也不是一件簡單的事。」自從「**智人**」（Homo sapiens）有了「錢」，我們就一直在思考富人應該如何使用他們的財富。這個問題很難跟世上是否應該有富人分開來，但把這兩個問題併在一起討論，往往會陷入修辭的死胡同。除非你同意安德魯．卡內基（Andrew Carnegie）一八八九年所提的日後人稱「涓滴理論」（trickle-down theory）的觀點，認為只要放任資本家施展身手——讓資本家自己決定怎麼賺錢，自己決定如何施捨——社會就能繁榮，否則只要談到富人施捨的性質與效應，批判貧富不公的一派總是穩居上風。

約翰．洛克菲勒（John D. Rockefeller）在一九一六年成為世界上第一位億

* 譯注：一個以開發與救援為宗旨的國際組織。

萬富翁。想想看，一千個百萬富翁的財富集結在一個人身上：這就是當年的老洛克菲勒，而且在那個年代，你只需一千美元就能買下一整棟房子。從那以後，超級富豪俱樂部的會員人數就在悄然間飛速成長。根據二〇二三年發布的第三十七屆《富比士》（*Forbes*）年度富豪排行榜，我們現今有兩千六百四十位億萬富豪。事實上，比爾·蓋茲在一九九九年成為世上第一位身價超過一千億美元的富人。打個有趣的比方，如果把一千億美元都換成二十五美分硬幣，這些硬幣足以填滿八座倫敦聖保羅大教堂（St Paul's cathedral）。如果一般美國人（在二〇二三年）每小時能賺三十三美元，或每週收入略高於一千三百美元，或每年**稅前**收入超過六萬八千美元，那麼這位一般人只是一粒沙子，而比爾·蓋茲就數學角度而言是天上的月亮。

這本書談的是兩位月亮般的巨人。內容包括，隨著時光流逝，兩人的人生重心如何轉變，以及他們的友情如何加深。這本書談的是他們已為公眾所知的故事，以及他們共度的時光。還有他們喜愛的事物，以及他們愛的人和愛他們的人。

在研究這些人時，本書將提出幾個棘手的問題。世界是怎麼走到今天這一步的？從任何層面來說，今天這種狀態**公平**嗎？它能持久嗎？如果誠實的企業只能在寥寥可數幾個領域凝聚公共財，這個世界會變成什麼樣子？處在這樣一個失衡的世界中，我們是否安全，是否如幾位思想家與領導人所說的那樣，比以往任何時候都更安全？還是說我們正走向一場大清算？億萬富豪的出現，是一項要我們趕緊升級世界核心作業系統的警訊，還是我們得丟了舊的，從頭打造一個全新作業系統？今日，這些富豪實際上已經成為全球大債主，而我們很大程度上需要仰仗他們鼻息存活，我們能相信這些富豪會秉公行事、對我們友善嗎？鋼鐵大王卡內基在一八八九年表示，「死在錢堆裡的人並不光彩」（those who die rich die in disgrace），但有多少富人能遵循他這句忠告？這些富豪最後開出的支票，會跳票嗎？

PART 1

第一部

第一章　華倫，這是比爾；比爾，這是華倫

比爾．蓋茲很惱火。從他搭乘的直升機向外望去，金色夏陽照在普吉特灣（Puget Sound）寶綠色的水面上，織成一幅絕美風情畫，但他愈看愈惱，因為他根本不想來這裡。那一天是一九九一年七月五日星期五，全美各地都在歡度利用國慶日創造出來的超長週末，但身為微軟的執行長，比爾並沒有將「玩樂時間」放入助理為他安排的、細到以分鐘為單位的行事曆。比爾有事要做。根據《富比士》的排名，當時他是全美第二富豪，但他並沒有為了勇奪全美首富頭銜而埋頭苦幹，這時的他，正奉母命飛往父母親在胡德運河（Hood Canal）的度假屋。她說：「**來見見華倫．巴菲特**。」——這不是邀請，而是命令。比爾看不出見華倫有什麼意義。華倫已經是過氣的人物。華倫在《富比士》富豪

排行榜排名第八——當然還不錯，但毫無疑問不是自己的對手。和比爾與他那些科技業友人（以及敵人）不同，華倫只會選股，不會創造未來。比爾告訴母親，華倫只會買賣「紙券」，那並不是真正的「增值」。但瑪麗．蓋茲（Mary Gates）堅持要兒子飛來會見華倫。

比爾告訴他的直升機駕駛員，他預計兩個小時後飛回西雅圖。

華倫．巴菲特也想盡快結束這趟胡德運河之行。在驅車前往蓋茲家族度假屋途中，他向同行友人抱怨：「我們花一整天時間和這些人待在一起，到底要做什麼？我們得待多久才不會失禮？」

但俗話說得好：「每個偉大男人背後，必有一位偉大女人。」在一九九一年，比爾有他的母親。華倫的背後也有一群女性支持者：他的妻子蘇珊（Susan）；他的同居伴侶艾絲翠（Astrid）；還有就是促成今天這趟行程的凱瑟琳．葛蘭姆（Katharine Graham）。凱瑟琳暱稱「凱」（Kay），就是《華盛頓郵報》（*Washington Post*）那位名聲響亮的前發行人。她是華倫最親密的知己之一，也是她把華倫從奧瑪哈拖出來歡度國慶日。華倫與凱當晚在《華盛頓郵報》社論主編梅格．葛林菲德（Meg Greenfield）位於班橋島（Bainbridge Island）的家中過夜。這場《富比士》富豪排行榜排名第二與排名第八兩位人物的會面，就是凱與瑪麗．蓋茲想出來的點子。至於這兩位男士能不能處得來，兩名女士都沒把握。她們心想，情況很可能是，兩人相見後不歡而散，比爾會變得煩躁，華倫會溜去找一瓶櫻桃味可樂。但這兩個男人會面的場景一定不會無聊。

直升機終於在震耳欲聾的槳葉響聲中，迎著風在草坪上降落。應邀參與聚會的來賓抬頭觀望：比爾到了。

＊　＊　＊　＊　＊

當比爾與華倫第一次握手時，兩人從對方身上看到了什麼？比爾能感受到這位深獲民眾喜愛的美國資本主義老爹那種慈眉善目的親和力嗎？或者，在華倫的眼神中，他瞥見一絲像是自己的狠勁？在華倫眼裡，比爾身上是不是能看見自己年輕時的影子，另一個腦子裡永遠盤算著數字、不修邊幅的工作狂？

幾年以後，華倫在初會另一位科技大亨傑夫・貝佐斯（Jeff Bezos）時，搞笑地張開雙手，故做驚懼狀，還對貝佐斯大喊：「不要吃我！不要吃我！」有鑑於微軟當年窮凶極惡的商業擴張模式，華倫在初會比爾時很可能也採取了同樣的做法。

不管怎麼說，在瑪麗與凱惴惴不安的眼神注視下，華倫開門見山，第一句話就問比爾：「你會如何從零開始打造ＩＢＭ？」

比爾的眼睛亮了起來。

其他與會來賓在周遭遊走的同時，華倫連珠炮似地向比爾提問，而且一一問在比爾心坎上。華倫想知道一切有關軟體這一行的事。他想了解一家像微軟這樣年輕的公司如何把「藍色巨人」（Big Blue）*打得措手不及。他要知道有

*譯注：就是ＩＢＭ。

關技能組合與定價問題的各種細節。二十五年以後，比爾回憶說，華倫當時不斷挖著，挖著，問他「從來沒有人問過的好問題」。比爾當時建議華倫拋掉一些「已達頂峰」的股票。華倫回應，他正是因為不理會這類建議，才能達到今天的成就。這樣的答覆一定讓比爾很震驚：已經有很長一段時間，沒有人具備能這樣反駁他的權威，華倫是第一人。

他們聊個不停。「我們聊個沒完。」華倫說。比爾是個好老師。而華倫是聰明的學生，渴望了解他之前始終置若罔聞的高科技行業。老實說，比爾與華倫的交談已經多得失禮。瑪麗與老比爾邀了許多大有來頭的友人參加這場聚會，比爾與華倫卻像一對戀人一樣，溜到海灘散步，把這些位高權重的人都拋在身後，讓他們猜不透這兩人到底在談些什麼。望著兩人站在海邊的身影，以善於挖苦人著稱的梅格·葛林菲德或許會對凱說：「這兩人可能是在爭他們的《富比士》排名吧。」「來吧，我們打槌球吧。」

槌球賽結束了。紅日西沉。直升機也返航了。比爾留了下來。

* * * * *

前《電腦週刊》（*PC Week*）記者約翰．道奇（John Dodge）在一九九〇年代密集採訪比爾之後，就常在文中稱這位微軟創辦人很健談，或者，很不會說話。他曾回憶道，有一次與比爾一同搭機：「我們一路上都在談科技。蓋茲就是這樣的人——只談科技與商務話題。要他閒聊很難，對他來說，閒聊根本沒有意義。」道奇說，比爾有時會「閉上嘴，開始搖來擺去，表示這個問題很蠢」。

在繼續寫下去以前，我們先談談這「搖來擺去」的事。比爾以喜歡搖擺著名，不是那種聽著搖滾樂、狂歌勁舞的搖擺，而是或坐、或站，身子前後擺動，每當他陷入沉思時就會這麼做。正如約翰．西布魯克（John Seabrook）在為《紐約客》（*The New Yorker*）寫的一篇專文中所描述：

> 這人在工作時喜歡搖擺。無論是在商務會議上，在飛機上，或是

在聽演講時，他的上半身都會向下搖擺，擺到幾乎四十五度角，然後擺回來，隨即又向下搖擺……而且他會依據當時的情緒做不同強度的搖擺。

因此，我們可以假設，在比爾與華倫初次見面的那次長談中，科技與商務幾乎是唯一的話題。或許對兩人而言，這沒什麼問題；因為他們本來就不是那種喜歡打探隱私、說長道短的人。

但在那個晴朗的夏日，兩人應該有很多話題可以聊。

在那之前不久，兩位大亨都成為鎂光燈下的焦點。對比爾來說是壞消息：一度被稱為新興科技業頭號神童的他，這時被指控為霸凌者、抄襲者、新興壟斷者。或許比爾會問投資家華倫，他究竟用了什麼手段，才能在賺進幾十億美元的同時，還能建立好形象，活脫脫一位從法蘭克．卡普拉（Frank Capra）電影中走出來的好好先生？自一九六五年以來就由華倫控有的波克夏．海瑟威（Berkshire Hathaway）公司，股東們每年蜂擁而至參加年會，只為聽華倫高談闊論公平交易的本質。想像一下，比爾難得地向華倫訴苦，說自己只希望大家看到他真正的本質，把他看做一個解決問題的人。想像一下，華倫安慰比爾，說自己也曾被指控有反競爭行為。「**真的嗎？**」比爾回答，因為大眾早已忘了華倫一九八〇年代在水牛城（Buffalo）掀起的那場報紙戰爭了。但真正重要的是，華倫向比爾解釋：今天的惡棍，是明天的英雄。美國就是這樣運作的。

華倫也可能向比爾坦承自己內心的煎熬衝突。在兩個陣營之間遊走並不容易——今天你和左派的《華盛頓郵報》記者一起打高爾夫，明天你得出席正式晚宴，咬緊牙關聽著同桌的右派賓客一邊嚼著杏香鱒魚，一邊抱怨「**福利女王**」（welfare queens）*。華倫回憶：「我告訴他們，真正的問題是企業福利。這才讓他們閉上嘴巴。」

華倫解釋，重點是，身為平民百姓，卻身處於權貴之中，讓人很混淆。有

* 譯注：美國右派用來挖苦詐領福利金的黑人女性的名詞。

權有勢的人似乎沒有意識到他們多麼幸運。

當然，這次長談的話題離不開錢。怎麼賺錢，怎麼保住賺來的錢。擁有巨富必須面對龐大壓力，比爾與華倫是少數能夠理解這種壓力的人。每個人都想從你身上得到一些什麼——你怎能**拒絕**？而當你表示同意時，你又怎麼決定應該給些什麼，給誰？

在這次長談一開始，華倫提出的主題是：把財富留給子孫會招來禍害。但他一直以來都認為，與其現在就把你的財產全捐出去，好讓孩子免於繼承的噩夢，不如等你死後再說。「複利。」華倫說。他建議，透過「利上滾利」的複利來增加你的財富，這能讓你的後代在你過世後有更多的錢可以分配。想像比爾以他的線性思維分析華倫這些論點的利弊，準備反擊時，華倫補充道，自己也希望慈善事業能有一套保證回報的**系統**。比爾立即以他那怪才特有的尖叫聲大喊：**沒錯！沒錯！一個系統！**他開始點頭……身子前後擺動。

想像他們在比較彼此的大腦。那種能在腦子裡計算龐大金額的驚人能力。相形之下，人們那些難以估算的欲望、需求、傷痛、虛榮，更難以理解。想像他們還談到橋牌——或許兩人初次謀面就談到了這項兩人都熱愛的遊戲。

不過，以上這些都只是我們查無實據的想像。根據有紀錄的資料，華倫與比爾最後從海灘緩步返回，坐下用晚餐。比爾的父親向在座的來賓提出一個問題：他們認為自己能有今天的成就，最重要的因素是什麼？來賓們一一作答。華倫與比爾給出了相同的答覆：「專注。」

* * * * *

專注。我們還知道，在兩人初會那天，華倫還為比爾做了以下一段分析演練。「他選定一個年份——例如一九七〇年——並檢驗當時市值最高的十家公司，」比爾解釋道，「然後他把時間推到一九九〇年，檢驗這十家公司的狀況。」好玩吧？更好玩的還在後頭——華倫開始舉證歷歷，不假思索地提出佐證數字。大多數人聽到這些話會開始走神，忍不住調頭望向海平面，想著那些過往船隻上都有些什麼樣的人物。但比爾不同。比爾說，華倫「對這項演練的熱情很有感染力」。正是這類深入探討商業的閒聊，讓比爾沒有匆匆搭直升機趕回西雅圖，他與華倫歷久彌新的友情也因此奠基。兩人一直以這種特殊方式思考這類問題。

對華倫來說，早從六歲起他就以這種方式思考問題，而這一切都從一只碼錶開始。

他早想擁有一只碼錶，在如願得到它以後，他想出各種讓這只碼錶派上用場的遊戲，例如彈珠比賽。他不斷打著彈珠，記錄每一顆彈珠從浴缸邊緣滾到排水孔需要幾秒鐘。沒多久，他開始在教堂做起心算，默記下讚美詩冊上列在作曲家姓名旁邊的生卒年月，以打發冗長儀式中無聊的部分。他計算他們的壽命長短，與一般人做比較，做為一種虔誠價值的考驗。在學校裡，華倫自然在數學方面表現優異，特別優異。但對他來說，學數學有個好處：它能幫你算出成敗機率。一旦了解成敗機率，你才能下注下得聰明。

數學還能幫你抓住獲利機會。而華倫最愛的莫過於賺錢。早在大蕭條（Depression）時期，還是個孩子、住在奧瑪哈的華倫，就開始挨家挨戶兜售口香糖與可口可樂。口香糖每賣一包可以賺兩分錢，六罐裝可樂可以賺五分錢。他在腰帶上繫一個鍍鎳零錢盒，把賺來的硬幣存放進去，並一一記帳。沒多久，他就謀得一份差事，在奧瑪哈大學（University of Omaha）向美式足球迷兜售花生與爆米花。其他孩子可能會拿辛苦賺來的錢買糖果或漫畫書；華倫可不這麼做。他把這些錢都存起來。

「我並不是**想要**那些錢，」年輕的華倫解釋，「我只是喜歡賺錢，喜歡看著錢愈攢愈多。」

* * * * *

一九四〇年，歐洲陷入大戰，小羅斯福（Franklin Delano Roosevelt）破紀錄地三度出任美國總統，但在當時十歲的華倫心目中，那一年最讓他印象深刻的一件事，是他擔任股票經紀人的父親霍華（Howard）帶他走訪了紐約市。對這位未來的口香糖大亨來說，此行的首要任務是參觀紐約證交所（Stock

Exchange）；途中，他跟在霍華身邊，拜會了高盛（Goldman Sachs）的資深合夥人希尼．溫伯格（Sidney Weinberg）。根據巴菲特的說法，溫伯格當時是「華爾街最有名的人」。霍華帶著兒子一起，有一個始料未及的好處：溫伯格未必有意會見霍華．巴菲特這樣一位來自奧瑪哈、名不見經傳的股票經紀人，但如同華倫日後所述，在看見霍華身邊還跟了一個可愛的小傢伙時，溫伯格要說不就難多了。許多年後的二〇〇八年金融危機期間，巴菲特在拯救高盛掙脫一場迫在眉睫的滅頂困境時，想到與溫伯格的這次邂逅。他想到這位在一九二九年股市大崩盤後重建高盛信譽的華爾街大亨，在會面中問了年輕的華倫一個讓他幾十年來始終縈繞於心的大哉問。當時溫伯格伸出一隻手臂，摟著這個靦腆的小孩，問道：「說說看，**你**喜歡哪一檔股票？」

* * * * *

一九四二年，華倫．巴菲特把他積攢的硬幣與生日領到的錢都倒了出來。

讓他家人不敢置信的是，他竟然攢了一百二十美元，這在那個年代可是一筆財富。問題是，這筆錢沒有什麼**作用**，它只是擺在那裡。華倫不久前看了一本書：《賺一千美元的一千種方式》（*One Thousand Ways to Make $1,000*）。他一讀再讀，從這本書中發現「複利」的概念。所謂複利就是你用錢賺錢——你把錢存在銀行裡，讓錢滾利息。或者你也可以買股票，華倫．巴菲特就是決定這麼做。

華倫與姊姊桃莉絲（Doris）合夥，以一一四．七五美元買了三股他父親看好的「城市服務」（Cities Service）特別股，即每股三八．二五美元。然後他盯著市場，緊緊盯著市場。這檔股票隨即慘跌，跌得讓人心驚肉跳——然後開始回升，在漲到每股四〇元時，華倫當機立斷將持股脫手，幫自己與桃莉絲賺了五美元。桃莉絲後來告訴華倫的授權傳記作者艾莉絲．施洛德（Alice Schroeder）：「我從那時起就知道他在行。」

華倫或許會覺得姊姊對他謬讚了，因為隔不多久，城市服務特別股就爆漲到每股二〇二美元。

華倫認為這是他一生中意義最重大的一次買賣。這不僅是因為他緊張過度，讓自己丟失一筆豐厚的利潤，還因為他也讓桃莉絲損失了這筆利潤。他學得一項教訓：若要替他人投資，自己最好先有十足的把握。想要有把握，最好的辦法就是計算你勝出的機率。

如果說華倫勤儉節約、勇於冒險，是大蕭條時期奮鬥者的典範，那麼比爾則是另一種典型的代表人物：「nerd」（書呆子）。

「nerd」這個字直到一九六〇年代才開始普遍使用，而當它普及時，威廉·亨利·蓋茲三世不折不扣地演繹了它代表的一切。能在腦子裡計算方程式嗎？沒錯。身材不高，聲音沙啞，對那些智商較差的同儕態度傲慢？沒錯。標榜完全不在意儀表，不修邊幅？絕對沒錯。還在讀小學的時候，比爾就喜歡穿領口扣上的襯衫，褲子也要拉到**腰部以上**。就連他的小名「Trey」，也可能被誤認為一個愚蠢的雙語笑話——他是威廉，他的父親也是，甚至他的祖父也是：分別是「uno」、「dos」、「trey」。* 儘管具備這些「書呆子」特質，比爾卻無心學業，讓父母頭痛不已。瑪麗與老比爾不止一次因為小比爾的惡作劇而被學校找去。很顯然，為了讓小比爾專注於學業，他們煞費苦心：他滑水時十分狂野，但不適合團隊運動；在學校裡總是感到無聊，只有能激發好奇心的事，才能讓他全力發揮才智。例如：他在小學六年級就以「投資蓋茲式公司」（Invest with Gatesway Incorporated）為題，寫了一篇報告，假想自己是一位「年輕發明家」，憑創意打造一家公司。「如果我的構想很好，而且能雇用到優秀的人才，」他寫道，「我應該可以成功。」

在寫了這篇報告一年之後，通往成功之路為比爾打開了。當比爾即將進入七年級時，瑪麗與老比爾決定把他送往西雅圖貴族學校「湖濱中學」（Lakeside School）就讀。這是一所私校，當時只收男生。

頗具反諷意味的是，如果比爾當時是個更好的學生，繼續留在公立學校就讀，他很可能永遠無法在電腦革命中搶得先機。在那個年代，能夠接觸到電腦

＊譯注：「uno」、「dos」、「trey」是西班牙語數字一、二、三（uno, dos, tres）變化而來的俏皮用法，比爾是三世。

的人寥寥無幾——早期「電腦」都是碩大笨重的主機裝置，得由一小群程式人員使用穿孔卡片輸入指令，然後開始運算。像祭司一樣，電腦也架在一個臺座上，臺座下裝著它的電纜根系。像祭司一樣，它也會根據祈求者的各項要求，吐出一些神祕費解的回應。它會說「錯誤」，而程式人員只能壓住滿腔不快，趕回桌案邊，一頁頁檢閱二進碼，找出錯誤。但一九六八年是個分水嶺——英特爾（Intel）在那年夏天成立，惠普（Hewlett-Packard）推出它的第一臺可編程桌上型計算機，史丹佛大學的道格拉斯．恩格巴特（Doug Engelbart）演示了滑鼠、文字處理器、電子郵件與超文本的雛形。湖濱中學在那一年租用一臺ASR-33電傳打字機供學生使用，數位圍牆開始坍塌了。

這臺又吵又笨拙的機器有一個神奇的力量：它可以透過數據機連到主機電腦。你在ASR-33輸入幾行原始代碼，透過電話線將這些指令傳送到奇異公司（General Electric，即通用電氣）的「馬克二型」（Mark II）主機電腦，然後——很快地——ASR-33印表機就會帕噠帕噠打出主機的回覆。舉例來說，你下指令給主機，要它計算「2+2」這個方程式，印表機上就會出現「4」。（當然，如果你用的代碼有誤，印表機的回覆也會「錯誤」。）因為奇異的馬克二型只能使用一種程式語言，你得用「初學者通用符號指令代碼」（Beginner's All- purpose Symbolic Instruction Code, BASIC）來編寫代碼。也就是說，你若要電腦「計算 2+2」，你下的指令是：

```
10 PRINT 2+2
20 END
RUN
```

當時十三歲的比爾是湖濱中學公認的 BASIC 大師。他很快就學會了如何利用這種程式語言創建一個數位版的井字遊戲。（事實上，這是比爾寫的第二個程式；他寫的第一個程式能將數字從一種算術進制轉換成另一種進制。）當湖濱中學高年級學生領袖遭遇 BASIC 難題，需要幫忙時，有人告訴他，只要走到麥考里斯特大廳（McAllister Hall）前門附近那間小辦公室去找那個不起眼的小傢伙就行了——可不是嗎？比爾就在那裡，俯身在那臺電傳打字終端機上忙著，雙腳因為搆不著地面而擺盪著。

「操作電腦時，不能使用一些模糊的說詞，」比爾在解釋為何他對電腦情有獨鍾時說道，「你只能精確地描述。」

痴迷於電腦的人並非只有比爾。湖濱中學不乏電腦怪咖，其中，十年級生保羅．艾倫（Paul Allen）與黎克．威蘭（Ric Weiland）的名氣尤為響亮。後來成為微軟共同創辦人的艾倫，在他的回憶錄中談到與比爾初會的情景。

「我見到一個身材瘦長、滿臉雀斑的八年級生，神情緊張地從圍著電傳打字機的人叢中擠了進來。」艾倫寫道，「你可以一眼看出比爾．蓋茲這人的三個特徵。他非常聰明。他非常好強；他要向你**展示**他有多聰明。而且他非常、非常堅持。」

艾倫回憶說，甚至早在中學時代，比爾已經做著發財夢。比爾「虔誠地」閱讀父親的《財富》雜誌（*Fortune*），有一天他問艾倫，經營一家《財富》世界五百強的大公司會是什麼樣子。「我說我不知道，」艾倫寫道，「然後比爾說，『或許有一天我們會擁有自己的公司。』」

＊　＊　＊　＊　＊

你若把年輕的華倫與年輕的比爾擺在一起，就能看出兩人共有的那種專注力。兩人不僅早在青春年少時節就展示驚人的專注力，而且全力投入的目標也一樣：都是賺錢。賺很多錢。孩提時代的華倫與比爾都宣稱，希望以後能超級成功，賺很多錢。比爾透過電腦來進行數字分析，而對華倫來說，數字本身就有一種近乎神聖的吸引力。舉例來說，七歲那年，華倫有過一次從鬼門關前撿回一命的經驗：他因為一種怪病而住院，不肯吃東西，最後他在一張紙上填滿代表自己日後財富的數字，病也不藥而癒。「我現在沒多少錢，」華倫當時告訴他的護士，「但有一天我會有錢。我會在報紙上看到我的照片。」

數字之所以迷人就在於：**它們可以被計算**。而且可以**依靠**。人心難測，人事無常，災難說來就來——但你可以記帳管理數字；如果你今天賺了 x 美元，明天再賺 y美元，你可以肯定它們有一天會如你預期，增加到 z美元。

對小華倫來說，數字與它們代表的金錢，還是一種安慰和一種逃避，因為母親雷菈的情緒波動讓他感到恐懼。雷菈．斯塔．巴菲特（Leila Stahl Buffett）是一位了不起的女性，她從小就跟在父親身邊，幫著發行一家地方報。雷菈的拼字就是在幫忙排字的過程中學會的。後來，她將自己的偏頭痛歸咎於童年時期在家裡的排字機旁辛苦工作所致。她與霍華因為同為內布拉斯加大學（University of Nebraska）學生報工作人員而相識，如果是在另一個更晚的時代，雷菈或許可以進一家報社——或許是她的兒子有一天成為大股東的《華盛頓郵報》——擔任編輯或記者。但就像那個時代大多數婦女一樣，她當了家庭主婦，把一身傑出本事化為盡善盡美的主婦本色。但這盡善盡美的表象之下隱藏著黑暗的一面。巴菲特媽媽會突然暴怒，對碰巧在她身邊的子女破口大罵。身為長女的桃莉絲首當其衝；一九三三年才生在巴菲特家的羅伯塔．柏蒂（Roberta "Bertie"）受害最輕。為免自己也遭到一頓咆哮，華倫往往只能躲在一邊，眼睜睜望著母親大發雷霆，卻無能為力。

「她會突然發作，然後無法消停，」華倫回想母親暴怒的情景，「簡直沒完沒了。」

賺錢很有療癒效果。那是他可以控制的事。當霍華．巴菲特於一九四二年當選美國眾議員，舉家遷往華府時，華倫不僅失去他在奧瑪哈的親朋好友，還因為突然來到一所新學校，而被校內其他學生瞧不起，把他當成一個不能適應社會的鄉巴佬，在這種情況下，賺錢成了他的慰藉。華倫忙著在華府接各種工作賺錢，而其中他最喜歡送報紙。報紙是他血液中的重要元素：霍華．巴菲特曾經想當記者；雷菈從小在報紙裡長大。華倫喜歡把報紙丟進訂戶家那種快感，他每天早起送《華盛頓郵報》與《時代先驅報》（*Times-Herald*），放學後再送《明星晚報》（*Evening Star*）。他會先規畫路線，然後想辦法加速完成。這就像從前在浴缸裡比賽打彈珠一樣，只不過現在他是在賺錢。就這樣，他在一九四四年申報所得稅時，因為賺了五九二．五美元——這在當年可是一筆財富——而必須繳七美元稅款。（他還申報了二二八美元的利息與股息收入，並且列了十美元的「手錶修繕」開支與三五美元的「腳踏車與雜項」開支抵稅。）

對一個只有十四歲的男孩來說，這成績相當不賴。

除了這些，華倫還有一種不想費事申報的所得：他在商店行竊得來的不義之財。華倫終於為自己找到了社會定位——成為不良少年。每逢週六，他會與兩個死黨一起突襲新開張的坦利敦（Tenleytown）西爾斯百貨（Sears）運動用品區。

霍華·巴菲特很清楚怎麼管教他浪蕩的兒子：他揚言要把華倫的錢全部沒收。華倫日後回憶說，父親告訴他，他要麼「做一些與潛能相關的事」，要麼連報紙也別送了。

華倫想了想，決定做一些與自己潛能相關的事。

他看著帳本上自己一筆筆精心記下的那些錢，決定將它們再投資。波克夏·海瑟威今天的投資組合狀況，與華倫中學時代一樣五花八門。今天的主要股東包括「時思糖果」（See's Candies）、「政府員工保險公司」（GEICO）、「織機之果」（Fruit of the Loom）等更多更多公司；在當年，它的股東包括奧瑪哈的一家五金店、內布拉斯加的一家佃農農場，還有幾家剛起步的企業，包括華府的一家汽車拋光廠、一家販賣翻新高爾夫球的公司，以及巴菲特的「核准服務公司」（Approval Service）。核准服務的業務是出售郵票套票，但它真正的獲利來源是彈珠臺。

彈珠臺也是一種能利上滾利的東西。一旦買下這種機器後，除了偶爾或許需要花一點錢進行維修保養，彈珠臺基本上只會幫你賺錢。一枚硬幣接著一枚硬幣，一局遊戲接著一局遊戲。你可以用一臺彈珠臺賺來的錢買進另一臺彈珠臺，賓果！現在你有了兩臺彈珠臺，不斷幫你賺硬幣，你又有了錢再多買兩臺，雪球愈滾愈大。只要能找到足夠的適當地點，華倫非常樂意為整個東岸地區提供他的彈珠臺；事實上，他在華府的理髮店裡找到裝彈珠臺的好位置。

體育博彩也被納入巴菲特的投資組合。在奧瑪哈，華倫會到賽馬場，不是去下注，而是去撿賭客丟棄的「披士下注單」（"place" and "show" tickets）。他們在下注的馬跑輸後，隨手丟棄下注單，卻不知道跑第二名或第三名的馬也能領取彩金。一旦華倫把這些丟在地上的寶都蒐集完畢，他的姑姑愛麗絲（Alice）就會幫他兌獎（因為孩童不能賭博）。之後，華倫從賽馬場的「負磅馬」（handicapping horses，譯按：在一場馬賽中，為平衡每匹馬的勝出機會，主辦方會為不同能力等級的馬配戴一定的重量）找到又一生財之道，推出一份叫做「馬童精選」（Stable-Boy Selections）的賽馬小報。

華倫發現，分析股票市場與分析賽馬並無太大差異。一九四七年，已經回到奧瑪哈的華倫，以三百五十名學生中排名第十六名的成績，從伍德洛．威爾森高中（Woodrow Wilson High）畢業，當時他已經知道，股市操作將是他的前途所繫。華倫在畢業紀念冊上自己的照片底下，寫上「未來的股票經紀人」幾個字，然後前往賓州大學（University of Pennsylvania）華頓商學院（Wharton business school）深造。

複利對華倫的影響，就像編碼對比爾一樣。比爾與湖濱中學另外幾位程式高手剛弄懂電傳打字機之後不久，西雅圖地區一家新創「電腦中心公司」（Computer Center Corporation），暱稱「C-Cubed」，邀請他們測試公司的機器，要他們盡可能執行最多程式，看怎麼樣會導致當機。比爾和他的夥伴，包括保羅．艾倫，陶醉在這段免費使用電腦的時光中——放學後和週六，他們設計了「二十一點」（blackjack）、「輪盤賭」、「大富翁」（Monopoly）等數位版遊戲。比爾特別熱衷的，是一款他受拿破崙啟發而設計的戰爭遊戲。他嘴角叼著一枝記號筆，坐在椅子上不斷搖擺著，以艾倫所謂的奇怪的「六指橫向疾書」的方式敲打著鍵盤。

只是好景不常，夢想終有破滅的時刻。或者，無論如何得暫時停下腳步。C-Cubed 的老闆們決定終止這項測試。比爾回憶，他們當時差不多就是在告訴這群學生：「好啦，猴子們，回家去吧。」

比爾與保羅很快想到一個辦法——他們**需要**那臺電腦。在那個時候，沒有人比他們更了解 C-Cubed 的系統了——只要從管理員那裡偷幾個密碼，順手牽羊一些電腦時間，對他們來說只是小菜一碟。就像華倫的父親發現了兒子的違法行為，C-Cubed 的老闆們也察覺了這群學生的偷竊勾當，進而把安全軟體換新。湖濱中學這幫孩子在大約一個半小時內破解了這個軟體，還得意洋洋造訪 C-Cubed，說明他們是怎麼辦到的。孩子們的頭頭比爾與保羅立刻上了 C-Cubed 的黑名單，三個月內不得進入這家公司。

三個月剛滿，比爾與保羅手舉白旗來到 C-Cubed。兩人保證不再為一己之私駭入電腦，不過他們磨練出來的這套本領**肯定**能派上用場。電腦怪咖彼此之間畢竟有惺惺相惜之情：程式設計師史蒂夫．羅素（Steve Russell）與迪克．葛魯恩（Dick Gruen）憐惜這些孩子，決定讓他們替公司工作。

曾在就讀麻省理工（MIT）時開發出「太空戰爭！」（*Spacewar!*）這款電玩遊戲的羅素，是自成一格的數位先驅，他對比爾特別欣賞。他認為，當時才讀高一的比爾，竟能將某些類型的電腦漏洞與總公司的特定程式師連結起來，簡直不可思議。羅素還舉了比爾說明如何駭入公司的報告中的一段話為例：「法保立（Faboli）先生在這一行程式碼中，犯了在改變狀況時沒有檢查信號量的同樣錯誤。」

至少**有人**喜歡比爾。一名就讀過湖濱中學的學生記得比爾「是個極其惱人的傢伙」，還說自己當年頗以「給他吃些苦頭」為樂。不過比爾也不是省油的燈。他想出一招，面對找他麻煩的人大叫：「這是我聽過最蠢的事！」希望**有人**能機智地回嘴，說就統計學而言，比爾．蓋茲不可能不斷聽到更蠢、更蠢的事。個性隨和的保羅對比爾的粗魯無禮泰然處之，自願在 C-Cubed 與他一起工作，直到有一天，幾個彪形大漢來到 C-Cubed 辦公室。C-Cubed 已經債臺高築。比爾回憶：「我們坐在電傳打字機前工作，這些大漢闖了進來，拿走辦公桌椅。」沒了椅子以後，比爾與保羅跪在終端機邊繼續打字，拚命下載他們寫入磁帶上的程式。兩人從就此倒閉的 C-Cubed 學到許多東西，包括蓋茲的傳記作者史蒂芬．曼斯（Stephen Manes）與保羅．安德魯斯（Paul Andrews）指出的「經營一家公司絕不能怎麼做」。

經營一家公司的念頭讓比爾非常感興趣。他新近結交的好友肯特．埃文斯（Kent Evans）也是如此。埃文斯和比爾一樣，也經常在湖濱中學麥考里斯特大廳的電傳打字機室出沒。他圓圓胖胖，有一頭捲髮，喜歡交朋友，由於「經過手術修復」的先天性唇顎裂，他的笑容總是不自然地斜向一邊。埃文斯也是狂放不羈的角色，每當比爾有什麼感興趣的事情，他總是順水推舟，讓比爾更加投入和積極。他與比爾一起仔細研究了幾本《財富》雜誌，為比爾創建的第一個專業團隊取名為「湖濱程式設計小組」（Lakeside Programming

Group），小組成員除了比爾，還有肯特、保羅，以及黎克．威蘭。

他們接下的第一個案子，是為奧勒岡州波特蘭（Portland）的「資訊科學公司」（Information Sciences, Inc., ISI）建立一個全方位薪酬系統，這可不是鬧著玩的：這項工作愈來愈複雜。比爾日後回憶道，「你得處理勞務分配報告，還有季度稅務申報，以及醫療保險報告……」等等。

「那是一個複雜得嚇人的系統。」保羅附和。

直到黎克與保羅離開湖濱去上大學時，這個薪酬系統還沒有完成。當湖濱程式設計小組終於完工，將系統交給ISI驗收時，ISI對成果表示不滿，不肯依照協議提供免費電腦時間。肯特拖著比爾，闖進老比爾．蓋茲設在西雅圖市區那間上流社會專用的法律事務所，要求老比爾寫一封律師函，向ISI宣戰。在老比爾寫了一紙比較委婉的信函之後，ISI重新雇用了肯特與比爾來完成這個系統，報酬是五千個小時的電腦時間。但使用期限為一九七二年六月三十日。

在那一刻到來時，肯特．埃文斯已經作古。

* * * * *

就像華倫早年喪父，母親雷菈．巴菲特在夫婿去世後將脾氣發在華倫身上一樣，至交的猝逝對比爾也造成重創：無論是華倫或比爾，都因痛失至親好友而動搖了內在的穩定，他們躲進數字、邏輯與系統的世界裡，以此來支撐自我。這倒不是說比爾．蓋茲與華倫．巴菲特在心理上完全相同——他們過去不一樣，現在也不一樣——但兩人在遭遇重創時，都讓自己比過去更專注。對比爾而言，這場劇變發生在他與埃文斯進行第二項程式設計工作的期間。這次他們要為學校設計一個系統。湖濱中學在一九七一年與清一色女生的「聖尼古拉學校」（St. Nicholas School）合併，湖濱那些穿西裝打領帶的男生突然要面對一場雌激素大洗禮。但校方必須處理的不僅是荷爾蒙到處亂蹦的問題而已：大多數女學生為了上課，得在湖濱與十英里外、位於「國會山」（Capitol Hill）的聖尼古拉校園兩邊奔波，校方行政當局絞盡腦汁也想不出整合這些課程安排的好辦法，於是他們找上比爾。

比爾與肯特一起展開工作，要從零開始地打造一個排課程式。他們必須將看起來沒完沒了的變數納入考量：如何設計一個軟體，讓一個孩子可以輕輕鬆鬆上他喜歡的英國文學、微積分，可以進生物實驗室、參加合唱團，還可以唸法文——不過，拜託，不要把三門課排在一起上——也可以讓另一個喜歡所有這些課，但不想參加合唱團、想學打鼓的孩子如願以償？喔，還有，你總不能同一時間讓一群學生在樓上打鼓，而另一群學生在樓下練習合唱吧？此外，行政管理當局希望班級規模保持平衡，還有那些女生往返聖尼古拉校園的通勤問題……建立這樣一個排課程式讓比爾與肯特忙得筋疲力盡。有時他們得在教師休息室過夜，或睡在一間沒有上鎖的教室裡。對肯特來說，這一切或許是太超出負荷了。

比爾可以在滑雪時從陡坡一躍而下，還可以縱身一躍，飛過垃圾桶，不擦撞到一點邊，但這種膽識和運動能力也讓他與最要好的朋友截然不同。圓滾滾的肯特沒什麼運動神經。但或許是眼看即將有一堆女生來到湖濱，肯特開始想減肥健身，參加了一個登山班。比爾當時抱持著懷疑的態度。「在我看來，他不像那種可以爬山的人。」比爾日後回憶道。

肯特的父親知道兒子已經與比爾工作得精疲力盡，曾要求兒子不要參加登山班即將舉行的舒克森山（Mount Shuksan）登山活動。一九七二年五月二十八日，這群初級登山班學生正通過一個雖說不陡，但仍然因冰雪覆蓋而難行的山坡，肯特滑倒了，他跌跌撞撞地滾落庫提斯冰河（Curtis Glacier），摔到時頭部撞在突出的岩石上。他在救難直升機上傷重不治。

一些觀察者認為，編寫這項排課程式的壓力是導致這場悲劇的源頭。如果你認為這話似乎有些牽強，不妨看看另一個悲劇：第一個嘗試設計這項排課程式的教師，在工作進行到一半時，因單引擎飛機墜機事件而喪生。根據調查，那次事件也被認為是工作過度與疲勞造成的。

毫無疑問，如果比爾就此放棄這個案子，沒有人會怪他。他已經崩潰了。肯特一直是他最忠實的夥伴。他應邀在肯特的告別式上發言，卻在最後一刻因為害怕無法忍住淚水而退出。「有整整兩週的時間，我什麼事也做不了。」比爾後來說道。之後，他知道這樣下去不是辦法，於是打起精神找上保羅求助。「就這樣，」據比爾說，「一種後來導致微軟成立的夥伴關係出現了。」

正如他們所說，總有一線光明。兩人完成了這項排課程式。然後，在ＩＳＩ訂定的期限即將截止前，還剩下價值約一千美元的電腦時間，他們盡可能地浪費這些時間，寫了一個執行無限迴圈的程式。望著這個圓圈周而復始地畫著黑洞，這兩位悲傷的青年可以將他們的情感拋入其中，這帶有一種禪意。許多年後，保羅與比爾出資在湖濱建了一座以肯特．埃文斯為名的新樓。他們的排課程式的更新版直到一九九三年仍在使用。

＊　＊　＊　＊　＊

其實，早在華倫．巴菲特與比爾．蓋茲見面前，兩人神交已久。儘管兩人都說多年來彼此有著密切的工作關係，但這是一種不一樣的心靈交往，是一種不附加任何條件的友情。一九九一年夏天，兩人都需要一個朋友：對比爾來說，政府剛展開一場對微軟持續多年的調查；華倫則臨危受命，要將瀕臨破產邊緣的「所羅門兄弟」（Salomon Brothers）投資銀行拖出險境。在大眾心目中，兩人都是獨樹一幟的孤獨巨人——比爾是身價億萬的科技神童，華倫是奧瑪哈的先知——但他們都得處處顧及民意，無法完全掌控自己的事業與私生活。兩人還有另一個共同點：在某種程度上，華倫與比爾的成功都與哈佛有關。比爾是因為他進了哈佛，然後退學；華倫則是因為他沒能進哈佛。

比爾結束與華倫的初次會面，返回西雅圖以後，所做的第一件事就是向這位剛結交的摯友提一個問題：依華倫看，最好的商業書是哪一本？華倫寄了一本約翰．布魯克斯的《商業冒險》（*Business Adventures*）給比爾。這本書將布魯克斯在《紐約客》雜誌發表的文章彙編成冊，詳細討論了「全錄」（Xerox）與「福特」（Ford）等《財富》世界五百強公司主管的成與敗。多年以後，比爾於二〇一四年在他的部落格「蓋茲筆記」（*Gates Notes*）上寫道：「他借我這本書，我們津津樂道談著我們從書中學到的東西。」當時這本書已經絕版，但比爾對它戀戀不捨，還特地為這件事找上布魯克斯家人，請求讓他在網上刊登書中的一篇摘錄——討論全錄公司興衰成敗的那篇。這篇摘錄大受歡迎，《商業冒險》也因此緊急再版。

為鞏固與比爾的友誼，華倫也買了一百股微軟股票。用華倫的話來說，買這一百股就像將一枚硬幣丟進許願池，主要是象徵意義，而不是財務意義。這一百股代表華倫為這位他剛結交的優秀青年在心中騰出的一片空間——他在跑馬燈上見到MSFT（微軟）股價不斷上漲時，就會想起自己擁有比爾如此了解的未來的一小部分。「但願當時我多買一些。」華倫後來開玩笑說。

第二章　交友

華倫年輕時很愛看的一本書，是戴爾．卡內基（Dale Carnegie）的《如何贏得朋友和影響他人》（*How to Win Friends and Influence People*），他在祖父家的臥室裡發現了這本書。儘管花了幾年時間才學得這些教訓，但這本書教會了華倫一些經得起時間考驗的與人相處之道。第一條規則：「不要批評、指責或抱怨。」還有一條是：「你若是錯了，立即坦然認錯。」這本書總共列了三十條規則，對內向的孩子確實很管用。

《智慧型股票投資人》（*The Intelligent Investor*）是另一本他很喜愛的書。班傑明．葛拉漢（Benjamin Graham）寫的這本書，是一本淺顯易讀的「價值投資」（value investing）操作指南。「價值投資」強調以數學分析做為選股方法，破解華爾街那些障眼法。葛拉漢建議，將一家公司的股價與這家公司的資產進行比較，就能知道一支股票是否被低估。如果股價低於將公司拆分出售的價值，那麼恭喜你：你為自己找到一個風險極低的好投資。重點在於，你得做足研究功課。

華倫喜愛研究。一九四九年《智慧型股票投資人》出版後沒多久，他就讀了這本書，而且像往常一樣一讀再讀。在等候哈佛大學商學院的申請結果時，華倫讀了《智慧型股票投資人》引為源頭的學術巨作《證券分析》（*Security Analysis*）。哈佛拒絕了他的申請，讓華倫大感意外——畢竟，做為一名只有十九歲就能白手起家、小有名氣的商人，他認為自己進哈佛的勝算應該非常、非常大。真是人算不如天算。但《證券分析》的兩位作者班傑明·葛拉漢與大衛·陶德（David Dodd）都是哥倫比亞商學院（Columbia Business School）教授。華倫趕緊寫了一篇盛讚《證券分析》的文章，向哥倫比亞商學院提出入學申請；在新班開課前一個月，他的申請書送到哥倫比亞商學院副院長大衛·陶德的辦公桌上。這篇奉承的文章果然**奏效**了。華倫啟程前往紐約。

華倫對葛拉漢與陶德的誇讚絕無一絲虛假。來到哥大時，華倫已能將《證券分析》七百二十五頁論文牢記於心。《證券分析》是他的聖經。這份仰慕為他帶來豐碩成果：陶德教授的課程，「財經111-112：投資管理與證券分析」，成了一場華倫與教授的雙人秀，課堂上只見兩人在「違約鐵路債券的適當估價」這類問題上你來我往地反覆討論。

到了下學期，華倫還修了班傑明．葛拉漢著名的課程。被譽為「華爾街教父」的葛拉漢，在哥大開了一門課，叫做「普通股評價研討」。一九五一年一月，二十個學生圍坐在葛拉漢的講桌旁，其中還包括幾位在職的基金管理人。他們和華倫一樣，想了解葛拉漢—紐曼公司（Graham-Newman Corporation）如何平均每年超越股市整體表現二．五％。更何況，葛拉漢還能將投資風險降到最低，並同時獲得豐厚的回報。

他是如何徹底顛覆華爾街「高風險＝高獲利」這條金律的？

想像你（讀者）是一家公開上市的公司。假設你的資產總值為二十萬美元，包含你的房子和車子、你多年來累積的一切財物的轉手總值，再加上一些存款。而在資產負債表另一邊，你有十萬美元的債務，包括房貸與信用卡欠款等等。根據葛拉漢的估算，你的「**內在價值**」（intrinsic value），即資產扣除債務，為十萬美元。現在，假設你將「你」這家公司劃分為一千股普通股，每股股價為一百美元。在這種情況下，股價精確反映了「你」這家公司的內在價值。除非「你」的股價腰斬為每股五十美元，否則葛拉漢不會買進「你」的股票。根據葛拉漢的看法，或許應該說，根據他這項經過市場驗證的精確定理，「你」的股票走高或走低都無關緊要，因為在大多數情況下，股價與它的內在價值終究將達到大致的平衡。投資人可以忽略股市震盪起伏的雜音，不理會公司財報那些看跌或看漲的預估，靜待收割獲利。

葛拉漢還有一招可以降低投資風險，就是分散投資組合。他從許多符合他「對折標準」的公司買進小額股票——他稱之為「雪茄屁股」——因為這麼做可以撿起其他投資人拋在一邊的股票，再套最後一次利。有些雪茄屁股餘熱猶存；有些難免回天乏術。葛拉漢不僅堅持高折扣的內在價值，還將賭注分散，建立一種「安全邊際」。就算是最堅實的系統，也有出錯的可能。

或許有人認為，這一切道理不過是常識罷了，但這是因為葛拉漢與他的合夥人傑瑞．紐曼（Jerry Newman），以及他們的信徒如大衛．陶德與華倫．巴菲特等等，讓它們聽起來像是常識。華倫將葛拉漢的理論奉為聖經，因為在葛拉漢以前，選股是一種有些像衝浪的消遣——你得划出去尋找浪頭。直到今天，仍有許多人以這種方式在股市衝浪。對華倫而言，葛拉漢是測量海潮與浪頭的海洋學者。

如果沒有在一九四九年年底讀了《聰明投資人》這本書，我的前途會大不相同。這本書立即打動了我，讓我覺得他說得有理。之後有機會上他的課，接受大衛．陶德的教誨……它塑造了我的專業人生。他**了解**這些浪潮。

> 如果我沒有在一九四九年底讀過《智慧型股票投資人》，我的未來將截然不同。我一下子就明白了他所說的很有道理。然後，我有機會在陶德的指導下，向葛拉漢學習……這塑造了我的職業生涯。

身為葛拉漢的得意門生，華倫原本希望畢業後可以進葛拉漢－紐曼公司工作。他甚至一反常態，表示願意不支薪酬。葛拉漢或許心動過，但還是婉拒了華倫。

他只是說：「聽我說，華倫。直到今天，華爾街那些人稱『白鞋公司』的大投資銀行仍然不雇用猶太人。我們這裡只請得起極少數的員工。因此，我們只雇用猶太人。」……這有點像是他的平權行動版本。

華倫對二十世紀初期到中期美國普遍存在的反猶太主義並不陌生。他的祖父厄尼斯特（Ernest）曾經毫不掩飾地表明自己瞧不起「蘇馬斯」（Sommers）與「辛克丁克」（Hinky Dinky）這兩家連鎖雜貨店的猶太老闆。蘇馬斯與辛克丁克當時對巴菲特祖父在奧瑪哈經營的雜貨店造成了衝擊。身為股票經紀人，華倫的父親經常與猶太基金管理人和銀行家往來，華倫十歲那年就曾隨父親與高盛的希尼．溫伯格會面。但當希特勒開始窮兵黷武，好幾百萬猶太難民拚命爭取簽證之際，美國民眾普遍對猶太移民仍抱嫌惡之情，而眾議員霍華．巴菲特採取了孤立主義外交政策。他的眾議員住宅設在華府禁止猶太人購屋的「限制區」，似乎也沒有讓他與雷菈．巴菲特感到不安。

所幸，華倫．巴菲特沒有反猶太情結。班傑明．葛拉漢還是他的英雄。除了葛拉漢，華倫還有其他許多猶太友人，包括葛拉漢那位精明的員工華特．許羅斯（Walter Schloss），還有巴菲特的早期投資人、奧瑪哈「貝斯．艾爾猶太會堂」（Beth El Synagogue）負責人麥爾．克里普克（Myer Kripke）。後來，巴菲特以波克夏．海瑟威的名義投資了無數猶太人創辦、領導的公司。這些猶太人都能堅定、有效地管理他們的公司，贏得了巴菲特的尊崇，巴菲特認為經營企業就應如此。簡而言之，華倫．巴菲特始終是個徹頭徹尾的內在價值主義者。

因此，在聽完葛拉漢解釋葛拉漢–紐曼公司為何不能聘他為員工之後，華倫雖然失望，但他可以理解。他撫平傷口，返回奧瑪哈，追逐另一個夢想：蘇珊．湯普森（Susan Thompson），那位他鐵了心、非娶不可的女士。

＊　＊　＊　＊　＊

華倫在一個夏日邂逅蘇西（蘇珊的暱稱）。當時他正準備啟程前往哥倫比亞大學；他的妹妹柏蒂則準備遠赴西北大學（Northwestern），與友人蘇西住在一起。柏蒂突發奇想，安排她哥哥與她日後的室友見一面。「我走進他們家，他就坐在起居室這張椅子上，說了幾句挖苦人的話。」多年後蘇西回憶道。她很快回了幾句，反諷自以為是的華倫，心想：

這傢伙是誰？

對華倫來說，蘇西是那種可望而不可及的美女：她漂亮、受歡迎、自信，而且待人處世圓滑老練，讓人不敢相信她這輩子還沒離開奧瑪哈。不難想像兩人初次約會的情景——例如：坐在餐廳共進午餐時，舉止優雅的蘇西會以眼角瞄著華倫那件皺巴巴的長褲，對他那些排練好的笑話出於禮貌地笑了笑，一邊聽他口沫橫飛、談著他最愛談的股票話題，一邊慢慢喝光她的麥芽奶昔。蘇西讓華倫著迷，她也知道身為聯邦眾議員之子、滿腦子發財夢的華倫是許多女孩追逐的對象。但她沒有墜入華倫的情網。

事情是這樣的，蘇西當時已經遇見了她心目中的白馬王子：高大、英俊的米爾敦．布朗（Milton Brown）。蘇西的父親，內布拉斯加大學（University of Nebraska）心理學教授威廉．「道克」．湯普森（William "Doc" Thompson）不喜歡女兒與米爾敦．布朗交往，於是丟了一顆手榴彈想毀了這段關係，華倫就是這顆手榴彈。問題出在米爾敦是猶太人。但蘇西繼續與米爾敦約會。到了紐約以後，華倫寫了一封又一封的信給蘇西，儘管他也交了幾位女友，還與「一九四九年內布拉斯加小姐」凡妮塔．梅．布朗（Vanita Mae Brown）有過一段古怪的羅曼史。

兩位布朗——米爾敦與凡妮塔．梅——的戀情後來都不了了之。華倫靠代理人協助，贏得蘇西的芳心：他上湯普森家登門拜訪，蘇西為了躲他而從後門溜走，華倫就整晚泡在湯普森家，「撩撥」她的父親。

> 華倫的聰明超乎你的想像。我老爸在閣樓上擺了一把曼陀林琴，

華倫說：「道克，把你那把曼陀林拿下來，我彈我的烏克麗麗，我們來合奏。」他們就這樣玩在一起。我老爸對華倫贊不絕口，不斷對我說——你不了解這孩子，他有一顆金子般的心。

華倫知道，想贏得蘇西芳心，唯一辦法就是徹底克服自己笨拙的社交表現。於是他報名參加戴爾．卡內基（Dale Carnegie）的公開演說班，還在他向蘇西求婚的那一週，獲得這個班頒贈的「鉛筆獎」——這個獎頒給班上最能充分運用所學知識的學生。現在，一張裱了框的卡內基證書，就掛在華倫辦公室的牆上，不遠處是霍華的一幅肖像。華倫常說，這張證書是他最重要的文憑。但華倫之所以終能贏得蘇西芳心，並不是因為他練就口才，建立了自信。事實上正好相反：與華倫認真交往之後，蘇西發現，在趾高氣昂的表面下，華倫其實有著一顆易碎的玻璃童心。華倫的童心因母親動輒狂怒而被摧殘殆盡，成人以後，他不斷尋求一位能填補這種空虛的女性。現在他找到了蘇西。蘇西是能為有需要的人帶來安慰的女人。她願意照料華倫。華倫夫復何求。

＊　＊　＊　＊　＊

隨著兩人相處的時間增加，蘇西發現華倫愈來愈躲著他的母親。也因為如此，蘇西一直沒有多少機會與華倫的母親共處。她注意到，偶爾當只有母子兩人，沒有旁人在場時，華倫總是閉緊了嘴，頂多勉強和母親說一兩句話，有時還刻意背對著她說。與蘇西在一起時，情況完全不一樣；兩人的手始終搭在一起。「兩人如膠似漆，那份恩愛，簡直讓人受不了，」一位親友說，「兩人坐在彼此大腿上，吻來吻去，簡直可怕。」至於華倫的母親對於自己被一個她沒見過幾面的女人取代會有何感想，我們就只能猜測了。

華倫與蘇西於一九五二年四月十九日結婚。為了蜜月之旅，華倫借了愛麗絲姑媽的汽車，他把行李裝上車，開到鄧迪長老教會教堂（Dundee Presbyterian Church），在幾百位來賓見證下娶了蘇西。他決定在婚禮儀式上不戴眼鏡，就在這些他看不清楚是誰的來賓面前，宣誓與蘇西．湯普森相擁相守，無論貧窮富有，無論疾病健康，至死不渝。或許日後的發展與這對新人的預期不盡相同，但兩人都實現了這項誓言。

婚禮結束後，為了即將展開的美西蜜月之旅而興奮不已的蘇西，坐進愛麗絲姑媽那輛汽車，發現華倫在汽車後座放滿了一大堆商務帳冊和幾本《穆迪手冊》（*Moody's Manual*）的翻印本。

這對小夫妻之後在奧瑪哈市中心附近一間小公寓安頓下來，而《穆迪手冊》也成為公寓裡一道熟悉的風景。蘇西以一千五百美元的單薄預算精心購置的那些色彩繽紛的家具，華倫漠不關心。只要冷凍櫃裡有冰淇淋，冰箱裡有百事可樂，對於太座的廚藝如何，他也從不在意。他對蘇西・巴菲特的主要要求是，她得幫他注意書房裡那盞閱讀燈的燈泡，因為他只要在家，閱讀是例行公事，《穆迪手冊》、年報、《華爾街日報》都是他的必讀。蘇西身為家庭主婦的職責還包括「頭部按摩、擁抱、愛撫，還有協助他與人交際」。她會在早晨幫他整理衣著，甚至還會幫他理髮。

「就像是那種只有從父母親那裡才能得到的無條件的愛，」華倫回憶，「蘇西對我的影響和我父親一樣大，甚至或許更大，以一種不同的方式。」

許多年後，蘇西說，華倫認為自己是花，而她則是澆花桶。既然她愛照顧人這座花園，她怎能不欣喜？

沒多久，巴菲特花圃又長出了一朵花。一九五三年七月三十日，蘇珊・愛麗絲・巴菲特（Susan Alice Buffett）出生了，家人稱她「小蘇西」。小蘇西是個招人喜愛、個性親和的寶寶。一九五四年春，華倫與蘇西的長子霍華也來到人世。

有傳言說，由於華倫捨不得花錢買嬰兒床，小蘇西只得睡在一個閒置的衣櫃抽屜裡。這不是真的，但華倫用錢斤斤計較的名聲是實至名歸：他相信每一塊錢都應該花在刀口上，因此花起錢來非常算計。蘇西願意容忍丈夫這種一毛不拔的習性，但條件是他每晚工作結束歸來後，都得哄小蘇西入睡。就這樣，每天晚上，總有那麼幾分鐘時間，《穆迪手冊》會被拋在一邊，臥室裡傳來華倫那不成調的歌聲。他唱的是〈彩虹之上〉（Over the Rainbow），小蘇西最愛的搖籃曲。

華倫生性靦腆，總需要有人從旁鼓勵，才能與人打交道，就連對自己的女兒也不例外。但對蘇西來說，與人交往是再自然不過的事。她會省略寒暄，直接凝視對方的眼睛，誠懇問道：「**你好嗎？**」一位友人回憶說：「當蘇西說這話時，她的意思是，你過得好嗎？你的心靈安適嗎？」

在許多方面，蘇西與丈夫都形成互補，但兩人都認為彼此應該擁有屬於自己的人生道路。就像在一九五〇年代，一位聰明絕頂的年輕證券交易員需要具備一定程度的顛覆性，才能避開華爾街，獨樹一幟。同樣地，蘇西在婚姻生活之外所投入的活動，至少也是非傳統的。在那個《天才小麻煩》（*Leave It to Beaver*）[*]電視影集風靡全美的年代，絕大多數新婚主婦都非常注重禮儀；她們都想搬到最好的社區、住進大房子，要參加合適的俱樂部，結交合適的朋友。但蘇西還有其他心思。這位一度想違逆父親、嫁給猶太人的女孩，已經長成一個對民權運動有感的女士：《布朗訴教育局案》（*Brown v. Board of Education*）[**]於一九五四年宣判；「蒙哥馬利巴士抵制運動」（Montgomery bus boycott）[***]於一九五五年展開。儘管家裡有兩個幼兒需要她照顧，身為園丁的蘇西仍然義無反顧投入一項終身志業，在讓這個世界變得更美好、更公平的過程中克盡她的一份小小心力。

正如蘇西後來所說，無論是她或華倫，都不介意兩人有各自的人生道路。她除了照顧兒女，還能投入自己的興趣，而華倫每天都會在樓上書房工作、讀書到深夜，為手上愈來愈多的資金尋找投資標的。到一九五六年十月，華倫管理的資金，加上自己的錢，已經超過五十萬美元，而且所有報稅、記帳等一切瑣事，他都親力親為。不過，兩人平行的人生道路，偶爾也有交集：就在一九五七年夏日將盡時，蘇西發現自己又懷孕了。

* * * * *

---

* 譯注：美國白人中產階級家庭生活代表之作。

** 譯注：這項判決否定了各州實施種族隔離的權力，是美國史上一項重要判決。

*** 譯注：持續一年，為美國人支持民權運動的重要里程碑。

比爾年輕時的夢想寫在電腦晶片上。個人電腦的歷史可以說始於一九六九年，當時英特爾受邀開發可程式化晶片：4004微處理器。可程式化是關鍵——如果能將軟體寫入那片小小矽晶，連上線，就能淘汰巨型主機。ASR-33這類機器若是裝上能處理數據的晶片，就能憑自己的運算力算出2+2=4。至少當時的構想是如此。問題是，4004微處理器上可以儲存的資訊不多。正因為如此，一九七二年春，當《電子雜誌》（*Electronics*）宣稱英特爾推出處理能力比4004強一倍的8008時，比爾．蓋茲與保羅．艾倫欣喜若狂。保羅認為，他和比爾可以為8008寫一個BASIC程式。保羅認為，這將是一大創舉，因為「一般人將能夠為辦公室甚至家裡購買電腦」。

而且這些電腦仍然會「慢得像狗爬一樣，真是可憐」。比爾補上一句。

比爾確實看到了8008的一個用途：BASIC程式雖然會吃掉8008晶片大多數的記憶，但用這種晶片製作計算車流量的程式應該沒問題。保羅同意這是個好點子。湖濱支付四千兩百美元買下他們的排課軟體，比爾與保羅花了三百六十美元買了一個英特爾稱為「晶片上的電腦」的8008。兩人拆開鋁箔包裝時激動得手指顫抖，一個長約一英寸、有鍍金金屬蓋的紫色長方形瓷片出現在眼前，瓷片每側有九根指向四面八方、像牙齒一樣的細針。保羅後來回憶說：「對兩個在成長歲月中一直與巨型主機電腦為伍的年輕人來說，這真是神奇的一刻。」

比爾為他們創辦的這家新公司命名為「數據流通量」（Traf-O-Data），它的短程目標是設計一種能計算過往車輛數目的硬體。長程目標是全球性全面壟斷……壟斷一門生意。在華盛頓大學（University of Washington）工程系學生保羅．吉爾伯（Paul Gilbert）的協助下，他們推出第一個能正常運作的 Traf-O-Data 盒子，與此同時，比爾準備啟程前往哈佛大學就讀。成敗關鍵在於模擬器，即模擬巨型主機運作的程式，可以用來支援比爾的車流量計算程式碼。如果你想深入了解這類科技細節，不妨參考史蒂芬．曼斯與保羅．安德魯斯寫的《蓋茲傳》等其他資料。我們這裡要說的是，模擬器是作業系統的遠親，可以連接其他程式，為終端使用者**做事**，「微軟視窗」（Microsoft Windows）作業系統就是最明顯的例子。

就這樣，比爾大搖大擺地前往麻州劍橋（Cambridge），相信自己毫無疑問能成為未來的交通數據大亨。

抵達哈佛後，比爾給人的印象不佳。哈佛大學歷史悠久的「艾肯電算實驗室」（Aiken Computation Laboratory）負責人湯瑪斯．奇坦（Thomas Cheatham）教授，對一九七三年的比爾有這樣一段描述：「他很討人嫌……他會在不必要的時候貶抑他人，總的說來，沒有人喜歡與他交往。」比爾的室友回憶說，印象中他幾乎沒有用過床單，似乎從不參加派對，也不交女友。他的社交生活似乎就只是圍繞著每週一次、徹夜進行的「榮譽抽象數學班」（Math 55）。Math 55是一門難度非常高的課程，就算是哈佛那些最聰明的數學天才，碰上這門課也會直冒冷汗。比爾訝然發現，至少在高等數學方面，他竟然不是班上最優秀的學生。在返鄉度寒假時，他告訴保羅，他的教授在十六歲那年就拿到博士學位。保羅後來寫道，這刺傷了比爾，因為他永遠成不了「那間教室裡最聰明的人」。

遇到數學比他還好的人，讓他感到受傷。但比爾還能憑藉自己在電腦方面的專精找回自尊。然而，一個女朋友也交不上，這讓他**備感痛苦**。

還記得一九八四年那部電影《菜鳥大反攻》（*Revenge of the Nerds*）嗎？影片中的「內褲突襲」情結，當時被當作笑料，現在卻令人不忍卒睹：三個書呆子英雄偷看姊妹會女生洗澡等等，還散布一位女生的裸照。這簡直滑稽透頂。據比爾說，他在哈佛讀大一時，避開了這類勾當：他只會翻翻他收藏的一大堆《花花公子》（*Playboy*）與《閣樓》（*Penthouse*）雜誌，還會到附近的波士頓，逛逛以色情劇院和妓女聞名的所謂「戰鬥區」（Combat Zone）。「我曾在戰鬥區閒晃了一段時間，只是想看看那裡在搞些什麼，」比爾說，「大多數時間我只是待在披薩店裡看書。」

信不信由你了。

有些男生搞起搖滾樂團以吸引女生。或許比爾認為Traf-O-Data一定能讓他賺大錢，到時想贏得女生青睞易如反掌。不幸的是，根據史蒂芬．曼斯與保羅．安德魯斯的說法，比爾這家新公司「像一輛三個輪胎爆胎的賓士車，繼續在商業公路上蹣跚行駛」。比爾總結他在哈佛的第一年遍體鱗傷——至少在情感上是如此。

當時二十一歲的大學輟學生保羅．艾倫，也鼓勵比爾輟學。一九七四年夏，保羅受雇於波士頓的「漢威」（Honeywell），擔任程式師。比爾回到劍橋以後，兩人經常見面。電腦革命即將發生，保羅擔心機會稍縱即逝。此外，哈佛究竟能為比爾帶來什麼？比爾的大二生涯展開得很不順利：他迷上撲克，並且輸了數千美元。

好消息是比爾結識了史蒂夫．鮑爾默（Steve Ballmer）。兩人住在同一間宿舍，並在一門研究生級的經濟學課堂上成為朋友。表面上，史蒂夫與比爾正好相反——他身材高大，個性隨和，社交能力超強。兩人一起學習，一起看電影，一起參與激烈的辯論。從某些方面來說，史蒂夫有些像是肯特．埃文斯再世，比爾對他信任有加，甚至願意讓他帶去參加「狐狸俱樂部」（Fox Club，一個類似兄弟會的社交組織）的派對。比爾後來承認，「我非常厭惡社交，就連哈佛有這樣的俱樂部都不知道，但史蒂夫．鮑爾默認為我需要接觸一些像是飲酒作樂的生活。」

若不是因為一篇雜誌上的文章，比爾很可能就這樣在哈佛繼續混下去。

保羅．艾倫還記得，那天下午，他拿了一本剛出刊的一九七五年一月號《大眾電子》（*Popular Electronics*）雜誌來到比爾在哈佛的宿舍，雜誌封面是「牛郎星」（Altair）迷你電腦的照片。保羅寫道：「他當時正為期末考忙得灰頭土臉，我硬把雜誌塞給他。他讀著文章，開始坐在椅子上前後搖擺，說明他正全神貫注地閱讀。」

「牛郎星」是一款使用者可以運用配套組件自我組建的電腦，是位於新墨西哥州阿布奎基（Albuquerque）的模型火箭模組製造業者「微型儀器與遙測系統」（Micro Instrumentation and Telemetry Systems, MITS）公司推出的一款產品，零售價為三百九十七美元。據保羅說，牛郎星基本型號的電腦所配備的記憶能量只能讓模組上的燈閃閃發光而已。它沒有鍵盤，沒有螢幕，沒有USB接頭；從二十一世紀的角度來看，牛郎星根本不像電腦。但比爾在讀這篇報導時，把牛郎星看做是未來的開端，因為他已經在前後搖擺的過程中，發現這臺機器最重要的價值所在：你可以增加記憶體。有了更多記憶體，這臺機器就可以**做很多事**。

個人電腦革命正式展開了。

比爾與保羅放下手邊一切，全力寫一個可以在牛郎星 8080 英特爾晶片（最近從神聖的 8008 晶片升級而來）上執行的 BASIC 版。他們當時不知道，《大眾電子》封面照片中那臺牛郎星基本上是假的——它是硬紙板搭成的模型。隨著全美各地電腦迷搶購這款模組的訂單蜂擁而至，MITS 的幾位創辦人也忙得暈頭轉向，急著想組裝一款可以運作的牛郎星。保羅與比爾沒有訂購屬於自己的牛郎星——他們發現，保羅為 Traf-O-Data 建立的模擬器，可以讓他們在這場競爭中領先。他們只需要找一臺電腦，將模擬器程式碼更新為適配英特爾 8080 晶片的版本。

哈佛的艾肯電算實驗室有電腦。

比爾與保羅幾乎住進這座實驗室了。保羅仍在漢威工作，算是吧，比爾也還在上課，算是吧，不過兩人每天晚上都躲在艾肯，埋首寫程式，累了就在實驗室裡打個盹，醒了就繼續工作。保羅不是哈佛的學生，按規定根本不能進艾肯。但由於在大多數情況下，只有他們在艾肯進出，所以也沒人在意。至少一開始是如此。艾肯的電腦時間可以讓比爾以學生身分免費使用，但哈佛大學必須付租用費，而比爾與保羅兩個人幾乎包辦了所有的電腦時間。由於加強版牛郎星可以提供4K記憶體，所以兩人要寫出一個需用記憶略少於4K的程式。兩人開始比賽，看誰能以最少的「位元組」（bytes）執行所謂「分組碼」（blocks of code）的「副程式」（subroutines）。他們將寫出來的程式透過美國國防部的「阿帕網」（ARPANET，即高等研究計畫署網路），儲存在幾百英里外的卡內基美隆大學（Carnegie Mellon University）的一部主機電腦裡。

為了在這場（仍處於假想階段中的）競爭中搶得先機，比爾與保羅以 Traf-O-Data 的信函寫了一封信給 MITS，聲稱他們已經有一個可以執行 8080 晶片的 BASIC 程式，希望能搭配 MITS 的模組出售給牛郎星玩家。由於沒有接到回信，比爾與保羅決定直接打電話。MITS 創辦人艾德．羅伯茨（Ed Roberts）接了這通電話，他對比爾與保羅說，自己已經接到很多這樣的電話；第一個帶著可以運作的 BASIC 版本出現在阿布奎基的人，就能拿到合約。

一九七五年二月底，保羅．艾倫帶著輸出 3.2K BASIC 程式的打孔帶，飛到新墨西哥州。身材魁梧的前空軍工程師羅伯茨到機場接機，載保羅來到一處破敗的購物廣場，MITS 總部就設在這裡。翌日早晨，羅伯茨將一臺具備足夠記憶體來執行 3.2K BASIC 程式的牛郎星接上一臺電傳打字機，保羅載入程式碼。整個過程只有十分鐘，但令人十分煎熬。在場每個人都對這次試機毫無把握。保羅從未在真正的牛郎星上測試這個程式——他和比爾只模擬過這臺機器。他後來回憶道：「當程式在真正的晶片上執行時，只要一個字符出錯，就能讓整個程式停止運作。」

但正如保羅在回憶錄中所寫，十分鐘後，電傳打字機「嘎嘎動了起來」。「我目瞪口呆地望著那些大寫字母，簡直不敢相信。但它就在那裡：記憶體規模夠大？」

羅伯茨的同事比爾．葉茨（Bill Yates）喊道：「看！它印出了一些東西！」之前找上 MITS 推銷程式的那些人，都沒能做到這一步。但保羅這個 BASIC 程式是否真管用，還得看它能不能執行指令。他鍵入以下符號：

PRINT 2+2

「天哪！」羅伯茨叫了起來。「它印出了4！」

保羅帶著MITS的授權協議書和一臺可以正常運作的牛郎星回到劍橋。然後麻煩就來了：哈佛的行政人員接到過去兩個月艾肯實驗室「免費」電腦時間的租用帳單，赫然發現一名學生濫用校方給予的方便，不用它進行學術研究，而用它賺錢。他們揚言懲處比爾。比爾趕緊向校方紀律委員會點頭哈腰，不僅同意不再使用艾肯實驗室，還同意把他的一個BASIC程式碼版本公開，放入公領域。（重要的是：這不是保羅在阿布奎基演示的那個BASIC版本。）就這樣，直到學期結束，比爾一直低調行事，躲在宿舍裡使用那臺牛郎星工作。大二結束後，他休學了一個學期，於一九七六年重返哈佛，然後很快就退學了，當時他只剩下兩個學期就能畢業。為投身於電腦革命，他在精神上早已無心學業。

＊　＊　＊　＊　＊

比爾在與華倫初次見面時，最讓他驚訝的一件事是，他發現華倫竟然沒有電腦。他費盡唇舌想說服華倫買一臺電腦；但華倫認為沒有這個必要。「我不在乎我投資的股票每五分鐘表現如何，」華倫告訴比爾，「我也可以在腦子裡計算我的所得稅。」比爾表示，可以派微軟最漂亮的女人到華倫在奧瑪哈的家，教華倫使用電腦。

「你提的這項建議讓我幾乎無法拒絕，」華倫答道，「但我還是要拒絕。」比爾就沒那麼頑固。在比爾登上直升機飛回西雅圖以前，華倫說服了這位新朋友答應到奧瑪哈看他，一起看一場內布拉斯加州「玉米剝殼人」（Cornhuskers）的球賽，並打幾場橋牌。比爾同意到奧瑪哈登門造訪，條件是華倫得回訪。華倫答道：「沒問題，什麼時候都行。」因為華倫雖說是個大忙人，但他喜歡保有彈性的行程。這是華倫又一件讓比爾不敢置信的事：當華倫向工作排程精確到每一分鐘的比爾出示他的每日計畫表時，比爾發現頁面上幾乎都是空白。「我怎麼知道我什麼時間會想什麼事？」華倫這麼解釋。

在比爾的採訪中，這樣的一刻反覆被提及。例如：比爾與華倫在二〇一七年一起接受公共廣播公司（PBS）《查理．羅斯秀》（*Charlie Rose*）的訪問時，比爾又一次詳細談到這件事為他帶來的啟發：他發現為自己留白，讓自己空下來……不著邊際，放飛心思，這樣做非常有價值——包含財務價值。「我過去總是要把每一分鐘都排滿，認為這是唯一真正做事之道。」比爾告訴羅斯。但華倫讓他知道，「你可以控制自己的時間，坐下來思考或許更加重要……你會覺得你得去見所有這些人，但把工作時間表的每一分鐘都排滿，並不能代表你的認真。」

華倫對比爾的解釋更加簡潔：你基本上可以買到任何你想要的東西，但你買不到時間。多年來，華倫與比爾兩人教了彼此許多課程，這是第一課。

第三章　商業冒險

一九九八年五月底一個週五的午後，比爾與華倫緩步走進西雅圖華盛頓大學的學生活動中心。兩人應邀來這裡向三百五十位商學院學生發表演講，由於這場演講會錄影，化妝師為比爾的鼻子撲了粉，還幫華倫修了眉毛，站在一旁的梅琳達、蘇西、與凱．葛蘭姆看得津津有味。比爾才剛開完微軟為期兩天的年度峰會，招待了包括華倫在內的數十位著名執行長，之後兩天他還要在自己家裡款待葛蘭姆與巴菲特夫婦，準備好好打幾場橋牌。（華倫與比爾的對手發現，這兩人會默不吭聲地讀取彼此的線索，是常勝不敗的默契搭檔。）

演講開始後，一個令人擔心的問題是這場演講可能會欲罷不能，影響到那天晚上的橋牌牌局。一位在後臺進行觀察的《財富》雜誌記者驚訝地發現，四十二歲的比爾開始像個成人，而不是一個長不大的男孩，而且他對華倫「帶著溫暖的敬意，與他平時展現的雄辯家本色形成了鮮明的對比」。

第一個話題很顯然會是：這兩個男人是如何變得「比上帝更富有」的？

比爾將自己的成功歸因於很幸運地在他與科技產業都還相對年輕時接觸到電腦。比爾對描述他與保羅如何引領他們的小公司走向全球霸主寶座的各種方式持保留態度，這個過程中催生了數位時代，幾乎沒有一臺電腦能不靠微軟的軟體而運作。

華倫則詳細談到「理性」——在他看來，理性比智商更重要——以及好習慣的重要性。

但這些不能算是什麼解釋。如果你真想知道，在一九九八年中期，華倫．巴菲特的身價如何能達到三百六十億美元，而比爾．蓋茲更是高達四百八十億，請繼續看下去。

想解釋華倫．巴菲特何以能夠如此富有，既非常簡單，又非常難。只要看一眼華倫在一九六五年買下的波克夏．海瑟威，特別是它的組織架構圖，難度顯而易見：這是一家有許多觸角的公司，想了解——**真正**了解——華倫．巴菲特的每一塊錢是怎麼賺來的，你得寫一本好幾千頁的書，深入探討他達成的每一筆商業交易的各項細節。不過，如果你能夠綜觀全局，掌握全貌，則不難窺見華倫成功的祕密。他沒日沒夜地賣力工作，不斷找尋便宜貨（被低估的投資機會），進行更艱難的談判（以達成最有利的交易），隨著時間推移，不斷改進自己的觀念，而且周遭都是值得信賴的人，比如波克夏．海瑟威的副董事長查理．蒙格（Charlie Munger），他直到二〇二三年去世前，一直是華倫的左右手。華倫能這麼有錢還有一個原因，就是他除非有必要，絕對不花錢；凱．葛蘭姆很愛說一個故事：有一次她向華倫要一個十美分硬幣打電話，華倫答道，他身上只有一個二十五美分的硬幣，他得先去換錢才行。面對波克夏旗下負責各企業的眾多經理人，他也一樣錙銖必較，會仔細審查開支報告，對他認為過於昂貴的開發案嗤之以鼻。在華倫的帳上，省一分錢不僅僅只是賺一分錢；由於錢能滾錢，省一分錢等於賺好幾分錢。

關於華倫．巴菲特如何運用神乎其技的投資術，將他以十萬零五千美元在一九五六年五月一日創辦的「巴菲特聯合有限公司」（Buffett Associates, Ltd.）打造成波克夏・海瑟威這一龐然巨物，已經有很多相關報導——以二〇二三年九月二十六日的股價為例，其A股每股交易價格高達五十四萬四千零五十美元。美國有許多白手起家致富的傳奇故事，但像巴菲特這樣全憑**投資**就創下相當於中型國家GDP（國民生產毛額）財富的例子，卻是絕無僅有。他會先買進公司股票，然後開始直接收購公司，而且總是支付現金。就是這樣。想想看：巴菲特沒有挖掘油井，沒有發明任何東西，也沒有蓋摩天大樓，他只是**賺錢**。從小到大，他攢錢的方式沒有多大改變；他仍然在想方設法，只為多賺一塊錢，只因為他喜歡看著鈔票愈堆愈高，然後想辦法讓這些錢滾出更多的錢。許多孩子的父親是股票經紀人，他們決定長大以後繼承父親衣缽；只有巴菲特，七歲那年躺在醫院病床上，潦草地寫下象徵他未來資本的一串數字，而且將這視為他活下去的理由。

從許多方面來說，華倫・巴菲特是個可愛的人，但難道這不令人感到**古怪**嗎？

這是談到巴菲特時，另一個值得指出的重點：他樂於成為一個怪人。他並不孤癖——他喜歡大家喜歡他——但他是個異類，總是唱著自己的調子。為抵擋母親尖刻的苛責，他在自己周圍築了一道牆，這道牆也為他提供了免於同儕壓力與群體迷思的屏障；他似乎將他父親經常引用的一句愛默生（Emerson）＊的名言深植於心：「偉大的人總是能在茫茫人海中保有完美的自我獨立性。」也或許如班傑明．葛拉漢在《智慧型股票投資人》中所說：「大家與你意見不同，既不能說明你對，也不能說明你錯。」只有你對，才能說明你是對的，時間能證明一切。

時間證明了一切。巴菲特被證明是極其正確的。他下的第一個大注，押的是自己：他拋開經紀人靠佣金維生、為交易而交易的慣例，創辦巴菲特公司，採取合夥制的業務模式，當投資收益超過四%的門檻時，巴菲特收取一半，但也對虧損承擔了很大一部分的個人責任。巴菲特解釋：「如果盈虧相抵，我就虧本。而且我償還虧損的義務不以我的本金為限。那是無限的。」他也因此鬥志昂揚，從不懈怠。

在最初五年的個人投資生涯中，巴菲特遵照葛拉漢法則進行投資，專找「雪茄屁股」股票下手。他還從班傑明．葛拉漢那裡學到資本配置的藝術，也就是靈活運用資金，將錢從獲利較差的業務移轉到回報率較高的業務。巴菲特的合夥人／客戶很滿意，因為他的績效超越市場均值，巴菲特也因此增設了幾個合作夥伴關係。但隨著道瓊指數在一九五八年飆升三四％，雪茄屁股股票變得難以尋找。巴菲特察覺到一場金融泡沫正在成形，而他並不孤單。吉爾伯．柏克（Gilbert Burck）在一九五九年《財富》雜誌上發表的一篇文章中寫道：「市場熱鬧滾滾，讓包括專業人士在內的幾乎所有人都困惑不已。」柏克在文中繼續謹慎地指出，投資人可能正在見證一種新型股票市場的誕生，在這種新型股市中，有鑑於美國整體商業前景一片欣欣向榮，曾在一九二九年盛行的萬有引力法則將不再適用。

＊譯注：美國詩人。

巴菲特對這種說法存疑。他繼續買進「登普斯特機械製造公司」（Dempster Mill Manufacturing）這類公司的股票。登普斯特是內布拉斯加州一家風力發電機與灌溉系統製造業者，巴菲特在它的股票以清算價值四分之一的低價交易時開始買進。這類投資需要耐心與某種堅定的決心，才能把廉價股票從持有者緊握的手中撬出來。巴菲特精於此道。但變局即將到來，而預示變局將至的人是查理・蒙格。

＊　＊　＊　＊　＊

巴菲特第一次聽到查理・蒙格這個名字，是在與兩位潛在投資人會面時。這兩位投資人是艾文・戴維斯（Edwin Davis）博士與他的妻子桃樂西（Dorothy），兩人是奧瑪哈居民，由一位著名的紐約市基金經理人介紹給巴菲特。戴維斯夫婦有意投資一大筆錢，卻見到一個穿著邋遢的青年出現在他們的客廳，對他們大放厥詞，要他們把錢交給他全權處理，不得提問，而且除了年度財報，他不會提供任何有關這筆錢如何運用的訊息。在巴菲特說得口沫橫飛時，戴維斯博士似乎顯得心不在焉，但當桃樂西轉身問他打算怎麼做時，他說，他們可以給巴菲特十萬美元。

我說：「戴維斯博士，是這樣的，我很高興能得到這筆錢。但我剛才講了半天，你一直沒有很用心在聽。怎麼現在又願意把錢交給我？」

他說：「嗯。因為你讓我想到查理．蒙格。」

兩年後，巴菲特與蒙格見面了。這是一項命運的安排。蒙格是來自奧瑪哈的世家子弟——事實上，他曾在巴菲特祖父的雜貨店上過一段時間的週六班——但他很早就離家前往加州發展。一九五九年夏天，他為了處理父親的遺產而回到奧瑪哈，與巴菲特及另外兩人一起在時髦的「奧瑪哈俱樂部」（Omaha Club）餐敘。根據他的子女的說法，蒙格學識豐富，是「一本長了腿的書」，雖未完成本科學位，仍靠自己的口才進入了哈佛法學院。也就是說，戴維斯博士願意把錢交給巴菲特管理，是因為他發現巴菲特與蒙格有相似之處——巴菲特也曾在最後一刻，憑三寸不爛之舌進了哥倫比亞商學院。

查理比華倫大六歲，在洛杉磯地區擁有一家生意興隆的律師事務所。但他對律師這一行已經厭倦。喜歡說話、很少聽別人說話的查理，在聽完華倫關於投資理財的長篇大論後，想知道自己是否也能涉足一些理財領域。華倫認為沒有什麼不能的。於是查理返回西岸後，開始養成每天與華倫通電話的習慣。一開始，在涉及投資的問題上，華倫是老師，查理完全是個學生。但隨著時間過去，查理開始督促華倫不要只把眼光局限在雪茄屁股上。

就在理財業務即將起飛之際，華倫結識了這位他日後在波克夏．海瑟威的合夥人。到一九六〇年，華倫已經不再到處尋找新客戶；客戶會自己找上門來，他還可以精挑細選。那一年，華倫的幾家合夥企業都創下比市場高二九%的驚人佳績。他仍然親自處理所有簿記、文件歸檔與支票郵寄作業。

一九六二年一月一日，華倫．巴菲特將他建立的十一家合夥企業全部解散，合併成立一家綜合基金：「巴菲特合夥人有限公司」（Buffett Partnership, Ltd., BPL），淨資產七百二十萬美元。是時候找一間像樣的辦公室了。

華倫在「基威特廣場」（Kiewit Plaza）——即今天的「黑石廣場」（Blackstone Plaza）——租下的辦公室，距離他在法納街（Farnam Street）的住家只有二十條街，通勤很方便。華倫常誇稱，他「跳著踢踏舞步上班」；想當年他年輕力盛，或許真能這樣也未可知。他與父親共用這間辦公室，霍華．巴菲特生命中的最後幾年，就在這間辦公室裡與兒子並肩工作。

股市暴跌時就是華倫大發利市的時候。他一直在等待，等著泡沫破滅——因為股市確實就是一個泡沫——當泡沫破滅時，他迅速出手，像在賽馬場撿拾那些「披士下注單」一樣，搶進股價被低估的股票。那些恐慌性拋售的經紀人打開電視，見到年紀輕輕、留著小平頭的華倫滿臉樂觀地解釋何以這波暴跌完全可以預期時，肯定會相當憤怒。華倫解釋：「股市已經猛漲了好一陣子」，但公司營收與股息卻不見同步增長，因此「一些不尋常的上揚因素，可能出現修正，導致下跌，這並不令人意外」。講到這裡，年輕的華倫臉上不禁露出一絲微笑，甚至得意起來。

華倫繼續搶進股票。但他搶進的不只是雪茄屁股而已：查理．蒙格鼓勵他，除了資產負債表，還要考慮一家公司的「無形資產」。蒙格特別重視「競爭優勢」。在他看來，也正如他說服華倫的那樣，如果一家公司在它的利基市場擁有一種可持續的優勢，這家公司就能擊敗競爭對手，繼續興旺。舉一個簡單的例子：已經買了「吉列」（Gillette）刮鬍刀的顧客，多半會繼續購買適用的吉列刀片，不會轉而使用其他品牌。套用業界語言，這類型競爭優勢就是所謂的「護城河」（moat），因為它能保護一家公司在市場的領先地位。藥品專利權形成一種護城河；「沃爾瑪」（Walmart）等大型零售業者享有的規模經濟，以及《星際大戰》（*Star Wars*）品牌歷久不衰的粉絲忠誠，也是一種護城河。

有信譽的品牌也是一種護城河——華倫透過對「美國運通」（American Express）的傳奇投資，驗證了蒙格的競爭優勢理論。這是一個關於困境的故事：個人的困境，全民的困境，以及一支陷於困境的股票。

這個故事的序幕是這樣的：一名商品交易商想出一個壟斷全球豆油市場的點子。他包下美國運通旗下一家名不見經傳的子公司的油槽，儲存大量豆油，同時以油槽內這些豆油的價值為抵押進行借貸。問題是他其實沒有這麼多豆油，為了貸款，他暗中將海水灌入這些油槽充數。美國運通是他擁有這些豆油的擔保人。之後這場騙局遭人揭發，債主紛紛找上美國運通求償，求償金額約在一．五億至一．七五億美元之譜。美國運通股價應聲暴跌。

兩天後，約翰．甘迺迪（John F. Kennedy）總統遭槍殺喪生。華倫和所有美國人一樣，都感到驚訝不已。但他沒有因此失焦。報紙上盡是有關槍擊事件的報導，不過在後頁角落裡也有幾篇關於這次美國運通事件的報導。投資人忙著退場，美國運通股價重挫約四〇%——美國這家藍籌金融公司似乎即將倒閉。

像往常一樣，華倫決定做一番研究。他認為，美國運通賣的是「**信任**」，於是他想知道一般消費者對這個品牌的信心是否會因醜聞而動搖。民眾是否仍在使用美國運通信用卡消費和購買美國運通旅行支票？答案是，民眾仍然這麼做。

這時，美國運通被認為是一支「不良股票」（distressed stock）——便宜，但顯然風險很高。就在華倫猶豫不決，不知是否應該搶進這檔股票時，他的父親正病入膏肓。他坐在霍華的病榻旁，腦子裡不斷迴盪著巴菲特版「哈姆雷特」獨白：「投資，還是不投資？」

華倫選擇了投資，在悲傷中，堅定地工作。為恐大筆搶進可能拉抬股價，他一點一點地買進美國運通。不過仍在短期內投注了三百萬美元。他白天就待在辦公室裡，傍晚回家換個衣服，然後就直接上醫院陪伴父親。有一天，孩子們見到他神情更顯悽苦地回到家，宣布他要去母親家，不到醫院了。孩子們問他為什麼。「爺爺今天去世了。」華倫說完離家。這是他對霍華去世這件事所說的最後一句話；在父親喪禮的整個過程中，他一言不發。華倫緩慢而穩定地持續買進美國運通股票——這是他迄今為止最大筆的投資。在接下來的三年裡，他的投資增加了四倍。

霍華．巴菲特是個讓子女崇敬、愛戴，但高高在上的父親。華倫小時候常常待在父親辦公室裡，看著父親工作，還陪著父親競選——霍華的競選之旅備極艱辛，但終於獲勝，當選聯邦眾議員。霍華是一名鐵桿共和黨員，根據一位友人的說法，霍華的政治立場「比上帝還保守」。他要不是埋首書本，就是埋首報端，不時會站出來抨擊小羅斯福總統及其揮霍無度的「新政」（New Deal）。他有點走火入魔，不斷咀咒法定貨幣，並宣揚金本位的高貴。華倫最終放棄了父親的意識型態，但對父親始終崇拜有加。霍華確實是一號人物——一九二九年大崩盤之後，雇用他的那家銀行倒閉，讓他丟了工作也失去了儲蓄，但他能沉著以對，開起自己的經紀公司。這家公司很快就有盈利，主要是因為當市場上一片叫賣聲時，霍華有繼續買進的膽識。直到今天，霍華的肖像仍然掛在華倫的桌案上方，不斷提醒華倫，謹記誠實、謹慎、保持冷靜平穩的原則。許多年後，華倫向一位友人坦承，霍華的去世，「就像有人毒打了我一頓。」

很難決定要從哪裡開始講述華倫．巴菲特與波克夏．海瑟威的故事。你可以從一九六二年十二月十二日那天講起，那一天，華倫告訴他在紐約的經紀人，要以每股七．五美元的價格買進兩千股波克夏的股票——當時波克夏是典型的雪茄屁股，交易價格遠低於清算價值。或者，你也可以從一九六五年五月十日那天講起，那一天，華倫終於出手接管了這家公司，這次收購純粹只因他壓不下滿腔怒火。但說這個故事最有趣的方式，是從惡名昭彰的「華爾街女巫」（Witch of Wall Street）海蒂．葛林（Hetty Green）講起。

日後成為波克夏．海瑟威的波克夏，原本是一家紡織廠，葛林是這家紡織廠的一位原始投資人。早在「價值投資」這個概念問世以前，葛林已經深諳這種投資之術，她賣了嫁妝買進政府公債，並將繼承所得轉換成一筆在今天相當於二十多億美元的財富。憑藉她的理財本領，以及就連華倫也自嘆不如的節儉作風，當她於一九一六年去世時，已經是美國最富有的女人。他們稱她為「華爾街女巫」，因為她總是穿著一身寡婦的黑衣。波克夏．海瑟威的公司歷史上有一堆怪人扮演要角，葛林不過是其中一人。在一九六〇年代，華倫碰上的怪人是希伯里．史坦頓（Seabury Stanton）。史坦頓的祖父是麻省企業「新貝德福」（New Bedford）的創辦人。

當華倫第一次下單買進兩千股波克夏股票時，新英格蘭的紡織業已經走上窮途末路，但史坦頓不肯服輸。美國南方產棉花，勞工也比較便宜，但史坦頓堅信，只要改變策略，把波克夏．海瑟威的產品線全部投入人造絲，他就可以拯救這家公司。這是一種幻想。史坦頓開始沉溺於酒精，而且經常與他的弟弟歐提斯（Otis）鬧得不可開交，歐提斯想趁著獲利還可以的時候早早從紡織業脫身。華倫發現希伯里．史坦頓時不時會公開收購波克夏的股票，他認為當史坦頓想買回股票時，他的小額投資就會獲利。

華輪回憶道，當他接到電話時，波克夏的股票價格是每股「九或十美元」。華倫告訴史坦頓，他願意以每股一一．五的價格賣出，史坦頓同意了。但沒多久，一封信寄到，出價每股一一．三七五美元買回波克夏股票，比之前協議的價格低了一二．五美分。

「這真令我火冒三丈，」華倫告訴他的傳記作者艾莉絲．施洛德，「這傢伙明明已經跟我握手成交，現在竟還想挖走八分之一的利潤。」

華倫暴怒。施洛德寫道：「巴菲特發誓要擁有波克夏；他要買下它的一切。」在不斷收購股權之後，華倫終於如願以償買下整個波克夏。在這一刻，他發現大事不妙：他現在擁有一家經營成本高昂，而且行將倒閉的公司。太不理性了！在整個職涯中可能最精采的一步棋裡，華倫找到一條路，利用波克夏・海瑟威即將破產的命運為自己創造財富。

希伯里・史坦頓認為自己可以一手挽回新英格蘭紡織業的頹勢，他顯然是錯了，大錯特錯。姑且不論南方工資較低這件事，自動化已經蔚然成風，而全球運輸的效率也在不斷提升，使得美國企業大可將生產基地移往成本超低的海外，再將產品運回國內市場。換言之，將波克夏・海瑟威的資本重新投入紡織已經沒有意義。但讓資本閒置在那裡也沒有意義——必須利上滾利。必須投資做些生意才行。

華倫決定，波克夏・海瑟威要買一部「彈珠臺」。

他選上的彈珠臺是一家叫做「國家賠償」（National Indemnity）的小保險公司。國家賠償保險公司的地址距離華倫設在基威特廣場的辦公室只有幾條街，靠著一些古怪的業務，例如為馴獅員或雜耍演員的身體部位投保等等，開闢出一個獲利頗豐的利基市場。它的老闆傑克・林華特（Jack Ringwalt）本身就是一個怪咖，經常在他的健身包裡塞滿幾百張股票證書，帶著到處走。華倫已經盯上國家賠償保險公司好一陣子，在聽說林華特可能有意出售公司時，他表示願以每股五十美元買下這家公司，儘管這個價格比華倫原本的估價高出十五美元。

華倫不惜以高價買下國家賠償保險公司，為的是在波克夏．海瑟威疲弱不振的身體上嫁接一個小型的賺錢機制。這有點像是將獵豹的DNA剪接到海牛身上，培育出一頭貪婪的新獸。華倫可以從波克夏抽出資金，投入旗下賺錢的子公司，擴大其業務；同時這家子公司可以從保單中釋出大量「流通資金」（float），用來購買其他有利可圖的公司。華倫可以一而再、再而三地重複這套伎倆。

舉例來說，華倫發現波克夏投入糖果生意的好時機到來，應該買進「時思糖果」時，一開始是以「藍籌點券」（Blue Chip Stamps，波克夏旗下一檔股票）之名買進時思糖果。但他很快察覺藍籌點券必將走入墳場，而時思糖果才是真正的搖錢樹。他讓波克夏直接收購時思，將時思轉型，打造成一個真正的奢侈品牌。他寫信給時思執行長查克．哈金斯（Chuck Huggins）說，時思的糖果「應該要很難購買，只能在一段特定時間內才能買到，而且顯然只能限量供應（給消費者）」。這項策略果然有效：根據「彭博社」（Bloomberg）二〇一五年的報導，五年來，美國國務院外交官花在時思糖果禮盒上的錢至少高達三十三萬美元。國務院官員得為外國政要尋找一份能體現美國特色、奢華但又不至於貴得離譜的禮物，面對這項艱巨的任務，找時思糖果就對了，其他品牌，例如「惠特曼」（Whitman's）或「羅素．史托佛」（Russell Stover），都不適合。

下一個標竿性的收購是「政府員工保險公司」（GEICO）。這家保險公司是華倫真正屬意的第一支股票；早在他還在哥倫比亞大學求學的時代，就已經將自己全部身家的四分之三投入這檔股票。但到了一九七〇年代，這家公司陷入困境——虧損一．九億美元，似乎瀕臨破產邊緣。但華倫仍然喜歡GEICO；他認為GEICO的業務仍然穩健。GEICO的股票曾經一度站上六十一美元高峰；現在華倫以每股兩美元的超低價買入四百萬美元的GEICO股票。他的直覺沒錯：GEICO至今仍是波克夏的重要資產之一。自收購GEICO之後，波克夏開始以迅雷之勢，先後收購全球最受歡迎的品牌：「冰雪皇后」（Dairy Queen）、「織機之果」、「美國廣播公司新聞網」（ABC News）、「可口可樂」（Coca-Cola）……

這只是華倫投資組合的一小塊。今天，波克夏·海瑟威的許多持股都是以流通資金資助其他收購行動的保險公司。截至撰寫本文時，波克夏·海瑟威全資擁有的公司超過六十五家，其中**不包括**任何新英格蘭紡織廠。

* * * * *

到一九八五年，當《富比士》連續第三年將他納入全美四百大富豪排行榜時，華倫·巴菲特已經成為億萬富翁。他也讓他的投資人變得非常、非常富有：一九六四年以一千美元投資華倫，二十年後可以回收超過一百萬美元。誠如貝斯·艾爾猶太會堂負責人麥爾·克里普克所說，這些錢「像原子彈的蘑菇雲一樣爆開」。而且爆炸只會愈來愈大。

在一起做了多年生意之後，查理．蒙格與華倫於一九七八年正式聯手，南加州的查理成為波克夏．海瑟威的副董事長。這時的波克夏坐擁幾十億美元的資本——也就是說，在高度槓桿的一九八〇年代，華倫處於一個不尋常的位置，當其他人都在累積債務時，只有他能以現金進行交易。在那個垃圾債券與惡意收購風行的年代，卡爾．艾康（Carl Icahn）與布恩．皮肯斯（T. Boone Pickens）這類「企業掠奪者」（corporate raiders）透過當時最流行的「槓桿收購」（leveraged buyout），根據獵物的現金流借貸抵押來進行收購。華倫痛恨這種做法，原因之一是，這種做法只會讓有生產力的公司資金流失，讓那些華而不實、滿腦子想著買遊艇、在漢普頓（Hamptons）莊園置產的華爾街大亨中飽私囊。此外，這種做法的風險過高。華倫保有老葛拉漢的一分小心謹慎，不肯隨俗。而且他理直氣壯：曾有一段時間，波克夏．海瑟威的年報根本就是抨擊槓桿收購、垃圾債券，以及整個八〇年代俗麗、花俏、投機的金融交易的大報（broadsheets）。

華倫在一件事情上，也唯有在這件事情上不能免俗，他順應時代潮流，為自己買了執行長們必備的行頭：一架私人飛機，不過，是一架二手貨。一九八六年，在致波克夏．海瑟威股東的信中，華倫為這件事做了解說：

> 不幸的是，貴公司董事長過去對私人飛機發表了一些過激的言論。也因此，在我們採購私人飛機以前，我被迫進入伽利略模式。我立即體驗了必要的「反啟示」，相較於過去，現在旅行方便得多——也昂貴得多。波克夏購買這架飛機是否能值回票價，仍是一個未知數，不過我會努力利用它在商場取勝（無論這其間的關係是否牽強）。

華倫搭著這架飛機飛往華府，出席雷根總統的白宮國宴。他飛去參加奧斯卡頒獎典禮，與桃莉．巴頓（Dolly Parton）寒暄；他飛去「棕櫚泉」（Palm Springs）與雷根打高爾夫，然後飛回奧瑪哈，主持波克夏．海瑟威股東會，這項一年一度的盛會約有四百人與會，場面總是像嘉年華會一樣熱鬧非凡。

一九八七年的一天，華倫搭著這架飛機飛往紐約，完成一筆他這輩子金額最大、最不具華倫．巴菲特風格，也最凶險的交易。

班傑明．葛拉漢喜歡將證券市場人物化，稱它為「市場先生」。在一九八七年致波克夏股東的信中，華倫這樣解釋葛拉漢的想法：

> 與我亦師亦友的班傑明．葛拉漢，很久以前描述過一種對待市場波動的心態，我認為這種心態對投資成功非常有利。他說，你應該將市場報價〔即股價〕想像成來自一位非常親切隨和的市場先生。他風雨無阻，每天必然現身市場，向你報價——要麼想買你的股票，要麼想把股票賣給你。
>
> ……可悲的是，這位可憐的老兄有藥石罔效的情緒問題。有時他興奮異常，只能見到有利商務的因素。一旦處於這種情緒，他會報出一個非常高的買賣價格……有時他情緒陷於低谷，抑鬱寡歡，只見到眼前的困難……

市場先生還有一個讓人喜愛的特質：他不在乎遭人冷落。如果他的報價今天不能引起你的興趣，明天他還會提一個新報價。願不願意交易，完全由你決定。

但華倫對這位情緒善變的市場先生另有補充：除非你能牢記兩項但書，否則不要與這位先生打交道。第一項是，市場先生來到市場「是來服務你的，不是來指導你的」。換言之，不要從市場的走升或走貶中尋找線索，因為市場先生的情緒未必能精確反映經營基本面。這第一項又引申出第二項但書：「如果你不確定你是否遠比市場先生更了解、更能評估自己的業務價值，那麼你不該玩這種遊戲。」

在一九八〇年代，許多人將市場先生視為智者，其中對市場先生最崇拜有加的幾位著名華爾街人士都在「所羅門兄弟公司」（Salomon Brothers）工作。所羅門兄弟公司原是一家專做債券交易（一度是華爾街最悶的業務）的小公司，經執行長約翰．古弗蘭（John Gutfreund）的整頓，轉變為一家聲勢不凡、經營外匯與證券交易的銀行，它不僅為合併與收購、「首次公開募股」（IPO）提供財務支持與擔保，最重要的是，它推出「不動產抵押貸款證券」這類新產品，掀起一場債券市場革命。《商業週刊》（*Business Week*）於一九八五年將古弗蘭封為「華爾街之王」（the King of Wall Street），與「奧瑪哈先知」分屬兩個極端的代表人物。正如麥可．路易士（Michael Lewis）在其回憶錄《老千騙局》（*Liar's Poker*）中所述，古弗蘭在所羅門兄弟營造了一種弱肉強食的工作環境，員工無論手段是否正當，只要能為公司牟利就能獲得獎勵。曾在所羅門兄弟擔任債券交易員的湯姆．伯納德（Tom Bernard）說，古弗蘭「喜歡將一塊肉丟進籠子裡，看誰能搶到」。（根據《老千騙局》書中所述，伯納德不過是「一條人形食人魚」罷了。）古弗蘭的第二任妻子蘇珊（Susan），是一九八〇年代奢華風的代表，她將她與古弗蘭在第五大道的樓中樓改造成小凡爾賽宮（有何不可？），而且堅持要在浴室擺冰箱，冷藏她的香水。

但華倫喜歡古弗蘭。兩人曾一起完成過幾筆成功的交易，古弗蘭還曾在一九七六年出手拯救過GEICO。因此，當古弗蘭氣急敗壞地來電告急時，華倫耐心地聽他陳述問題：所羅門股價持續重挫，古弗蘭急需一大筆資金挹注，否則所羅門將淪為「企業掠奪者」羅恩．裴雷曼（Ron Perelman）的掌中物。裴雷曼透過垃圾債券收購「露華濃」（Revlon），成為華爾街最大的惡棍。

華倫提出一個古弗蘭或許應該三思的解決辦法：他告訴古弗蘭，波克夏．海瑟威願意以七億美元投入所羅門，但條件是所羅門必須保證最低一五%的利潤。這是一個幸運的投資人可能從高風險垃圾債券中獲得的回報，但對古弗蘭來說，這項交易的甜頭是他可以保住飯碗。兩人握手成交，也就在這一刻，曾在致股東信中抨擊「賭場式市場」的華倫，發現自己擁有了一個小型的賭城。路易士後來在《新共和週刊》（*New Republic*）中寫道：「這位道德家出賣了自己的名譽，卻沒有停下來評估願意付出如此高價的人」。

華倫是一位堅守原則的人。班傑明．葛拉漢主張與市場先生保持距離的方法是一項原則；另一項原則是不要超越你的「能力圈」（circle of competence）投資。簡言之，這就表示，你如果要把錢投入一家公司，得先搞清楚這家公司做什麼、怎麼做、為誰而做，經營這家公司的人知不知道他們在做些什麼。華倫曾經一再重申，一個人的「能力圈」大小並不重要，重要的是不能超越這個範圍。「能力圈」理論可以說明華倫何以多年來始終不願投資科技公司，而且對可口可樂這類公司情有獨鍾。他在一九八八年買了一千四百萬股可口可樂，翌年又追加了九百萬股：華倫連一臺電腦都沒有，也不打算買電腦，卻是個根深蒂固的汽水愛好者。在「能力圈」內運作，這非常重要。

華倫明白，這項與所羅門的交易，已經走到他的「能力圈」極限，甚至可能越界了。不過一五%的投資報酬擔保給了他「安全邊際」（margin of safety）——這是另一項關鍵性投資準則。他的誤判在於，他未能察覺在**識人**的問題上，他已經超越了自己能力圈的極限。華倫非常重視業務關係，曾在股東信上如此寫道：

> 與讓你腸胃翻騰的人打交道，就像為了錢而結婚一樣——無論在任何情況下，大概都是個壞主意，如果你已經很有錢了還這麼做，那你絕對是瘋了。

約翰・古弗蘭讓華倫的胃翻騰不已。誠如路易士所說，華倫投入所羅門的不只是資金；他也投入了自己的良好聲譽。在一九八〇年代末，「華倫・巴菲特」已經成為一家企業經營是否良好的「認證」：如果他買進一家公司的股票，其他投資人一定可以放心跟進，不會有問題。這讓華倫獲益匪淺——憑藉這種左右市場的能力，無論他買什麼股票，這檔股票都很可能會水漲船高。但扮演這種「認證」角色也很危險，因為這麼做等於賭上個人品牌，他會經不起任何重創。一九八八年初，凱洛・盧米思（Carol Loomis）在《財富》雜誌撰文指出：「他賭上了做為投資人的全部信譽。」

到一九九一年，所羅門兄弟公司已經形同一個衰敗的國家，由幾個各霸一方的諸侯割據。身為公司董事的華倫，親眼目睹這類亂象愈演愈烈——以債券套利部門為例，一群以數位模型模擬風險預測的博士團隊發動了一場小型叛亂。就在公司解決這個問題之後，古板的政府公債部門又出了更大亂子。

一九九一年八月十二日星期一，《華爾街日報》刊出一篇醜聞即將引爆的報導，指所羅門的一名惡棍交易員非法操控美國國債市場。古弗蘭知道下屬的詐欺行為，但在與財政部或「聯邦準備理事會」（Fed）的例會中卻都「忘了」提出來。《華爾街日報》的這篇報導對這些行徑大加撻伐，說古弗蘭涉嫌「操控市場、違反證券法反詐欺條款、向聯邦當局歪曲事實」，而且最重要的是，他還涉嫌可能以刑事起訴的「電匯與郵件詐欺」。

就在那年早些時候，在被問到為什麼要扮演「白武士」馳援所羅門兄弟時，華倫告訴《洛杉磯時報》（*Los Angeles Times*），古弗蘭是「一位了不起、值得尊敬的正直之士」。現在，古弗蘭上了斷頭臺，而行刑的劊子手就是華倫。正如後來在二〇〇九年發行的長片《雷曼兄弟的末日》（*The Last Days of Lehman Brothers*）的預告片所演示的那樣，所羅門的債主開始擠兌，財政部長與聯準會主席「急著想了解誰能來接手這家公司」。所羅門的股票停止交易。公司倒閉的新聞即將發布。

華倫搭乘他那架「獵鷹」（Falcon）噴射機前往馳援。一九九一年八月十六日星期五，他被任命為所羅門兄弟公司的臨時董事長。他說：「總得有人接下這個職位。」

在一九九一年底與一九九二年初，華倫大部分時間都花在讓所羅門兄弟變得乏味。根據當時一名記者的說法，華倫的策略就是「全面揭發，與調查人員合作，向客戶、監管機構、政界人士道歉，並全面清除內部不法份子」。華倫的工作主要就是**說話**。根據《洛杉磯時報》當時的報導，他「說服」財政部長尼古拉斯．布萊迪（Nicholas Brady），要布萊迪同意讓所羅門重啟政府債券買賣業務。他召開冗長的記者會。他出席國會參、眾兩院會議作證，以一句讓人回味無窮的話解釋他的管理做法：「讓這家公司賠錢，我會諒解；讓這家公司損失名聲，我會毫不留情。」這場危機讓華倫更加聲名大噪。一九九一年十月，他展開一波前所未有的宣傳，在《華爾街日報》、《紐約時報》和倫敦《金融時報》（*Financial Times*）上刊登兩頁廣告，發表他寫給所羅門股東的一封信。

「歸根結柢，總得有人守住我們的原則。」華倫寫道，他一邊抨擊所羅門的舊制，一邊宣布削減公司紅利，讓不想幹的員工盡快走人。有員工憤然罵道：「他太僵化、太教條主義，毫無人性，沒有同情心。」還有員工私下承認，一旦危機過去，他們就要拋棄華倫那些道德自律教條。旁觀者對巴菲特的整頓印象深刻。哈佛商學院投資銀行學教授沙穆爾．海耶斯（Samuel Hayes）評論：「巴菲特為管理層如何應對詐欺，訂定了一個新標準。他訂下的排汙清理作業程序，讓那些準備嚴懲所羅門的人找不到動手的根據與藉口。在日後出現的醜聞中，人們會對他的這些行動逐字逐句、仔細推敲。」

在全世界都在指責所羅門兄弟，視他們為大騙子，要他們倒閉之際，華倫出面接管了這家公司，至少得等到他收回本錢才會停止。等他返回奧瑪哈時，他已經收回了他投入的每一分錢。華倫在這次事件上設立了一個模式。後來他又一次賭上他的名譽——為的不是一家微不足道的公司，而是整個美國經濟。

第四章　自然壟斷

就在華倫的「奧瑪哈先知」招牌被打磨得愈發雪亮之際，比爾身為科技神童的名譽卻遭到了打擊。在與保羅・艾倫於一九七五年四月四日創辦微軟之後，他將這家公司打造成科技業的標竿。接下來的十五年，比爾成為媒體寵兒，上過《今日秀》（*Today*）與《時代雜誌》封面，被《時尚先生》（*Esquire*）譽為「新世代佼佼者」，還被列在《好管家》（*Good Housekeeping*）雜誌「美國最有身價單身漢」名單上。一九九〇年十一月，隨著《商業月刊》（*Business Month*）最後一期出版，這段陽光燦爛的美好歲月也戛然而止。比爾是這一期《商業月刊》的封面人物，更精確地說，他的頭被合成到一名擺姿勢的肌肉男身體上，做為這一期的封面。封面標題寫著：「矽谷惡霸：比爾・蓋茲還能在電腦產業囂張多久？」內文引用一名匿名ＩＢＭ員工的話，說他很想把碎冰錐插進比爾的腦袋。一直到一九九〇年代結束，有關比爾的媒體報導大都屬於這類負面性質。他身為媒體寵兒的時光已經成為明日黃花。

老實說，比爾能**成為**媒體寵兒，這有點讓人驚訝。華倫在初次見面時或許與比爾一見如故，之後又約比爾一同觀賞內布拉斯加大學足球賽，還前往棕櫚泉與比爾和蓋茲家族一起度假，兩人只要出現在同一個地方，總會一起打橋牌。但根據大多數其他人的說法，年輕時的比爾．蓋茲其實很難相處。事實上，在微軟創辦初期，他與保羅．艾倫似乎採用了「白臉／黑臉」的策略，保羅扮演「好好先生」，比爾則負責與「微型儀器遙測系統」（MITS）周旋交易細節。對比爾而言，成交關鍵就在於他與保羅如何根據他們的 BASIC 程式獲得報酬，以及獲得多少報酬。比爾要求每一份 BASIC 程式都能獲得報酬，而不是只收一筆錢就讓允許這個軟體被包裝在牽牛星電腦中出售。比爾堅持這一點不僅僅是為了錢，也因為既然有錢可賺，他當然要為自己在這條生財之道上扮演的關鍵角色取得相應的報酬。

並非每個人都把目光盯在鈔票上。在矽谷「自製電腦俱樂部」（Homebrew Computer Club）早期會員的心目中，電腦不是玩具，不是生財商機，而是爭取個人解放的工具，他們設法取得比爾與保羅的 BASIC 程式碼。之後俱樂部會員開始把 BASIC 拷貝分送夥伴，約定任何獲得盜版 BASIC 的人都必須再拷貝兩份送給其他人。

比爾完全不知道他的 BASIC 程式碼已經成為矽谷玩家的最愛，直到 MITS 寄來第一筆一萬六千零五美元的年中版稅支票，他才警覺情況不對——由於牽牛星電腦大賣特賣，但除非連接上 BASIC，否則這臺電腦根本無法使用，這張支票的金額簡直小得可笑。經過一番調查，他找出了原因：自製電腦俱樂部的盜版。有會員單是一個人就做了五十份拷貝。「這樣不行，」比爾怒不可遏，「我們這麼辛苦地研發出這個東西，卻被旁人順手偷了。」一九七六年，《電腦筆記》（*Computer Notes*）在二月份期刊上發表比爾以 MITS 做為信箋抬頭、署名「微軟公司合夥人」的「致玩家公開信」，比爾．蓋茲這個名字自此在社會大眾間傳開。比爾在信中大吐苦水：

使用硬體必須付費，但軟體可以共享……

這公平嗎？……你們〔竊取軟體〕會造成沒有人寫優良軟體的後果。世上誰能投入專業工作但分文不收？……說白了，你們這種做法就是剽竊。

艾德．羅伯茨對比爾未經同意就以 MITS 做為信箋抬頭感到非常惱火。「南加州電腦協會」（Southern California Computer Society）對比爾把軟體共享說成是「剽竊」也憤怒異常，揚言打集體訴訟官司，指控比爾誹謗。電腦玩家通訊的一名編輯，在發表專欄時回應比爾的指控，表示有「傳言」說比爾曾在哈佛偷取電腦使用時間，利用部分由公費資助的電腦研發產品牟取商業利益，難道這合法嗎？他的這番諷刺挖苦，讓原本可能同情比爾的讀者也開始對比爾產生反感。這些讀者正是將電腦推向主流、為硬體和軟體創造市場的群體，而他們對比爾的第一印象是：他是個愛發牢騷的混蛋。

或許因為沒隔多久，錢就滾滾而來，比爾保持了沉默。個人電腦盛世真的來臨了，一九七六年，購買微軟 BASIC 的合約如雪片般飛來，讓比爾與保羅簽約簽到手軟。他開始在固定收費基礎上，授權「數據技術公司」（Data Technology Corporation）、「花旗銀行」（Citibank）、與「奇異」（General Electric）等公司使用 BASIC。他的策略是將產品價格盡量壓低，使企業寧可向微軟購買，也不願自行開發軟體。但比爾很快就察覺到，**壓低**並不表示一定要壓得**非常低**——在與奇異簽下一紙五萬美元的合約後，當「國家收銀機公司」（National Cash Register）找上門時，他決定將價格調升為一七．五萬美元。就算得與 MITS 分帳，這些收益也使「微軟」（Microsoft）——比爾與保羅向新墨西哥州州務卿辦公室登記了這家公司——有了雇用第一批員工、擴大產品項目的錢。到一九七六年年底，微軟已經將公司總部遷出比爾與保羅的起居室，租了一間像樣的辦公室。如保羅所說，公司已經準備好要開始大展拳腳了（ready to rock 'n' roll）。

其他公司也摩拳擦掌，蓄勢待發。三家競爭對手在一九九七年發布了附帶鍵盤並配備顯示器（或內建或外加）的個人電腦：「坦迪」（Tandy）的 TRS-80，「艦隊司令」（Commodore）的 PET，還有豪華的「蘋果二號」（Apple II）。不是電腦怪咖也能使用的電腦終於上市了，而它們都需要相對應的軟體。

微軟迅速投身這場競賽。比爾．蓋茲催逼他的新員工就像開他那輛保時捷（Porsche）一樣，毫不留情。他會挖苦那些連續工作八十個小時、趕在期限內交付產品的程式設計師，居然以為這樣就能換取隔天休假。他自己從不休假。他每天早上以九十英里的時速飛車第一個趕到辦公室，然後盯著停車場，看他的員工還要多久才會現身。有時忙著寫程式，他根本不下班，體力不支就躺在辦公室地板上睡覺。有一次，他睡得太沉了，幾乎叫不醒，這讓他的祕書很擔心他可能會出什麼意外。想來那一定是個平靜的早晨。因為比爾只要醒著，總是與程式設計師爭論不休，他會坐在椅子上前後搖擺，大叫：「這是我這輩子聽過最蠢的事！」

但求職信仍然源源不絕地寄來。在相當程度上，拜那些推廣 BASIC 的盜版玩家所賜，BASIC 已經成為預設的程式語言，微軟也因此成為每一個電腦科系高材生的就業首選。微軟是最頂尖的業者，也只雇用最頂尖的人才。

無論如何，掀起這場數位革命的其他幾家公司也絕對談不上是順風順水。蘋果共同創辦人史蒂夫・賈伯斯（Steve Jobs）或許在穿著上像個嬉皮，但以罵他的同事「蠢貨」著名。比爾欠缺賈伯斯那種先知氣質——那是他的痛處——但他自有一套贏得員工敬愛的方式。其中一點是他非常了解程式，時間緊迫時，他會毫不猶豫地捲起袖子與程式設計師一起工作。此外，一旦發生爭執，比爾不會一味亂發脾氣，他是在辯論，他要自己聘來的那些年輕人才能夠反駁他。艾倫在回憶錄中寫道：「他希望成為員工心目中嚴厲但公正的老闆。」有時他把員工逼得太緊而不自知，不過每當比爾與同事或員工發生爭執時，「總是對事不對人。」這類取捨進退培養出員工忠誠度。一九七九年，微軟離開新墨西哥州的阿布奎基，遷往華盛頓州的「貝勒夫優」（Bellevue），結果幾乎所有的員工都打包行李跟隨公司北遷。

但比爾也有疏遠人的時候。他讓保羅・艾倫感到受了傷害，促使艾倫同意減少公司持股；正如艾倫後來所寫，錙銖必較的比爾讓他意識到這位合作夥伴

「總是想盡可能搶占最大塊的餅」。比爾擺了西雅圖研發人提姆．派特森（Tim Paterson）一道，以微不足道的五萬美元收購派特森研發的「簡易作業系統」（Quick and Dirty Operating System, QDOS）程式，而微軟就以 QDOS 為基礎，發展出「微軟磁盤作業系統」（MS-DOS），用在 IBM 個人電腦上，並因此躋身《財富》世界五百強排行榜。比爾也惹惱了 IBM，他拒絕將這個作業系統直接賣給 IBM，並堅持微軟有權授權其他廠商使用這個作業系統的版本。

不過比爾不在乎惹人厭：從東海岸到西海岸，全美各地的公司都在為員工投資桌上型電腦，而 IBM 自然是首選。從一九八一年八月 IBM 個人電腦上市，到一九八六年三月微軟首次公開募股，不到五年的時間，IBM 個人電腦賣了兩百五十多萬臺，創下一波前所未有的全球企業單一科技投資熱。MS-DOS 也是個人電腦問世以來，對工作性質造成最重大改變的一次創新。但這是比爾的勝利，不是 IBM 的勝利。在與電腦業界巨無霸 IBM 簽下 MS-DOS 合約時，比爾已經成竹在胸：使用者一旦用了個人電腦，會習慣的是個人電腦介面，不是裝置這個介面的硬體。這就為各式各樣的個人電腦仿製品開啟了大門。只要「戴爾」（Dell）與「康柏」（Compaq）這類製造廠商獲得授權，使用微軟MS-DOS介面，使用者就會滿意。

艾倫說：「在DOS出現之前，微軟是一家重要的軟體公司。DOS上市後，它則成了必不可缺的軟體公司。」

在面對公司迅速成長帶來的壓力時，保羅與比爾的反應截然不同。保羅邀請音樂家到他在「莎瑪米希湖」（Lake Sammamish）的宅邸，通宵演奏。據保羅說，比爾由於被開了太多超速罰單，不得不請華盛頓州最能幹的交通官司律師幫他辯護。保羅躲在辦公室裡，做著科技未來之夢，履行他身為微軟研究與新產品開發部門負責人的職責。比爾則站出來成為微軟的代言人，接受《個人電腦雜誌》（*PC Magazine*）專訪，成為《金錢》（*Money*）雜誌封面人物，在公共論壇暢談全球統一作業系統的好處。也因此說了一些讓他後來感到後悔的話：

> 為什麼我們需要標準？因為唯有數量才能讓你以低價提供合理的

軟體……我真不應該這麼說，但在某個程度上，這導致……一種自然壟斷。

史蒂夫·賈伯斯並不打算就此認輸。在賈伯斯看來，蘋果是對抗個人電腦霸權的一股反叛勢力，他相信，如果能提供一種更賞心悅目、更容易使用的介面，消費者會很樂於拋棄 MS-DOS 那些蠻橫的規則與折磨人的提示符。（只要看一看蘋果著名的「一九八四」廣告，就知道賈伯斯確實是以這種歐威爾式*的視角來看待這場電腦革命。）賈伯斯在這場競爭中使用的武器是「圖形化使用者介面」（graphical user interface, GUI）。

由設於「帕拉·奧托」（Palo Alto）的「全錄帕拉·奧托研發中心」（Xerox PARC）所研發的「圖形化使用者介面」，最早的版本是透過代表程式的圖像與滑鼠，讓電腦使用者只需點擊就能操控桌上型電腦。保羅·艾倫跟賈伯斯一樣，也對 GUI 醉心不已，而賈伯斯更是將全部身心投入 GUI 介面，要讓它成為蘋果新型「麥金塔」（Macintosh）電腦的招牌特色。為達到這個目標，他堅持麥金塔電腦的硬體與軟體必須配合得天衣無縫。

但即使是賈伯斯也無法逃避一項事實：就軟體而言，微軟是老大。蘋果的內部團隊不具備為麥金塔提供一切所需程式的能量。因此，賈伯斯邀請比爾與保羅到「庫比蒂諾」（Cupertino）**，讓兩人搶先目睹蘋果的麥金塔，訪問結束後還讓兩人帶一臺麥金塔原型機——基本上就是裝在一個手提箱裡的一堆電路板——返回貝勒夫優，並提議請他們製作幾個應用程式，包括後來被稱為「Excel」的表格處理軟體。

這臺麥金塔讓微軟程式人員非常著迷。比爾也印象深刻——與造就它的那個人相比，這臺電腦本身更讓比爾印象深刻。蘋果程式開發大將、在麥金塔研發期間曾與微軟合作的安迪．赫茲菲爾德（Andy Hertzfeld）後來回憶說，比爾

---

* 譯注：Orwellisn，以壟斷專制手法控制社會一切。

** 譯注：蘋果總部所在地。

對賈伯斯此舉的用意滿腹狐疑，認為賈伯斯「要麼就是在表明你根本不是對手，要麼就是想引誘你」。但根據華特・艾薩克森（Walter Isaacson）在他那部龐大的賈伯斯傳記中的說法，比爾也很嫉羨賈伯斯「讓人著迷的魅力」，還承認自己也無法完全免疫。

早期個人電腦時代的一個奇特產物是一九八三年蘋果銷售大會上的一段影片。為了激勵銷售團隊，賈伯斯發起一項名為「麥金塔軟體約會遊戲」（*Macintosh Software Dating Game*）的活動。YouTube上的影片顯示，比爾與另外兩位軟體公司創辦人穿著卡其褲緩步上臺，三人懶洋洋地坐在座位上，略顯不安地凝視著賈伯斯，都想贏得賈伯斯青睞。講臺後方的賈伯斯問了比爾一個問題：「麥金塔會不會成為第三個業界標準？」

「嗯，想創造一個新標準，僅僅是略有不同還不夠，」比爾答道，語音難掩心頭的緊張，「你得真的很新，真的能抓住人們的想像力，而麥金塔是我見過的所有機器中，唯一能滿足這項標準的電腦。」

這是比爾的真心話。他認為麥金塔的GUI非常好，事實上，他下決心要做出自己的GUI。

一九八三年十一月十日，就在麥金塔推出兩個月前，微軟在紐約「漢斯里皇宮飯店」（Helmsley Palace Hotel）舉行盛大酒會，宣布將推出「視窗」（Windows）。康柏、無線電屋（Radio Shack）、惠普等硬體業巨頭都派代表與會。比爾告訴《個人電腦週刊》（*PC Week*），微軟的目標是要讓它的GUI作業系統裝在八〇%的個人電腦上。

事實上，之後十年壟斷全球個人電腦市場、市占率超過九成的Windows，在當時不過是海市蜃樓罷了：微軟根本還沒打造這該死的東西。但在科技圈內，比爾已經以截斷他人靈感而聞名——根據傳言，每當微軟聽說有什麼新應用程式要推出，沒多久就會宣布將推出自己的類似軟體。直到今天，這類傳言仍然歷久不衰，在大眾的認知裡，賈伯斯是一代創新大師，而比爾·蓋茲是貪婪的盜版大師。最早期的幾個Windows版本都是模仿麥金塔作業系統（Macintosh OS）的拙劣仿製品，這被認為是這類傳言的初步佐證。但事實真相比這更複雜。賈伯斯並沒有發明GUI。而微軟前員工、全錄PARC出身的查爾斯·西蒙尼（Charles Simonyi），在一九九七年告訴《連線》（*Wired*）雜誌，比爾·蓋茲第一次見到全錄 PARC 的 GUI 版本就知道「圖形化使用者介面是未來」。

但大眾的觀感很重要。到了一九九一年，傳言也燒到比爾身上。在前一年的大部分時間裡，比爾全力投入微軟耗資兩百萬美元的 Windows 3.0——微軟總部暱稱這項突破性產品為「Win 3」——「眼見為實」（Seeing Is Believing）產品發表會，同時慶祝微軟成立十五週年，並成為第一家單年營利破十億美元的個人電腦軟體公司。隨即《商業月刊》封面狠狠挖苦了比爾，接著在一九九一年三月，聯邦貿易委員會（FTC）宣布對微軟展開「反競爭行為」調查，坐實了科技業多年來有關這家公司的流言蜚語。負面新聞報導持續發酵：將近十年前，比爾在科技業盛會「計算機經銷商博覽會」（COMDEX）發表主題演講後，被一群年輕女郎團團包圍。那天晚上，在「凱撒宮」（Caesars Palace）舉行的派對中，喝得有幾分醉意的比爾，扯開嗓門對一名記者吼道：「我想找個人上床！」一九九二年，羅伯·柯林格利（Robert X. Cringely）辛辣有趣的著作《意外的電腦王國》（*Accidental Empires: How the Boys of*

Silicon Valley Make Their Millions, Battle Foreign Competition, and Still Can't Get a Date）大賣，逼得比爾忙著澄清、救火。柯林格利在這本書中對比爾極盡挖苦之能事，說比爾正從最年輕的白手起家億萬富豪，演變為「行為最幼稚的白手起家億萬富豪」。柯林格利在書中不忘對那位不可一世的「聯合勸募協會」（United Way）第一位女會長瑪麗・蓋茲大肆調侃，說她「在兒子住處每一個角落貼滿黃色便利貼，控制兒子的一舉一動」。

「就像年輕的休・海夫納（Hugh Hefner）*，或者也許像被困於紫禁城內的中國皇帝，蓋茲甚至不必為自己的穿著打扮負責。」柯林格利在書中一心打擊幾年前剛登上《富比士》富豪榜的比爾，「當比爾董事長頭髮蓬亂、衣冠不整地現身公共場合時，微軟公關部門的負責人就知道，他們——不是比爾——很快就會遭到那位時刻盯著比爾的瑪麗・蓋茲的斥責了。

* 譯注：《花花公子》雜誌創辦人。

但比爾可以將這類負面報導撇在一邊，至少他招架得住，比如他新結交的友人——那位因拯救所羅門兄弟而成為美國英雄的巴菲特——在一九九二年告訴《財富》雜誌，他認為比爾的商業頭腦「不同凡響」。「比爾就算開一家熱狗攤，也會把它打造成全球熱狗之王。他無論做什麼都會成功。」

不過，與言語尖酸的記者相比，政府的敵意難纏得多——特別是在司法部決定追隨聯邦貿易委員會，對微軟從事壟斷行為的指控展開調查之後，情勢更為嚴峻。柯林格利或許給了幾句冷嘲熱諷，但司法部是要打垮比爾的帝國。

* * * * *

壟斷可不是鬧著玩的：理論上，如果政府發現一家公司在市場上形成壟斷，就可以解散這家公司。如果微軟被視為創新者，或許整個科技產業會較為寬容。但事實並非如此。當時業界流傳著一則挖苦微軟的笑話：

問：換一個電燈泡需要多少微軟程式設計師？

答：一個都不需要——微軟只要將標準改為黑暗就行了。

一九九八年，當華倫與比爾一起走上華盛頓大學講臺發表演講時，華倫已經相當擅長自己的品牌管理，也準備好要為比爾陷於困境中的微軟品牌辯護。可以這麼說，他準備扮演電影《虎豹小霸王》（*Butch Cassidy and the Sundance Kid*）中的布奇．卡西迪（Butch Cassidy），保護比爾扮演的「蘇丹斯小子」（Sundance Kid）。

那天晚上，華倫提出一個引起整個中西部爭論的棘手問題。這個問題是關於反壟斷法在美國企業中的適當角色。華倫提出的這個問題之所以棘手，是因為就在幾天以前，美國司法部與二十個州的州檢察長對微軟提出反壟斷指控。

「我不是反壟斷問題的學者專家。」華倫以這句話為開場白。《財富》雜誌記者發現，華倫的在場「似乎安撫了」比爾。「我在八年前認識了比爾，他是一位了不起的老師。他花了大約六至七個小時向我解釋微軟。」華倫繼續說道，「我是世界上最大的科技笨蛋，但他向我解釋得清清楚楚。他解釋完之後，我買了一百股微軟股票，以便能夠繼續追蹤這家公司。這說明兩件事，」華倫做出結論，「第一件事是，我的智商約在五十左右；第二件事是，我不認為他壟斷了什麼。」

華倫這番話不是可以在法庭上站得住腳的論點。

* * * * *

一九九四年，比爾一定以為自己已經沒事了。微軟與司法部達成一項科技業界幾乎每個人都認為形同具文的「協議裁決」（consent decree），雙方之間的爭議似乎也因此告一段落。但這只是微軟與司法部之間的第一場衝突，之後雙方衝突不斷，終於演變成一場勞民傷財的消耗戰——但在這一刻，這項協議的要點是，微軟不能在賣給電腦製造商的 Windows 作業系統中綑綁額外軟體，但微軟**可以**在作業系統本身添加新「功能」。令科技業界感到好奇的是，不知法庭將如何區分哪些是綁在作業系統的額外軟體，哪些是整合在系統中的新功能。

在「網景」（Netscape）的律師賈利．芮貝克（Gary Reback）看來，司法部似乎樂於讓微軟繼續保有「令人窒息的主導地位」。眼見微軟以 Word 和 Excel 打垮 WordPerfect 與 Lotus1-2-3，研發者嚇得不敢開發新軟體；矽谷的傳統觀點是，如果一個構想可能遭到微軟抄襲，創投資本家根本連考慮都不會考慮資助這個構想，因為在將產品推到消費者手上的過程中，微軟享有巨大的領先優勢。到一九九〇年代中期，Windows 已經成為九〇%個人電腦的標配，微軟開發的辦公室軟體 Microsoft Office 成為幾乎所有職場桌上型電腦的必備軟體。

「如果有人控制了〔一項〕科技標準，他們會掐住你脖子，讓你窒息，讓你窒息，讓你窒息，」芮貝克在《連線》雜誌上提出警告，「如果你讓一家公司搶占多項標準的控制權，他們會讓你窒息致死。」

根據美國晦澀難懂的反壟斷法——「東尼法案」（Tunney Act）——的規

定，要求對政府與民營企業達成的任何「協議裁決」進行司法審查。在一般情況下，東尼法案檢驗程序只是一種橡皮圖章式的過場，但巧的是，微軟一案由聯邦法官史坦利．史波金（Stanley Sporkin）主審。史波金曾任美國「證券交易委員會」（Securities and Exchange Commission）法規執行部負責人，而正如《財富》雜誌當時的報導，史波金「把他的橡皮圖章遺忘在家裡」。他要求舉行簡報會。

當時代表網景的芮貝克樂於遵命。幾家不具名的科技公司——據說包括蘋果——為一份長達百頁的報告背書，報告中詳列了微軟的侵略性行銷策略，以及微軟如何巨細靡遺地操控一切電腦科技相關事物等控訴。隨著電腦涉入日常生活愈廣——比如見證tbone（華倫．巴菲特網名）在線上打橋牌——微軟是否以不正當手段操控市場的問題也變得愈來愈緊迫。

當芮貝克提出這份報告時，微軟已經宣布收購個人理財軟體「Quicken」製造商直覺軟體公司（Intuit Inc.）；並透露與「Visa」達成協議，開發線上信用卡交易軟體；幾個月以後，微軟公布了Windows 95計畫，讓使用者只要憑數據機就能上網。

網際網路是「房間裡的大象」*。網頁瀏覽器領先業者網景已於一九九四年十二月十五日上市，為資訊高速公路提供一個入口匝道。比爾本人也說，這是自IBM個人電腦上市以來，科技領域最重要的大事。它有顛覆整個科技業的潛能，微軟也不能倖免。

《紐約時報》科技記者史蒂夫・洛爾（Steve Lohr）回憶說，網景共同創辦人馬克・安德森（Marc Andreessen）要「將Windows貶為一組位於瀏覽器之下、漏洞百出的驅動程式，瀏覽器將成為出現在使用者眼前、與使用者互動的全新頂級播放器」，他指出：「微軟看了不會開心。」

微軟確實不開心。一九九五年的頭幾個月，微軟董事長比爾陷入兩個作戰前線：在氣氛火爆的東尼簡報聽證結束後，史波金法官裁定微軟與司法部的協

*譯注：顯而易見，卻沒有人願意深究的棘手難題。

議裁決違法，微軟立即提出上訴；現在，在公司律師重新回到法庭的情況下，比爾得振奮手下軍心士氣，準備因應「網際網路之戰」，而網景游擊隊已經在這場大戰中搶占龐大優勢。

比爾在一九九五年五月的電子郵件備忘錄「網際網路浪潮」（The Internet Tidal Wave）中說了以下一段話。或許，你可以想像他是莎士比亞筆下的亨利五世（Henry V），正向開赴「艾金考」（Agincourt）戰場的英軍發表「聖克里斯日」（Saint Crispin's Day）演說。

> 或許你們已經看過我或這裡其他人寫的、有關網際網路重要性的備忘錄。我經歷了幾個階段，逐步增加我對它的重視。現在我將最高度重視寄予網際網路……
>
> 網景是「誕生」在網際網路上的新競爭對手。他們的瀏覽器取得七〇%使用率的壓倒性優勢，這使他們可以決定哪個網路接口（network extensions）能受到使用者歡迎。他們正採取一種多平臺策

略，將主要應用程式介面（API）送進客戶手中，商品化相關作業系統……

我們挾著相當實力進入這個新紀元。其中包括我們的人才優勢，與廣為使用者接受的Windows和Office……

面對這些挑戰與機會，今後幾年對我們而言會充滿刺激。網際網路是一股浪潮。它能改變遊戲規則。

演說結束，掌聲響起。

不用說，網景那些人不會鼓掌。一九九五年八月，就在網景公開上市並引發網路泡沫的那個月，微軟推出「網際網路探索者」（Internet Explorer，簡稱IE）瀏覽器。IE以安德森早在學生時代就參與開發的網景瀏覽器為本，就像許多微軟軟體的原始版本一樣，有些笨拙。但誠如網景創始工程師瓊．米德豪瑟（Jon Mittelhauser）在The Ringer網站發表的一篇口述歷史中所說，這並不表示IE不具威脅力。

「當時，微軟的整個運作模式如下：第一個版本很糟，第二個版本還過得去，但第三個、第四個版本就開始超前了，」他解釋，「文字處理與表格處理軟體的情況就是如此。微軟擁有數十億美元資金與數百名研發人員。他們可以投入大量資源來解決問題。」

到目前為止，一切都是資本主義的運作方式。但芮貝克指控的系統操控也就是從這裡開始。霍華德大學（Howard University）反壟斷教授安德魯．賈維爾（Andrew Gavil）指出，微軟不但沒有因為被控而受到任何懲罰，還變本加厲，想盡辦法確保ＩＥ成為所有使用Windows系統的電腦的預設網路瀏覽器。

「他們將ＩＥ的程式碼散布在整個Windows程式碼裡，你如果試圖刪除ＩＥ，就會搞砸整個Windows。」賈維爾解釋，「用這種方式寫程式碼沒有任何技術或商業理由。這樣寫程式碼的唯一理由就是讓人無法將它刪除。」

賈維爾並且指出，製造商為自己出廠的電腦提供瀏覽器軟體選擇的自由也遭到微軟的阻礙。「基本上，」賈維爾說，「他們無法選擇市場上最好的瀏覽器。」他們必須選用ＩＥ。也就是說，這根本不是一種選擇。

接著，微軟開始免費提供ＩＥ。

故事到這裡不妨暫停片刻。我們會**在乎**這些事嗎？我所謂「我們」，指的是相對於科技界業內人士的社會大眾。如果民眾愛用Excel等軟體，而微軟願意免費供應他們的網路瀏覽器，獲益的難道不是消費者嗎？但不妨捫心自問：上一次你的電腦出了狀況，你辛苦工作半天的成果付之東流，氣得你不斷撞牆，是在什麼時候？如果說，原本有一個不會這樣經常出狀況的產品，但你永遠不會知道它的存在，因為你與其他每一個消費者使用的所謂「業界標準」產品，使任何比它更好的產品都不可能立足於市場？想了解微軟壟斷的問題，不妨將它抱怨的那些競爭對手視為礦坑裡的金絲雀。* 在微軟打壓下，這些競爭對手承受的苦難最後總要幅射而出，影響每一個人。握有王國鑰匙的人能讓我們所

* 譯按：礦工帶著金絲雀下礦坑工作，因為金絲雀比人敏感，可以做為礦坑空氣是否有毒的警報器。

有都成為他的臣民。

如今的臉書（Facebook）就握有這把鑰匙。在參議院聽證會上，參議員要馬克．祖克柏（Mark Zuckerberg）列舉幾個臉書最大的競爭對手，祖克柏支吾了半天，只能勉強說出其他公司與臉書主要業務「重疊」的類別。消費者已經被臉書鎖死。就算你沒有臉書帳號，也幾乎不可能避免與臉書的互動：無論是用了臉書收購的服務，比如Instagram或WhatsApp，或是你那個白痴表弟玩線上測驗，不小心把所有的瀏覽數據全部拱手交給馬克．祖克柏——進而傳到「劍橋分析公司」（Cambridge Analytica）手中。（怎麼做到的？我也搞不清楚。）

同時，臉書身為世界主要新聞管理人的角色，動搖了傳統新聞媒體的地位，迫使他們根據臉書演算法優化內容，並透過讓**假消息**傳播者使用平臺，來削減民眾對新聞業的信任。但你如果想吸睛，就得跟臉書打交道。握有王國鑰匙的人就是能這樣呼風喚雨。幾年前，芮貝克與他的共同作者在談到微軟伸入「資訊服務」的勢力時說：「讓我們很難想像的是，在我們這樣一個擁有多個資訊來源的開放社會，竟有一家公司能夠掌握足夠的資訊傳輸控制權，從而對一個自由社會的基礎構成威脅。但這樣的情況是現實（或許也是可能的）結果。」

長話短說，政府如何處理微軟不斷擴張權力的問題，影響重大。今天的商業環境與洛克菲勒（Rockefeller）時代相比已經大不相同，要答覆微軟有沒有非法壟斷這個問題，監管機構首先必須具備根據新的商業環境解釋法律的能力。芮貝克力促監管機構以新思維進行思考。

而且現在他有了一家新客戶：網景。

芮貝克接到了網景共同創辦人吉姆．克拉克（Jim Clark）的電話。克拉克說，微軟的代表不久前造訪網景，像黑手黨頭子談生意一樣，向網景提出建議說，網景應該讓微軟接管瀏覽器市場，並同意不在其他領域與微軟競爭，做為交換，微軟將投資網景，並在網景董事會取得一席位置。

當時在場的網景高管麥克．霍莫（Mike Homer）回憶道：「他們基本上是說，我們已經為你準備了這個美味的三明治。你可以在上面塗一點芥末，如果你願意，也可以加些蕃茄醬。但你一定要把它吞下去，否則我們要把你趕出市場。」

芮貝克打電話給司法部反壟斷處的高級律師喬．克蘭（Joel Klein），告訴他，據傳微軟計畫「切斷網景的空中運補」——例如：揚言如果康柏想用網景瀏覽器取代IE，微軟就會取消它的Windows授權。此外，芮貝克也決定寫一份白皮書，把案情公諸於世。

芮貝克與他的律師事務所同事、曾擔任司法部法官桑德拉．黛．奧康諾（Sandra Day O'Connor）書記官的蘇珊．克萊登（Susan Creighton）合作，寫了長達兩百二十二頁的報告，詳述微軟如何崛起、如何試圖打壓網景，「從事各種超越它過去不法行為的反競爭行為。」回想一下比爾在那篇「網際網路浪潮」備忘錄中的說法：

> 他們正採取一種多平臺策略，將主要應用程式介面送進客戶手中，商品化相關作業系統。

克萊登與芮貝克認為，比爾這段話就是解謎的關鍵。這段話說白了，就是：天哪，如果每個使用者與他們的電腦的基本互動都是透過瀏覽器，那麼底層作業系統——即 Windows——對他們來說就不再重要了；它會成為一種可以取代的商品。克萊登與芮貝克認為，網景瀏覽器威脅到微軟市占率最大、獲利最豐的業務，微軟因此不惜以非法「壟斷性維護手段」，毫不留情地扼殺這項創新。

「洛克菲勒做過而比爾．蓋茲沒有做的唯一一件事，」芮貝克說，「就是用炸藥對付他的競爭對手！」

克萊登與芮貝克的《關於微軟公司近年來反競爭行為白皮書》（*White Paper Regarding the Recent Anticompetitive Conduct of the Microsoft Corporation*）砰的一聲落在網景執行長吉姆．巴克代爾（Jim Barksdale）的辦公桌上。它以殘酷的事實將這家年輕公司的困境說得一清二楚：除非政府干預，否則網景無法生存。網景已經在前一年公開上市——如果投資人看了這份報告，而政府繼續坐視不管，這些投資人會怎麼做？這份報告不可能出版，但芮貝克已經悄悄將報告影本送交司法部與其他政府部門，而迅速流出的白皮書影本也像地下出版物一樣在矽谷各地流傳。其中一份影本出現在德州助理檢察長馬克．陶比（Mark Tobey）的辦公桌上。陶比醉心改革，決心保護德州本土科技產業——微軟的主要客戶康柏與戴爾都是德州企業——他開始遊說其他州的檢察長，希望他們也關注這個案子。與此同時，網景的市占率正不斷下降。

比爾則忙著讓微軟盡可能涉足更多的領域。一九九五年初，微軟宣布與「夢工廠」（DreamWorks）——由史蒂芬．史匹柏（Steven Spielberg）共同創辦的好萊塢製片廠——合作，把版圖伸入電玩產業；第二年，微軟創辦線上雜誌《*Slate*》，與「國家廣播公司」（ＮＢＣ）合作，啟動一天二十四小時播出的新聞網 MSNBC。《富比士》以聳動的標題「他要你的眼球」（He Wants Your Eyeballs）刊出一篇文章，指出：「如果還有媒體專家認為比爾．蓋茲不會打他們的主意，他們最好醒醒。」

一九九七年，司法部對微軟處以每天一百萬美元的罰款，理由是微軟要求製造商在他們生產的電腦上加裝ＩＥ，否則就得不到 Windows 95 授權，此舉違反了一九九五年的「協議裁決」。罰款自一九九七年十月二十日開始累計。（一名在司法部宣布這項行動當天與比爾在一起的密友，當時還發話說：「這些人根本不知道他們對付的是什麼人。」）幾個月後，比爾在訪問比利時期間，被人用奶油派砸臉。在與華倫一起到華盛頓大學演講的兩個月前，比爾被傳喚到參議院司法委員會，回答有關他是壟斷者的指控，他被指控自「標準石油」（Standard Oil）*時代以來僅見的頭號壟斷者。

克萊登與芮貝克的白皮書達到了預期效果。它的分送各部門——以及陶比努力拉攏各州檢察長——形成一股龐大壓力，迫使司法部採取行動。司法部反壟斷處負責人喬．克蘭不得不有所作為。克蘭不是什麼天生的鬥士，但微軟不斷在挑戰底線。舉例來說，一九九七年十二月，聯邦法官湯瑪斯．潘菲德．傑

* 譯注：洛克菲勒創辦，原為全球最大石油公司，一九一一年遭美國最高法院裁決為非法壟斷，之後分拆。

克森（Thomas Penfield Jackson）發布一項禁制令，迫使微軟向電腦製造商提供一款沒有包含瀏覽器的 Windows 版本；微軟的因應之道就是給客戶兩個選擇：要麼用一個舊版 Windows 系統，要麼就用無法正常運作的新版系統。微軟的說詞是，想從新版 Windows 取出ＩＥ程式碼是不可能的。微軟此舉惹惱了克蘭，他抱怨道：「在一般情況下，所謂『蔑視法庭』一詞不過是個比喻。但在這個案子，它是如假包換的蔑視。」

法官傑克森同樣很惱火，而且對微軟的說詞存疑。他指示書記官進行一些駭客攻擊，然後在擠滿了人的法庭當庭宣布，只要「不到九十秒」就可以毫髮無傷地將ＩＥ從 Windows 卸載。

這下微軟得面對當頭逆風了。

比爾愈來愈暴躁。他向友人抱怨，說他討厭他的工作，討厭他的生活。他說這是一場「政治迫害」。他大罵政府不公平，不但沒有感謝他種下「新經濟」的種子，還把他描述成一個惡棍，想搗毀他的公司。老比爾告訴《新聞週刊》：「他自己的政府要起訴他，這可不是巧克力聖代！」* 在與公司主管的一次會議中，比爾發表了長篇大論，說世上從沒任何人受過他——威廉．蓋茲三世——現在受到的這麼不公平的待遇。最後，比爾紅著兩眼說道：「整個世界都垮了，朝我身上壓來……整個世界都垮了。」然後他哭了起來。

比爾的悲觀其來有自。一九九八年五月十八日，司法部與二十個州聯合對微軟提起訴訟。美國司法部長珍妮特．雷諾（Janet Reno）在一場引人注目的記者會中告訴記者，司法部「指控微軟正從事反競爭與排他性行為，為了維護它在個人電腦作業系統的壟斷地位，並將這種壟斷擴及網際網路瀏覽器軟體。」

「這對美國來說是一次倒退。」比爾宣稱，「在將自由與創新視為核心價值的美國，監管機構卻要懲罰一家努力且成功打造這些價值的美國公司，這是何等諷刺。」這是一場戰爭。一場瀏覽器之戰。

---

* 譯注：老比爾以巧克力聖代來比喻美好的事，這裡的意思是，比爾．蓋茲被政府起訴可不是什麼好事。

＊　＊　＊　＊　＊

此刻的比爾已經取得一項重大勝利：華倫．巴菲特買了一臺電腦。

在一次已經成為半例行訪問的奧瑪哈之行中，比爾對華倫說：「你得有一臺電腦來幫你報所得稅。」

華倫說：「但我沒有所得。波克夏並不支付股息。」

「你可以用電腦追蹤股票。」比爾不肯放棄。

「但我只有一檔股票。」華倫也不鬆口。

最終是橋牌改變了華倫的主意。

華倫以獵鷹專機將他新聘的橋牌教練莎朗．奧斯伯格（Sharon Osberg）接到奧瑪哈，讓她幫他選一臺個人電腦。他對莎朗說：「我只要知道怎麼在線上打橋牌，只需要把這些步驟寫下來就好了，不要向我解釋什麼道理。」

就這樣，每週有四至五個夜晚，華倫開始與奧斯伯格和其他夥伴在線上打橋牌。有一次玩得入神，他甚至沒注意到一隻蝙蝠溜進了房子，在屋裡飛來飛去。

比爾也熱衷於這項消遣。他是從父母那裡學會橋牌的，但直到和華倫一起玩以後，才開始上了癮。比爾甚至接受了華倫的推薦，聘請奧斯伯格做他的橋牌教練。他們打的是四人制經典橋牌，分成兩組，捉對廝殺，往往一玩幾個小時，直到夜深才不得已休兵。

他們也玩其他遊戲。華倫有一次拿了一副「詭計骰子」給比爾看，是「非傳遞性骰子」（nontransitive dice）*，三粒一組，除非能領會取勝竅門——避免成為那個挑選先擲哪個骰子的人——它能讓玩家為計算擲出最高分的或然率而累到發昏。想讓一個數學頭腦不甚發達的人了解這個遊戲很難，但讓華倫欣

* 譯注：「非傳遞性骰子」的面值不是規則的1到6，而是可以重複，面值也不只到6，而且有非傳遞特性，也就是說，如果A勝B，B勝C，A不一定勝C。

喜的是，比爾「當然一點就通」。

他們會互相挖苦誰更有錢，比爾在一九九二年登上《富比士》全美富豪排行榜第一名，華倫在一年後取代他，成為最有錢的美國人。兩人也曾認真討論如何處理他們的錢；比爾考慮成立一個小型家族基金會，由他父親管理，華倫則建議他把一部分資源投入國際家庭計畫。華倫還將比爾拉入他的核心圈子：早在兩人第一次見面時，華倫就邀請比爾參加「巴菲特集團」（Buffett Group）的下一次祕密會議，足以證明比爾留給華倫多麼深刻的印象。巴菲特集團主要由班．葛拉漢的追隨者組成，都是華倫最親密的商界夥伴與友人。在這次巴菲特集團會議中，成員按照慣例聚在一起，回顧五十年來最有價值的公司——有點類似華倫在胡德運河與比爾的初次見面時，和比爾玩的那個分析遊戲。當話題轉到IBM這類科技公司時，華倫朝比爾點了點頭，然後說道：「我想我們這裡有人能做一點補充。」

比爾也邀請華倫參加他的核心圈子。因為比爾在參加巴菲特集團會議時並非單刀赴會：他還帶了女友梅琳達．傅蘭奇（Melinda French）。

第五章　伴侶

一九九三年，比爾．蓋茲與梅琳達．傅蘭奇在比爾父母位於棕櫚泉的度假屋度過復活節週末。比爾與梅琳達早先就曾斷斷續續、約會過一陣子，之後開始真正交往，不過在談到未來共同生活的計畫時，比爾總有些猶疑不定。他的心裡似乎只有微軟。梅琳達也時刻以微軟為念；除了身為比爾的女友，她還是一九八七年受雇的微軟員工。在處理業務問題時，她總是扮演副手的角色：有一次，比爾與梅琳達搭乘比爾的私人水上飛機飛往溫哥華（Vancouver），出席巴菲特集團會議。梅琳達或許以為這是一次短暫的社交拜會，但在受到華倫熱烈接待後，她發現自己像跟班一樣，看著華倫與比爾整天黏在一起，討論新的數位相機技術對「柯達」（Kodak）股價的影響。

所以，當她從那架從棕櫚泉返回的飛機上下來時，心裡在想些什麼，很難說。她只知道，他們沒有像她預期的那樣回到西雅圖。比爾事先祕密指示機師，要他飛往奧瑪哈，在那裡，華倫手上拿著一個喇叭，在機場停機坪迎後比爾與梅琳達。就在梅琳達踏出飛機時，華倫大叫：「Surprise!」這一次，華倫不是來與比爾談生意的；他是為了她來的。他開車載比爾與梅琳達來到波克夏擁有的一家本地珠寶店「博仙氏」（Borsheims），請比爾挑一個戒指。梅琳達驚得目瞪口呆。華倫說，當他在一九五〇年代訂婚時，他花了全部家當的六%買了婚戒。「我不知道你有多愛梅琳達，」華倫對比爾說，「不過在奧瑪哈，六%是標準。」鑑於比爾當時身價約為六十二億，梅琳達得挑一個價值三．七二億美元的戒指才能符合華倫的標準。比爾買下的那枚戒指雖說遠遠低於這個標準，但也絕對夠讓梅琳達驚豔了。訂婚後，「梅卡軟體」（Meca Software）的一名代表來與梅琳達討論她正在開發的一項產品時，他盯著她的戒指，形容那顆鑽石大得「從一個指節蓋到另一指節」。梅琳達只好把戒指轉個向，面朝手心，免得那傢伙目不轉睛地盯著她的手。

用「出了名的避世」來形容梅琳達．蓋茲再合適不過。不僅這是因為大家都知道她特別重視隱私，或者這是她性格的一個標籤，也因為她的私生活內容非常非常公開。身為蓋茲基金會共同創辦人的梅琳達，像巨人一樣穿梭在一個國家與另一國家之間，忙著處理地方性貧窮、性別歧視、教育機會欠缺，以及死亡等各種棘手的問題。這位如此熱衷於引領地球之船航向正途的女士究竟何許人也？我們還未能完全窺知。

二〇一九年，梅琳達出版她的第一本書《提升的時刻》（*The Moment of Lift*）。這是一本討論、宣示女權重要性的書，書中談到梅琳達在印度或奈及利亞等國的貧困村莊與婦女互動的感人故事，這些故事旨在說明蓋茲基金會如何在全球各地鼓吹男女平權。梅琳達熱衷於強調這些故事，向世人展示她在代表基金會進行的旅途中的見聞。但像磁磚間的接縫一樣，書中不時也會穿插一些梅琳達自己的故事。她會點到為止地談及她在德州的家庭，以及她的教育背景——與比爾不同的是，她讀完了大學，於一九八六年取得杜克大學（Duke）電腦與經濟學學位，之後又多留了一年，取得企管碩士學位。她談到在即將畢業前接受ＩＢＭ一位經理面試的過程。梅琳達向這位經理坦承，自己打算前往西雅圖一家叫做微軟的小公司應徵。這位經理對她說，ＩＢＭ確實很好，不過像妳這樣有才能的人如果想一展長才，應該選擇微軟。「如果我是妳，他們願意雇我，我會抓住機會。」梅琳達也在書中談到一些與比爾約會的軼事。在其中一段，她的敘述令人頗感意外。

或者說，如果你沉浸在其他有關比爾・蓋茲與微軟早期的著述中，她的說法會令你頗感意外。梅琳達回憶一九八七年初次見到比爾時，比爾有哪些吸引她的地方。梅琳達列出了兩人都喜歡猜謎、遊戲，都是史考特・費茲傑羅（F. Scott Fitzgerald）的粉絲，而且都對音樂有不落俗套的品味：比爾收藏的主要都是法蘭克・辛納屈（Frank Sinatra）與狄昂・華薇克（Dionne Warwick）的專輯。梅琳達隨即表示，她與比爾也都「相信軟體的力量與重要性」。

梅琳達寫道：「我們知道，為個人電腦寫軟體能為個人帶來機構擁有的那種電腦處理能力，而電腦的民主化能改變世界。我們之所以能每天在微軟充滿激情的工作，原因就在這裡。」

電腦民主化。嗯？

梅琳達．蓋茲比任何人都更了解她丈夫（現在是前夫了）。比他的傳記作者更了解。比華特．艾薩克森更了解，艾薩克森曾經無數次訪問比爾，還在《史蒂夫．賈伯斯與創新人》（*Steve Jobs and The Innovators*）一書中大談比爾的工作倫理。比保羅．艾倫更了解，保羅早在梅琳達出現之前就認識比爾，某種程度上也像是與比爾結婚。但值得注意的是，所有這些仔細觀察過比爾的人，沒有一個人提過比爾有這種電腦民主化的渴望。無論是在談到比爾創辦微軟的雄心壯志，或是論及他對軟體的興趣時。梅琳達是在糊弄我們嗎？或者這有點像是一個妻子的說法，說人們直到二〇二〇年才發現的比爾．蓋茲為公民社會謀福利的理念，其實早就存在比爾心中？

還有一個可能性：或許這是真的。或許梅琳達與比爾真的熱衷於電腦民主化，經常討論這個話題，也或許只因為他的女友梅琳達熱衷於電腦民主化，比爾才開始有這種想法。在梅琳達出現以前，比爾滿腦子想的只是克服挑戰——寫程式碼，達成交易，擊敗競爭對手產品搶攻市場，賺更多更多的錢，不斷提高獲利目標。然後梅琳達出現了，她要比爾考慮工作的**意義**，也因此改變了他對工作的想法。

梅琳達不是比爾第一位真正交往的女友。比爾在即將邁入三十歲的時候，曾經與吉兒·班奈特（Jill Bennett）交往了一年。吉兒是一位身材高挑、待人熱情的金髮女郎。許多年後，她回憶起當年的比爾，說比爾時而散漫，時而專注。這些特質其實是一體兩面：除了微軟，比爾什麼事都不肯想，他因此拆了座車裡的收音機，也不肯在住處裝電視，為了利用洗澡的時間看書，他不肯淋浴，只肯泡澡。他也因此經常將衣物忘在旅館裡，經常遺失信用卡更是成了一個流傳的笑話。他只在絕對有必要的情況下才肯洗頭，睡眠習慣也不規律。班奈特在一次訪問中說，比爾「每到晚上就輾轉難眠。等到了白天，他可以倒頭就睡。他可以蜷縮在桌子底下睡。在機場，他會蜷在椅子底下睡覺。大家都找不到他」。

大約就在一九八三年，比爾邂逅了班奈特，當時他還在臺上對史蒂夫·賈伯斯眉目傳情。比爾對浪漫的追逐，遠不及他對工作的投入。班奈特最終與比爾分手，因為她無法忍受比爾堅持每天只能回家休息七小時，就得趕回辦公室工作。

繼班奈特之後出現的是安・溫布拉德（Ann Winblad），比爾的大多數友人都認為他們會結婚。溫布拉德是一位身價不菲的軟體企業家，她在一九七〇年代中期以五百美元與人共同創辦自己的公司，後來以一千五百五十萬美元售出。她在各種業界聚會與社交場合和比爾同框，不止一次，人們在介紹這位身嬌小、來自明尼蘇達州的前啦啦隊員時，說她是比爾的女友。在他們交往的三年期間，兩人聚少離多——溫布拉德住在舊金山，兩人有時會來一場那個時代的「虛擬約會」，在不同的城市約好同一時間看同一部電影，然後坐在汽車裡打電話，討論電影情節。當兩人真正聚在一起時，強勢的溫布拉德下定決心打扮她的男友。當時比爾年近三十，看在她眼裡卻像一個具有穩定原始碼的笨拙1.0版程式。身為素食主義者，她說服比爾遠離漢堡與可樂。為了一些不說也罷的原因，她為他買了一臺顯示器和一臺錄影機。她曾嘗試讓他穿著體面一些，但最終放棄了。一九九三年，已經不是比爾女友、但與比爾仍有深交的溫布拉德，在談到比爾生命中許多女人——從比爾的母親開始——為了讓比爾體面一些而付出的努力時，對作家約翰．西布魯克（John Seabrook）說，她們「根本就是白忙」。溫布拉德成功說服比爾休假。她們一起度假時，有時會產生一些幽默的結果。舉例來說，有一次，她與比爾臨時起意，前往墨西哥「聖盧卡斯角」（Cabo San Lucas）度假，比爾把她租來的車「轉租」給兩個來過春假的青少年。

比爾為什麼堅持將那部老舊的「福斯」（Volkswagen）以一天五美元的價格轉租，我們也搞不清楚，因為當他與溫布拉德約會時，腦子裡盤算的錢，金額應該比這要大得太多。他告訴溫布拉德：「安，我想我有辦法讓這家公司的業績達到五億美元。我認為每個人都指望我能做到這一點。現在，依我盤算，如果費盡心思，我可以讓這家公司的業績達到五億美元。之後每個人都會期待更多，可是我完全不知道怎樣才能讓業績超越五億美元。」

但在公開場合，比爾從不透露任何一絲這類焦慮。當他開始與溫布拉德約會時，微軟正在為首次公開募股做準備，比爾忙著與潛在投資者會面。他總是告訴他們，微軟在一九八〇年代結束時，年銷售額將突破五億美元大關。他同時還會告訴簽約 Windows 1.0 的個人電腦製造商，這個程式即將完成，但實際情況並非如此。Windows 1.0 的上市日期一延再延，直到產品發布會上那些甜言蜜語已經淪為一堆褪了色的記憶。

安．溫布拉德後來成為名聲響亮的創投家。她同時也做為「霧件」（vaporware）一詞的創造者而留名史冊。所謂「霧件」是指那些連一行程式碼都還沒寫，開發商就已經打廣告求售的軟體。

在比爾與溫布拉德分手後，兩人仍是好友——比爾甚至在向梅琳達求婚前，還先徵得溫布拉德的同意。（溫布拉德後來回憶：「我當時說，她與他很般配，因為她有智慧韌性。」）即使在與梅琳達結婚後，比爾每年仍會與溫布拉德一起度假，在北卡羅萊納州「外灘」（Outer Banks）玩沙丘越野車，共享柏拉圖式溫馨週末，討論生物科技這個由溫布拉德所激發、比爾愈來愈著迷的興趣。

在比爾與溫布拉德分手後不久，梅琳達與比爾相識。梅琳達在《提升的時刻》中，對兩人的初次邂逅有一段描述：「我當時為微軟的公事出差紐約，我的室友（那時為了省錢，我們兩人合租一間房）臨時起意，要我參加一個晚宴。我遲到了，每張餐桌都坐滿了，只有一張桌子還剩下兩個並排的位子。我在其中一個位子坐下。幾分鐘後，比爾來了，在另一個位子落坐。」

梅琳達繼續寫道，她與比爾「那天晚上就在餐桌邊不斷聊著」，而她「覺得他很有趣」。她在其他場合也曾說，她發現比爾比她想像的「更有趣」；比爾則說，是她的「容貌」引起他的注意。當時二十三歲的梅琳達剛到「雷蒙」（Redmond，微軟於一九八六年從貝勒夫優搬到雷蒙）不久，是十位經理級新員工裡的唯一女性。這是她第一份正職工作。梅琳達剛從杜克大學畢業，雙主修電腦與經濟學，她參加了一項專案計畫，得以在五年內完成學業，並取得企管碩士學位。梅琳達也很「專注」——在「達拉斯」（Dallas）的「烏蘇林學院」（Ursuline Academy）就讀時，除了高中例行體育活動與志願工作，以及負責為家族租屋生意記帳——她的父親是「阿波羅」（Apollo）計畫航空工程師，但收入不豐，得靠這個租屋生意貼補——她還為自己訂下每天必須完成的目標（例如跑完一英里、學一個新單字等等）。她在進入烏蘇林學院的第一年，就研究了近幾屆畢業生的大學入學狀況，發現畢業後能進入菁英大學的學生寥寥無幾。梅琳達說：「我發現，想進入好大學就得成績特別優秀，成為畢業生代表（valedictorian）或畢業生致詞代表（salutatorian）。」於是她當了畢業生代表。

比爾與梅琳達的愛情故事繼續發展：「一個週六下午，我們在公司停車場不期而遇，」梅琳達寫道，「他主動搭訕我，然後說想在兩週後的週五那天邀我出遊。我笑著回他：『這對我來說太不即興了。時間快到了再約我吧。』然後我把電話號碼給了他。兩個小時後，他打電話到我住處，邀我當天晚上出去，還問我：『這對妳來說夠即興了嗎？』」

當然，比爾是個喜歡接受挑戰的人。或許他在與梅琳達交往之初，以為這位比高傲的溫布拉德年輕得多、名氣也小得多的女郎比較好駕馭。結果他發現不是那麼回事。他建議她讀《大亨小傳》（*The Great Gatsby*）時，她翻了翻白眼，回答說她已經讀了兩遍。她能在數學遊戲上擊敗他，玩「線索」（Clue）

也比他玩得好。而且她不是欲擒故縱——她**真的**很難追。伊琳．傅蘭奇（Elaine French）警告女兒，與公司執行長約會不是什麼好事。梅琳達理論上同意母親的看法，不過她似乎想試著找到平衡點——她同意和比爾約會，但堅持兩人必須對這段關係保密，而且她劃定了「界線，無論如何，絕不找他談與工作相關的事」。

梅琳達在微軟任職期間有許多我們**不**知道的事。我們不知道當她扣好襯衫、穿上漂亮的高跟鞋，第一天踏入微軟辦公室，以行銷經理的身分推銷「Microsoft Word」的前身時，會是什麼感覺。我們不知道年輕貌美的她，走在雷蒙微軟園區，與大多為男性的程式設計師的目光相接時，會是什麼感覺。安．溫布拉德曾形容微軟是「單身漢天堂」——而這是最高層定下的基調，因為比爾經常邀請脫衣舞孃到家裡參加泳池派對。（這類狂歡會在微軟殿堂傳為佳話，男子俱樂部會員讚不絕口，說它們引發了「羅馬文明的衰落」，而外界人士則將它們視為微軟「兄弟會式性別歧視」的例證。）我們知道梅琳達覺得微軟這些人「與眾不同」、「很聰明」，她認為他們在「改變這個世界」。

但她也覺得這家公司的文化「尖酸辛辣」，在來到微軟後沒多久，她就考慮離職。

有關梅琳達與比爾的第一次互動，還有一件事我們不很清楚——這件事後來變得很重要：他是否曾經讓她感到不舒服？因為有些曾在微軟或之後在蓋茲基金會工作的女性或許會覺得，比爾（已與梅琳達結婚）曾笨拙地試圖調情，讓她們感到不舒服。不久前，《紐約時報》刊出一篇比爾如何搭訕女員工或女伴的報導。看過這篇報導後，難免會以另一種較陰暗的眼光看待比爾與梅琳達在那次微軟晚宴上的相遇。《時代》雜誌則報導比爾在二〇〇七年與一位未具名的蓋茲基金會員工的互動：「他在一次雞尾酒會中，壓低了嗓門對站在身邊的她說：『我想見妳。妳願意與我共進晚餐嗎？』」而那位女士「笑了笑，沒有回應」。幾年前，梅琳達也以微笑應對比爾的邀約，因為據她說，她認為他很有趣。或許這是兩種截然不同、完全不能相提並論的情況，因為一種情況是一個早有妻室的男人暗示有曖昧關係的可能性，另一種狀況是一個單身漢想結識那位後來成為他妻子的女人。

關於當年的梅琳達．傅蘭奇，以及她對與比爾關係的感悟，我們**確實**知道一些事。她代表畢業生在烏蘇林學院畢業典禮致詞時，以烏蘇林校訓「Serviam」（我願服務）為題，勉勵同學們將自己的成功視為一種必須償還的預支借款。她指出，「如果你成功了，那是因為在某個地方、某個時刻，有人給了你一種讓你朝正確方向邁進的生活或構想。你還要記得，你背負著生命的債務，直到你能幫助其他沒那麼幸運的人，就像當年得到幫助一樣。」我們有理由相信，比爾開始這樣思考，是受到妻子梅琳達的影響。同樣地，華倫．巴菲特也受妻子影響甚深。

＊　＊　＊　＊　＊

與其問誰是華倫．巴菲特生命中的女人，不如問他的生命中有哪些女人。華倫的第一任妻子蘇西是他生命中最重要的女人——但她自己也承認，她只是一個廣泛的女人圈中的一份子。有一次，她在盤點華倫生命中出現的女人時說道：「每件事都有人在為他打點。」─莎朗．奧斯伯格是華倫的橋牌教練，有時會陪他一起旅行。凱．葛蘭姆是他的密友，陪他進入上流社會的入場券，也是他周旋於權力殿堂的顧問；她與華倫有時也會一起旅行。《財富》雜誌編輯凱洛．盧米思（Carol Loomis）幫他撰寫長篇大論的年度致股東公開信。葛拉蒂．凱瑟（Gladys Kaiser）是華倫的祕書，負責駐守華倫在基威特廣場的辦公室，替他攔阻不速之客。繼她之後擔任華倫祕書的黛比．包沙尼（Debbie Bosanek）與黛．雷伊（Deb Ray），曾經不得不趕走一位從日本飛來、為索取華倫親筆簽名而賴在地上不起來的女士。（在將這位女士趕走以後，華倫還埋怨他的祕書：「我**喜歡**被人崇拜。」）當然，還有後來成為他第二任妻子的艾絲翠．孟克斯（Astrid Menks）。

但蘇西讓華倫改變了看世界的方式。

如果你最近讀過任何有關華倫生平的著述，作者一定不忘重申一件事：華倫在奧瑪哈那棟不起眼的房子裡生活了六十幾年。這棟房子位於法納街，當華倫於一九五八年以三萬一千五百美元將它買下來時，它看起來絕對沒那麼不起眼。首先，它是那整條街上最大的房子。其次，無論花三萬一千五百美元買**任何東西**，對這位複利大師來說都是一筆天文數字——如果你像華倫一樣，算計這筆錢經過幾十年利上滾利的結果，那麼這棟有著迷人「眉形窗」的兩層樓房子相當於花了他一百萬美元。華倫稱它是「巴菲特幹下的傻事」。

而且這三萬一千五百美元還不包含裝潢費用。

著名夫妻檔設計大師查爾斯（Charles）與雷．伊姆斯（Ray Eames）設計的鉻革皮件家具，掛在牆上的奢華風現代畫作——這一切都是蘇西精心布置的成果。她還開了一個小玩笑，以美元現鈔圖案的壁紙裝飾華倫的書房。蘇西決心為她這個新家營造一種像她成長的那個家一樣的歡樂氣息——這兩個家此時相距不遠，走路就能到。道克與桃樂西．湯普森夫婦成為巴菲特家的常客，蘇西也經常帶著溫順的小蘇西、野小子霍威（Howie）與彼得（Peter）在附近漫步。桃樂西是夢想中的最佳奶奶，會與孩子玩遊戲，準備復活節找彩蛋活動，在霍威失控時，還會裝模作樣地對著霍威嘆氣。

霍華與雷菈．巴菲特夫婦也住在附近。但在情感上，他們很疏遠。雷菈繼續刺痛著華倫，可想而知，在見到妻子對孩子們奉獻無私的愛以後，華倫對雷菈的怨恨只會更深。霍華與華倫之間也開始漸行漸遠：華倫一直對父親崇敬有加，但霍華逐漸靠向政治右派，為麥卡錫（McCarthy）*聽證會鼓掌叫好，還加入新成立的「約翰．伯奇協會」（John Birch Society），讓華倫失望不已。蘇西在這方面對華倫的影響也很大：儘管表面上看來他對蘇西的關懷似乎並不在意，但蘇西的進步主義觀已經對他產生潛移默化之效。她是他的澆花桶；他是在她灌溉下綻放的花。曾經跟在霍華後面參加競選活動的那個男孩，現在不得不告訴他年邁臥床的父親，他不再是共和黨員了。出於對父親的尊重，只要霍華還在世，他就不會改變他的選民登記，不過，據他說，基於民權理由，他再也不會投票給共和黨。

---

* 譯注：一九五〇年代美國右派政治人物。

＊　＊　＊　＊　＊

在蘇西反對不寬容運動期間，法納街這棟房子成為她的大本營。經常到訪的人包括她的摯友、「奧斯威辛」（Auschwitz）集中營倖存者貝菈．艾森柏格（Bella Eisenberg）；每年感恩節都會成為巴菲特家座上賓的猶太拉比邁爾．克里普克（Myer Kripke）與他的妻子多蘿西（蘇西會特別為他們準備符合教規的猶太潔食）；黑人棒球投手鮑勃．吉布森（Bob Gibson）與他的妻子霞琳（Charline）。在當時奧瑪哈的新教徒白人菁英社群中，像這種「來者都是客」的倫理極為罕見。而且蘇西的理念並非僅以自己家裡為限：她尤其關切奧瑪哈黑人社區的惡劣居住條件，她也經常出現在社區的委員會會議中。

「小寶貝，妳媽媽有一天會被殺害的，」道克．湯普森有一次警告小蘇西，「妳也會被綁架。」

在一九六〇年代，蘇西為終止種族隔離住房政策而耗盡心神，而也就在這段期間，像其他美國城市一樣，奧瑪哈的種族暴亂情勢急遽惡化，黑人社區與警察在街頭直接對峙。蘇西不止一次為意圖遷入白人社區的黑人家庭請命，代表他們在白人社區購屋。華倫也參與了這項運動，他出席在州議會舉行的聽證會，強調種族融合的重要性。但直到一九六七年秋天，華倫才真正從投資的角度對民權鬥爭給予適當的評價。

那年十月，蘇西與華倫出席「格林內爾學院」（Grinnell College）的校務會議。格林內爾是一所距離奧瑪哈大約三小時車程的文理學院。那天在會議中發表演說的人包括作家羅夫·艾利森（Ralph Ellison）、媒體理論家馬歇爾·麥克魯漢（Marshall McLuhan）與藝術家羅伯特·勞森伯格（Robert Rauschenberg），而會中那場歷史性的主題演講是由馬丁·路德·金恩（Martin Luther King Jr.）所發表。當時金恩獲頒諾貝爾和平獎已有三年，而距離他第十九次入獄僅有一天的時間，這次他將被關進四年前寫下著名的〈來自伯明罕監獄的信〉（Letter from Birmingham Jail）的同一所監獄。華倫全神貫注聽著金恩宣講「在革命中保持清醒」（Remaining Awake Through a Revolution），其中一句話特別打動他：「法律或許不能改變人心，，但它可以約束無情的人。」這句話讓華倫留下了深刻的印象。在離開格林內爾學院時，華倫對政治有了新的承諾。

「那是我聽過最鼓舞人心的一場演講，」華倫後來回憶道，「讓我激動得從座位上站了起來。」

套用現代的話，我們或許可以說，金恩的演講讓華倫警覺到自己享有的特權。身為典型的二十世紀中期美國白人，他對自己充滿自信——就像與他同一代的約翰．厄普代克（John Updike）一樣，華倫相信他的成功是自己努力的成果，「我一直覺得，無論什麼事，我只要去做就能成功。」金恩的演講讓華倫突然意識到，並非每個人都能有這種感覺。取決於你的種族、你的性別與階級，你或許含著金湯匙出生，注定飛黃騰達，或許出身底層，一輩子窮困潦倒。對華倫來說，這本身就是錯的，但生而不公的枷鎖也冒犯了他對公平競爭原則的信仰。如果靠作弊拿到一手好牌，就算百戰百勝，又算什麼成功？現在他環顧四周，到處都在作弊。商業交易在鄉村俱樂部的高爾夫球場上進行，而鄉村俱樂部不准猶太人入會。生活在種族隔離住宅區的黑人孩子只能進入劣質學校。

天哪，作弊甚至成為國家最高法律的一部分。

華倫說：「一七七六年，湯瑪斯．傑佛森寫下『人人生而平等』，但隨後他們在起草憲法時，突然決定：不，如果你是黑人，你只能算是五分之三的人。」

華倫想要盡可能運用自己的財富與社會地位，全力投入這場爭民權之戰。他加入格林內爾董事會，成為它的投資委員會一員。他開始參與民主黨候選人的籌款活動。他與查理．蒙格一起支持加州墮胎法自由化的訴訟。他還施展了一些「柔術」策略，讓他的猶太友人加入純白人的奧瑪哈俱樂部。

在蘇西的鼓勵下，華倫決心贊助他的好友赫曼．高斯坦（Herman Goldstein）加入奧瑪哈俱樂部。華倫知道，奧瑪哈俱樂部會用「他們（指猶太人）有他們自己的俱樂部，而且他們的俱樂部也不接受我們入會」做為排斥猶太人的藉口，於是要另一位友人尼克．紐曼（Nick Newman）贊助他，讓他加入清一色為猶太人的高地鄉村俱樂部（Highland Country Club）。高地對他的入會申請遲疑不決。

「這件事造成軒然大波，」華倫在二〇〇六年告訴猶太電訊社（Jewish

Telegraphic Agency），「所有的拉比都站在我這邊，反誹謗聯盟（Anti-Defamation League, ADL）那些人也為我撐腰。最後，他們投票通過，讓我入會。」

在加入高地鄉村俱樂部之後，華倫回到奧瑪哈俱樂部，要求俱樂部就高斯坦入會案進行投票。高斯坦獲准入會，成為奧瑪哈俱樂部第一位猶太裔會員。

蘇西對高品質生活的追求，並沒有因為她與華倫投身社會公義之戰而放棄。而華倫對太座也始終寵愛有加；例如：當她陪他前往訪紐約市出差時，他會送她到波道夫．古德曼百貨（Bergdorf Goodman）購買設計師品牌服裝與皮草。她開著一輛金色凱迪拉克（Cadillac）。蘇西天性仁厚善良，但這並不表示她對豪華的東西——例如一棟位於拉古納海灘（Laguna Beach）的度假屋——不感興趣。

巴菲特一家經常在加州度假，蘇西對加州也愈來愈著迷。她喜歡加州的多彩多姿與文化多樣性。此外，隨著兒女逐漸長大，蘇西多了一些關心自己的時間——而且她認為她有權擁有一個屬於自己的天地。華倫像過去一樣，整天埋首工作中，儘管蘇西一般不在友人面前吐苦水，但她確實曾經對一位朋友說，她覺得丈夫像是一座「冰山」。不過她有一套馴夫之術：她知道華倫對於是否買下拉古納海灘度假屋有些猶豫，於是對華倫說：「如果我們很有錢，你就會直接找上門，問那棟房子的屋主要多少錢才肯賣，然後二話不說，照單買下。但我知道我們沒那麼有錢。」

華倫在一九七一年為她買下了那棟房子。

小蘇西告訴一九九五年傳記《巴菲特：一位美國資本家的誕生》（*Buffett: The Making of an American Capitalist*）作者羅傑．羅溫斯坦（Roger Lowenstein）：「媽媽花很多時間支持爸爸，讓爸爸可以做自己的事。」彼得．巴菲特對父母親的婚姻有更敏銳的描繪，他告訴羅溫斯坦，蘇西「為他人而活，非常痛苦」，這裡所謂「他人」，華倫絕對有分。

蘇西．巴菲特愛她的丈夫嗎？是的。他是否既讓她沮喪，又讓她驚喜？是的。經過二十年婚姻生活，她無意間灌溉的那些絕望的種子，終於綻放開花了嗎？是的，是的，是的。華倫是個複雜的人，蘇西對他的愛也同樣複雜。她學會在家庭之外尋找滿足感。她擔任志工，也為家人和朋友充當護士與治療師。

蘇西還有一些其他的社交生活——她在芝加哥機場與高中戀人米爾特·布朗（Milt Brown）重逢，之後一直保持聯繫，有時會沉湎在「如果當年……」的問題中。蘇西在那段時間經常到杜威公園（Dewey Park）網球場打球，那裡有一群友善親切的人，包括英俊的教練約翰·麥卡貝（John McCabe）。蘇西還開始唱歌。

隨著華倫出差的次數逐漸頻繁，蘇西開始將法納街那棟房子變成臨時的排練場，在侄兒比利（Billy）的爵士吉他伴奏下唱著歌。最後在華倫的鼓舞下，她鼓起勇氣在拉古納海灘度假屋為親友做了一場表演。一九七五年初，友人幫她找了經紀人，安排她在奧瑪哈郊區一家小夜總會首次登臺演唱。演出前，蘇西非常緊張，還懇求華倫不要來夜總會看她。那天晚上，她以如煙似幻的歌喉演繹了愛瑞莎·弗蘭克林（Aretha Franklin）的〈找我〉（Call Me），與蘿貝塔·弗萊克（Roberta Flack）的〈第一次見到你〉（The First Time Ever I Saw Your Face），讓在場觀眾聽得如痴如醉。

當她沐浴在如雷掌聲的那一刻，是否動了她應該自闖一片天的念頭？

一九七七年，在歷經二十五年婚姻生活後，蘇西搬到了舊金山。像所有其他巨變一樣，這件事也是醞釀多年，然後突然發生了。華倫應該早已知道蘇西渴望外面的世界。她待在拉古納海灘、花在演唱事業的時間愈來愈多。她去基威特廣場，向華倫的得意門生丹．葛洛斯曼（Dan Grossman）傾訴心聲，而華倫就坐在隔壁的辦公室讀著《穆迪報告》。她甚至還拉著華倫去參加一個幫助他們「找到自我」的週末工作坊。

一九七七年春天，《奧瑪哈世界先驅報》（*Omaha World-Herald*）刊出一篇〈蘇西為什麼唱歌〉（What Makes Susie Sing?）的報導，探討這位夙有奧瑪哈「世俗聖人」美譽的蘇西，何以突然之間非常關注「好好照顧和支持蘇珊．巴菲特」。或許華倫可以從這篇報導的字裡行間讀出一些端倪。

蘇西後來回憶起她告訴華倫她要搬往舊金山的那一天，「我說，我不會離開你，因為無論什麼時候你需要我，我會在任何你要我出現的地方。」

他驚得目瞪口呆。蘇西一再向他保證，一切仍然照舊——她仍然是他的妻子，在所有關鍵時刻，她都會陪伴在他身邊，而且，畢竟，許多年來，他們不都是各過各的嗎？每晚與孩子一起共進晚餐的時光早已化做過往雲煙。就量的分析而言，他知道蘇西是對的；一切仍然照舊。但從質的角度觀察，她**已經離開了**。他原以為他的妻子一心一意只想好好照顧華倫．巴菲特，事實證明他錯了。

現在誰來照顧他？

奧瑪哈有幾處蘇西喜歡表演的地方，其中一處是「法蘭西咖啡廳」（French Café）。在歌舞表演、酒酣耳熱之際，她與這家餐廳的經理艾絲翠．孟克斯結為密友。當餐廳裡的客人享用著「海陸大餐」時，蘇西更關心的卻是這位風趣的金髮少婦的滄桑史。艾絲翠的父母親是在二戰後逃離北歐的拉托維亞人，她在五歲那年來到美國，住在一個沒有室內水、電設施的農場裡。在母親因乳癌去世後，她輾轉經過幾個寄養家庭，靠自己的努力進入內布拉斯加大學，之後因無力負擔學費而輟學。她和一群波西米亞人一起生活，靠打零工養活自己，最後在餐飲界找到一個不怎麼穩固的立足點。跟華倫一樣，她的物質需求不高。與華倫不同的是，華倫在一九七七年擁有七千兩百萬美元淨資產，而艾絲翠．曼克一貧如洗。

蘇西從舊金山打電話給艾絲翠，要她「照看」華倫。**總得有人**照看華倫。彼得．巴菲特說，華倫「既空虛又悲傷」。他每天打電話給蘇西，流著淚，求她回家。但蘇西沉浸在舊金山的新生活中：她在奧瑪哈的幾個好友已經在她之前先搬到了舊金山，現在她一面將她的公寓裝飾得絢麗多彩，一面還幫她的網球教練約翰．麥卡貝在城裡找住處。經不住蘇西一再**懇求**，艾絲翠帶著一鍋湯來到法納街，看望華倫。

一年後，她搬進了法納街。

比爾在一九九三年特別錄了一個慶祝華倫六十三歲生日的影片。他在影片中透過付費電話告訴梅琳達，在剛發布的《富比士》排行榜上，華倫已經擠下他，成為全美最富有的人。線路突然斷了。「梅琳達？梅琳達？」比爾問道，「妳還在嗎……？」

這當然是個玩笑，說梅琳達嫁給比爾只是為了他的錢。但撇開玩笑不提，這一點正是梅琳達堅決否認的。她在二〇〇八年告訴《財富》雜誌，當她開始與她未來的丈夫約會時，她心想：「好吧，比爾有錢。沒什麼大不了的。」這是真的嗎？他的財富真的沒有讓她頭暈眼花？沒有讓她膽戰心驚？她是否曾與比爾談到她在烏蘇林學院畢業致詞的主題——成功是一種社會債務？

我們確實知道比爾在這段時間有很大的改變。在比爾慶祝三十八歲生日時，《西雅圖時報》（*Seattle Times*）刊出一篇文章，文中以一整段描繪「38.0版比爾．蓋茲」的進步。文中指出比爾的儀容比過去好很多，興趣也廣泛得多，並且認為這至少有一部分是梅琳達的功勞。在某些情況下，梅琳達的影響很明顯。比爾在一九八八年開始建造他的夢想家園：這是一棟面積四．二萬平方英尺、藏在半山腰、俯瞰華盛頓湖（Lake Washington）的高科技豪宅；當比爾與梅琳達訂婚時，這棟房子還沒完工，梅琳達隨即將建築藍圖做了調整。她與比爾一起裝飾了其中一個房間：比爾的圖書室。圖書室天花板上刻了取自《大亨小傳》最後一頁的一行字：「他經過漫漫長路終於來到這片綠油油的草坪，他的夢想似乎近在咫尺，不可能不會成真。」這行字是獻給梅琳達的，因為當兩人約會時，比爾可以從他的辦公室望見她住處的窗口，夜晚時分，當她希望比爾過來時，就會打開那盞綠色燈罩的檯燈。「就像《大亨小傳》中黛西碼頭盡頭的那盞燈。」比爾解釋。兩人選擇了這行字，「只是為了彼此。」

在其他例子裡，梅琳達的影響力多年後才顯現。婚前與比爾的一次東非之旅，梅琳達種下蓋茲基金會的種籽。兩人當時都沒想到這趟小小的浪漫之旅竟能造成如此深遠的影響，不僅改變了兩人，最後也改變了世界。

這是比爾有史以來放下微軟公務最久的一次假期，也是梅琳達第一次在北美與歐洲以外的地區旅遊。兩夫婦都期盼一睹野生動物風情。大草原廣袤的藍天美得讓梅琳達震撼，但東非諸國的極端貧窮也讓她煩惱不已。「這裡既讓人大開眼界，也令人心碎。」她回憶道。

> 我清楚記得自己望著那些婦女背著孩子徒步街頭，很想知道她們的生活會是什麼樣子。她們期望什麼、擔心什麼？讓她們困在貧窮中無法翻身的障礙又是什麼？

旅程結束時，梅琳達與比爾漫步在桑吉巴（Zanzibar）的海灘上，反思此行所見所聞。想著或許他們可以運用比爾龐大的財富為東非做些什麼。

返回西雅圖之後不久，梅琳達與比爾舉辦晚宴，款待當時擔任杜克大學校長的南·基歐漢（Nan Keohane）。晚宴中話題轉到這趟東非之旅，一位出席晚宴的研究人員告訴梅琳達與比爾：「貧窮國家有數量龐大的兒童因腹瀉而掙扎於死亡邊緣，以及『口服補液鹽』（oral rehydration salts）如何拯救他們的性命。」

梅琳達寫道，在那次晚宴過後，她與比爾仔細研讀了世界銀行（World Bank）發表的最新發展報告，報告「顯示，只需透過低成本干預措施，就能避免大量死亡，但這類干預措施沒有出現」。而根據梅琳達的了解，問題在於，沒有人將提供這些治療視為「他們的使命」。

這是否意味著，提供這些治療將成為比爾與梅琳達的工作？

比爾深入研究這些資料。他原本以為等到自己退休，準備把錢捐助慈善時，所有這些大問題應該早已解決，他得「努力找一些真正有影響力的事來做」。但他研究的結果正好相反。似乎是人們已經決定放棄去解決這些大問題。

比如每年都有一千一百萬名兒童沒有必要地在垂死邊緣掙扎。「讓我震驚的是，這些原本可以預防的疾病——肺炎、腹瀉、瘧疾，以及其他造成嬰兒夭折的疾病——竟有如此巨大的影響。」比爾說。

> 我第一次意識到，造成大部分問題的原因，不是數百種各式各樣的疾病，而是相當有限的幾種。我訝然發現，貧窮國家有二〇%的兒童活不到五歲就夭折，而富有國家的兒童夭折率只有〇．五%，兩者之間的差異竟然懸殊至此。

你可以想像比爾腦中的思緒在飛轉。數百種疾病就是數百個獨立的問題。少數幾種疾病——現在，**那是**一個你可以解決的難題了，如果你像比爾．蓋茲一樣聰明，一樣超級有錢，而且非常有心解決問題。但事實證明，這樣的態度仍然相當天真。

一九九四年元旦，比爾．蓋茲與梅琳達．傅蘭奇在毛伊島（Maui）舉行了盛大的婚禮。為維護婚禮的私密性，比爾包下舉行婚禮的曼尼勒灣酒店（Manele Bay Hotel）的所有客房，並租下當地所有的直升機，以防有人從空中偷拍。記者們都接獲通知，任何人違反「擅入警告」都會被捕。直到今天，有關這場婚禮的訊息仍然不多，我們只知道威利．尼爾森（Willie Nelson）在彩排晚宴上演唱，梅琳達的婚紗和婚宴上的禮服加起來還不到兩萬美元——以社交名媛的標準而言，這樣的婚服花銷簡直微不足道。我們還知道，梅琳達發現比爾邊切蛋糕邊在腦子裡盤算來賓人數以決定如何均分時，忍不住笑出聲來。（結婚二十五週年那天，梅琳達在推特上發了一段當年切蛋糕時拍下的影片。）

當然，華倫是少數受邀參加這場婚禮的貴賓之一。為了參加這場婚禮，他還費了一番周折；查理．蒙格的七十大壽生日宴會也在同一天。最後，他派蘇西代表他前往洛杉磯，出席蒙格的生日宴，自己帶著凱瑟琳．葛蘭姆前往毛伊島參加蓋茲的婚禮。有自己的小圈子還真管用。

華倫在出席那次校務會議，深受金恩演說啟發之後，開始與凱瑟琳．葛蘭姆——凱——愈走愈密。一九六九年，華倫買下以揭露醜聞為主打的週報《奧瑪哈太陽報》（*Omaha Sun*），圓了他多年來深藏於心的夢想。《奧瑪哈太陽報》雖說有盈利，但賺得不多；根據華倫的估算，這家報紙的年收益約為八%，獲利能力約與一檔安全債券相當，但遠低於他買一家公司或投資一檔股票的收益。華倫決定放棄逐利，當一名全職報人嗎？呃，當然**不是**。對華倫來說，這家週報有些像是一份他送給自己的中年禮物，勾起他少年時送報、將報紙丟入訂戶門廊的甜蜜回憶。但買進這家週報激起華倫對媒體事業的興趣，他很快就開始盡可能買進《華盛頓郵報》的股票。

當華倫第一次與凱共進午餐時，《華盛頓郵報》已經贏得發布《五角大廈文件》（*Pentagon Papers*）的權利，而且正深入報導「水門案」（Watergate）。這次午餐約會，幾乎可以說是華倫與蘇西初次約會的翻版，只不過，當年那位衣著隨便、愛談股票的大學畢業生，已經成了一位衣著隨便、愛談股票的百萬富豪。當年的蘇西，雖就奧瑪哈的標準而言還稱得上是個世故的人，但這時的凱，卻是《華盛頓郵報》發行人尤金・梅耶（Eugene Meyer）悉心培養、見多識廣的女兒，與她交往的都是賈姬・歐納西斯（Jackie Onassis）與亨利・季辛吉（Henry Kissinger）這類人物。如果華倫曾經覺得自己像個鄉巴佬，那就是在她的客廳裡。然而，凱重演了蘇西的逆轉，她愈來愈愛慕與依賴華倫。由於兩人交往過於親密，有關兩人的緋聞開始流傳。是哪些事情變了？

一九七三年，在與凱和其他人共進午餐時，華倫要凱寬心，不必擔憂有關他收購《華盛頓郵報》的傳言。當然，沒錯，他花了一千零六十二萬七千六百零五美元買下相當於公司一二％的股份。但這些都是「B」股，這限制了他的權利，而且「無形資產的攤銷」使媒體公司很難估值，也因此難以收購。凱點了點頭，口中反覆唸著「無形資產的攤銷」。在丈夫菲爾．葛拉漢（Phil Graham）自殺身亡後，她被推上了發行人的位置，在面對權貴的談判桌上，已經練就出一身虛張聲勢的本領。為緩解她的不安，華倫繼續向她澄清，所謂「無形資產攤銷」是指公司「品牌」這類資產的估價。時思糖果就是一個好例子：當華倫在一九七二年買下這家公司時，它的有形資產值八百萬美元。班．葛拉漢看重的是這類資產——必要時你可以拍賣脫手的資產。但時思糖果的無形資產——時思以製作精美巧克力產品而獲得的聲譽、這種聲譽贏來的顧客忠誠度，以及時思品牌帶來的那種神奇的幸福感——同樣吸引華倫。這種價值要怎麼評估？華倫努力向凱解釋，根據他的看法，一家報紙的價值主要體現在無形資產上，取決於社會大眾對於它的言論與報導變幻莫測的反應。一家鼓吹民眾彈劾總統的報紙，**可能**贏得民眾支持，也可能遭民眾唾棄。一切都得看情況而定。從投資人的角度來看，投資像《華盛頓郵報》這樣的報紙，唯一的理由是你喜歡它的立場。華倫告訴凱，他非常喜歡《華盛頓郵報》所代表的價值，他要「永久」持有它的股份。

凱決定與華倫交朋友，也是基於同樣的邏輯。在認識他以後，她就開始喜歡他所代表的價值。

凱將華倫帶入一個全新的世界。他第一次到華府拜訪她時，她在她位於喬治城（Georgetown）那棟著名的華廈裡為他和蘇西舉辦了一場正式的晚宴。華倫的行李箱裡並沒有攜帶禮服，但經過一番安排，他和豔光照人的蘇西從計程車下來，被引入凱豪華的客廳。一幅雷諾瓦（Renoir）的名畫掛在牆上。華府菁英們聚在室內寒暄，直到晚宴鈴聲響起。對華倫來說，所謂的高級晚餐就是在奧瑪哈的高萊（Gorat）牛排館吃丁骨牛排，而在這裡，他享用了俄式用餐服務（*service à la russe*）：先上前菜，過後是魚，接著是主菜，都由身穿制服的侍者端著銀盤送餐。後來成為美國第一夫人，又生了另一位美國總統的芭芭拉．布希（Barbara Bush），就坐在華倫旁邊。華倫笨拙地搗弄著手中的魚叉，假裝享受自己不喜歡的食物，不時警惕地盯著坐在蘇西旁邊的那位毛手毛腳的參議員。對華倫來說，這是一個嶄新的世界，他不知道自己是否喜歡，但這讓他很感興趣。

很快地，凱與華倫開始經常在電話上聊天。他會指導她商務細節，教她交易要點，並隨時飛去支援她——比如飛去紐約幫她準備在紐約證券分析師協會（New York Society of Security Analysts）的演講。眼見華倫扮起澆花桶的角色，不知蘇西做何感想？誰知道呢。

不過你可以猜。

在蘇西搬到舊金山之前的那幾年，華倫將愈來愈多的時間花在他的商業關係，以及他與凱迅速發展的友誼上。凱邀他加入《華盛頓郵報》董事會。到華府出席董事會每月例會時，他會住在她家，還在她家的客房放了一套備用衣物。儘管他總是不修邊幅的模樣令她翻白眼，她還是將他引介給華府政商名流。華倫投桃報李，也邀請凱出席他那個非正式的董事會——由班．葛拉漢的信徒與查理．蒙格組成的所謂「巴菲特集團」的年度聚會。正因為華倫與凱走得太近，有一次，當巴菲特一家在拉古納海灘度假時，這位華府社交名媛還特意拜訪了他們，華倫因此做了一件前所未有的事：為了誇耀，他走進懸崖下方的浪頭中。蘇西與孩子們看著華倫游泳的不尋常景象，都笑了起來。

「只為了凱，」華倫事後說，「只有為了凱才這麼做。」

華倫不是什麼非常稱職的父親。像他自己的父親一樣，華倫也愛他的孩子，只不過他一般都是埋首書本中，要不然就是看著《穆迪手冊》或讀著《華爾街日報》。他還常常在電話上與查理．蒙格扯個沒完，因而推遲了晚餐。（據小蘇西說，「哦噢，爹地在與查理通話」已經成為家裡常出現的話。）當華倫與蒙格帶著孩子去迪士尼樂園時，一等孩子上了遊樂設施，兩人就坐在一張長椅上分析迪士尼的財務狀況。孩子們還小的時候，有一次蘇西得了流感，華倫的主要作用是逗大家笑。

「我躺在床上，對華倫說，你能幫我從廚房拿個盆子之類的嗎？我想吐，但爬不起來，沒辦法走到浴室去。」許多年後，蘇西回憶道，「於是他走進了廚房，我聽到廚房傳來好一陣子乒乒乓乓的聲音，好像他在那裡做五道菜的大餐一樣。然後他來到我的床邊，拿著一個**濾盆**。」蘇西指著濾盆那些洞，對華倫說，這麼多洞怎麼行，華倫乖乖回到廚房。「又是一陣乒乒乓乓，然後他再次現身，」蘇西說，「這一次他把濾盆放在烘焙烤盤上！」

華倫對孩子的漠不關心遭到蘇西指責。她對他說，他不能只是當一個父親，還要當個與孩子親近的「爹地」。在這個問題上，蘇西的看法與查理．蒙格一致。蒙格曾經敦促華倫，除了尋找「雪茄屁股」的量化思維，還應該從「質」的角度考慮投資。購買美國運通就是一種質的投資。時思糖果也是。但與他在工作上的表現相比，華倫在家務上的學習曲線差得多。友人會開玩笑地對他說：「那些是你的孩子吧——你總該認識他們吧？」一位友人後來說，蘇西像是「一位單親媽媽」。在法納街的巴菲特家，受惠於蘇西慈善活動的人隨意進出，經常遇到穿著大猩猩裝在屋裡屋外亂跑的野小子霍威，而華倫在這裡主要的存在感就是，他堅持他的孩子不能嬌生慣養。在金錢方面，華倫對孩子管控甚嚴，並且明白告訴他們，不應該期望以後能繼承他的遺產。華倫的計畫是，他在活著的時候要盡量賺錢，讓積蓄利上滾利，愈積愈多，然後臨死前他會把一大筆財產交給蘇西，隨她的意願捐助。蘇西是個**好人**。她知道該怎麼使用這些錢。

到小蘇西於一九七六年結婚時，華倫似乎已經改變了他「善意忽視」的為父之道。這場婚禮極盡奢華，數百位來賓飛到「新港灘」（Newport Beach），慶祝他們認定持續不了多久的婚姻。在華倫的三個孩子中，小蘇西看起來似乎是最認真可靠的一位，卻看上了一個英俊的衝浪者，在即將畢業的最後一學期從加州大學爾灣分校（UC Irvine）退學，用祖父留給她的遺產買了一輛保時捷。**這就是人生**。或許這讓華倫頓悟，女兒這麼做，可能是在彌補童年過於簡樸的生活。或許並非如此。出席婚禮的還有巴菲特家那位野人，不久前開了一家挖掘工程公司的霍威·巴菲特，以及安靜、有藝術天分的彼得·巴菲特。彼得至少進了史丹佛大學（Stanford）。凱・葛蘭姆自然也出席了，對在婚宴上演奏的迷幻搖滾樂隊感到有些驚訝。

* * * * *

當比爾與梅琳達於一九九四年在毛伊島舉行婚禮時，飄在心頭的唯一烏雲是瑪麗・蓋茲罹患了乳癌。這位令人敬畏的女性，曾任聯合勸募協會會長、華盛頓大學董事會成員，還是西雅圖慈善界的風雲人物，她盡心盡力照顧兒子長大成人，為他挑選服飾，也為他安排與華倫的會面。現在她身患絕症，將這擔子交給了梅琳達。在婚禮舉行前，瑪麗寫了一封信給她未來的兒媳，在信的結尾寫道：「凡多給予者，必寄予厚望。」（From those to whom much is given, much is expected.）梅琳達早已明白這個道理，但她將這句話牢記於心。

看著兒子走上紅毯六個月後，瑪麗・蓋茲去世了。沒隔多久，比爾與梅琳達建立了蓋茲基金會的雛形。

第六章　擁有一切與一無所有

羅伯．柯林格利的《意外的電腦王國》中有一幕精采的場景：時間在一九九〇年，比爾．蓋茲站在西雅圖一家二十四小時便利商店排隊等著結帳。「當時大約是午夜，」柯林格利寫道，「他手裡拿著一盒奶油核桃冰淇淋。隊伍緩緩向前，終於輪到他結帳了。」比爾開始忙著在口袋裡掏來掏去，找一張五十美分折價券。「店員在那等著，冰淇淋開始融化，其他顧客等在那裡，手上拿著麥根沙士思樂冰與六罐裝啤酒，愈來愈不耐煩。」終於有個顧客丟了兩個二十五美分硬幣在櫃檯上。

「『等你賺了一百萬美元再還我吧。』當蓋茲拿著他的冰淇淋消失在夜色中時，那位便利店慈善家對著他喊了一句。」

當時，從帳面上看，比爾．蓋茲的身價為三十億美元。

比爾說這個故事是杜撰的。有關它的幾個版本或真或假，但有一件事可以確定：當比爾在翻口袋找折價券的時候，華倫如果在旁邊，一定會為此舉喝采。我們這麼有把握是因為，當比爾與華倫在一九九五年一同訪問中國時，在香港停留期間，華倫表示要請比爾吃午餐，結果這位出了名的小氣財神，不僅把他這位新婚的好友帶進一家麥當勞，還在褲子口袋裡摸索，掏出幾張他從奧瑪哈帶來的折價券，讓排在他後面一堆等著買漢堡、薯條的顧客急得發慌。當時有人拍下了照片，有張照片中，比爾與華倫舉著那幾張折價券大笑——也許是大麥克買一送一，或是一杯免費可樂。誰知道呢？世上最有錢的兩個人，開心地哈哈大笑。

比爾．蓋茲與華倫．巴菲特**應該**怎麼花錢？在中國之行前夕，巴菲特集團開了一次會，會中談到了這個問題。巴菲特集團兩年一度的聚會，這次在愛爾蘭基爾代爾郡（County Kildare）的K俱樂部（K Club）舉行。華倫分發了安德魯．卡內基寫的《財富的福音》（*The Gospel of Wealth*）。卡內基在書中強調

「死在錢堆裡的人並不光彩」，華倫希望與會者討論這個論點。更精確地說，他要檢驗他自己的理論是否行得通：最聰明的做法是盡可能在有生之年賺最多的錢，當賺到絕對最大數額的錢之後，從墳墓裡回饋社會。

這個理論相當有名：華倫早從一九八〇年起就不斷撰文，說明為什麼把大筆財富留給兒女不是個好主意，而且每當蘇西或他的友人要求他捐錢做慈善時，他總是強調用錢滾錢的魔力。（在聽完金恩那篇演說後，華倫的錢包略鬆了一點。）在巴菲特集團裡，關於身後將錢捐出而不留給孩子的觀念並沒有爭議。在這個問題上，華倫大多數的知己多年來都站在他這一邊，至於應該留給子女多少遺產才算適當，他們的看法各有不同。（以凱來說，她認為華倫不留任何遺產給孩子的做法根本荒唐。）對華倫和他的朋友來說，關鍵在於**什麼時候**捐出財產，在這方面，華倫與比爾的觀點截然不同。比爾原本的設想是在自己從微軟退休後才投入慈善事業，但經過那次非洲之行，他發現應該要**現在**就採取行動。他與華倫展開邏輯上的辯論，他認為捐助的總額並不重要，重要的是每一分錢可以達到的效果。如果可以在今天以比較少的錢救助更多的人命，那不是更好嗎？

華倫思考了這個觀點。之後，他與蘇西、比爾、梅琳達一起從愛爾蘭飛往中國，展開為期十七天的旅程。在這趟旅途中，為了確保華倫的安適，蓋茲夫婦煞費苦心，甚至讓北京行宮國際酒店的廚房工作人員學習做漢堡與薯條。在他們一行人登上長城頂端時，接待人員已經為他們備妥香檳——還為華倫準備了櫻桃可樂。華倫邊喝櫻桃可樂，邊打趣道：「天哪，我真想知道是哪家公司拿到了這個工程的磚塊合約。」在紫禁城，幾個沉默的女子打開古畫卷軸，供他們觀賞，再將卷軸捲回去；比爾低聲對華倫說：「每送還一個沒有捲回去的卷軸要被罰兩美元。」他們搭火車前往西北地區，騎駱駝，看大熊貓。兩對夫婦一路玩著橋牌。「每個人都在欣賞風景，只有我們玩著橋牌，」華倫回憶說，「上了公車，我們把牌攤在大腿上，繼續玩。」

旅途第十天，他們參觀三峽大壩，之後包了一艘遊輪沿長江而下；梅琳達負責安排晚間活動，例如在船上的舞廳唱卡拉OK等。抵達第一座峽谷神農溪時，華倫看到有人以繩索拉著他們的船，逆流而上穿過一條支流。

「這些拉著我們的縴夫裡面，可能也有一個比爾．蓋茲。」那天晚上，華倫一邊用餐，一邊想著。

他們生在這裡，命中注定要像拉我們的船這樣，度過他們的一生。他們一點機會也沒有。我們能有今天這番成就，純屬運氣。

艾莉絲．施洛德寫道，此後多年，華倫一直想著這些「不斷拖著長船逆流而上」的男子，以及他們所暗示的命運。從這樣的思考中，華倫對他稱之為「卵巢樂透」（ovarian lottery）的公平概念有了更深刻的理解。

所謂「卵巢樂透」是一種思想實驗，過程如下：在你出生前二十四小時，一位精靈現身，表示可以給你一個機會，讓你為你即將加入的那個社會訂定規則。只不過，有一個條件。你不知道自己會出生在富裕或貧窮的家庭。你不知道自己會生在哪一個國家——可能是一個安定繁榮的國家，也可能是一個在低度開發邊緣掙扎的國家，或一個戰亂與瘟疫肆虐的國度。你可能是白人，是黑人，或是褐色人種。你可能是女人，是男人，也可能介於兩者之間。基於遺傳基因使然，你可能生來有各種生理障礙，也可能天生就是奧運十項全能運動員的料。遺傳性心理疾病也可能是你會抽到的牌。正如巴菲特所說，當這位精靈現身時，你唯一知道的是，「你要從一個裝了五十八億顆球的桶子裡抽一顆球出來。」

你要參加我所謂的「卵巢樂透」。這是你這輩子最重要的事，但你完全無法控制它。比起你的學業成績，比起發生在你身上任何其他事情，它的決定性遠遠大得多。

「現在，」巴菲特問，「你要訂什麼規則？」

或許你覺得自己很幸運。或許，像巴菲特一樣，你是計算成敗機率的頂尖高手，而你因此決定，既然幸運兒很少，難得一見，社會就應該規定世上任何角落的每一個人都要有「公平的機會」。華倫．巴菲特常說，他贏了卵巢樂透。

中國之行讓他相信，他應該想辦法讓其他人都能享有更大的勝算。

在華倫思考這個問題的同時，老比爾．蓋茲也忙著為兒子建立基金會。比爾很樂意讓自己的父親主持基金會，而梅琳達——她可能還在想著瑪麗在婚禮前夕給她的那封信——也不可能阻止她公公暫時管理基金會。畢竟，成立基金會原本就是老比爾．蓋茲的主意。

當要求慈善捐助的信不斷堆在比爾的辦公桌上時，老比爾告訴他，他應該成立一個「真正的基金會」。老比爾有過很多與地方慈善機構和「大西雅圖商會」（Greater Seattle Chamber of Commerce）合作的經驗，對這類事務相當熟悉。根據知情人士的說法，「威廉．蓋茲基金會」（William H. Gates Foundation）成立之初「更像是一家夫妻檔小店」，而不像是一個管理幾億美元資金的慈善機構。老比爾就在自家地下室裡開始辦公，請了一位名叫蘇珊妮．克魯特（Suzanne Cluett）的生殖健康相關議題專家擔任助理——有時基於一些理由，還會在附近的漢堡王（Burger King）接收郵件。威廉．蓋茲基金會的第一筆重大捐贈是向「適宜健康科技計畫」（Program for Appropriate

Technology in Health, PATH）提供總額七十五萬美元的捐助。非營利組織PATH當時正在開發為非洲與亞洲偏遠地區提供醫藥的新方法。時任PATH負責人高登．波金（Gordon Perkin）博士回憶道，這筆錢來得很突然，「我們從來沒有收到過有人想要提供資金的邀請。」在獲得第一筆捐助的幾年後，波金開始為蓋茲基金會審查有關家庭計畫的捐助案。

他們很快就成立了第二個基金會，即「蓋茲圖書館基金會」（Gates Library Foundation），由微軟互動媒體部（Interactive Media Division）前負責人佩蒂．史東西佛（Patty Stonesifer）負責管理。大家都認為佩蒂是微軟管理團隊中最有創意、最有活力的主管。蓋茲圖書館基金會的設立宗旨，就是要將電腦與網際網路運用引進美國與加拿大境內低收入社區的圖書館。這是比爾對非常關心的事。九〇年代中期，比爾把倡導網路當成副業，還上了《大衛深夜秀》（*The Late Show with David Letterman*），鼓勵主持人萊特曼上網，並發表新書《擁抱未來》（*The Road Ahead*），暢談人類互動數位未來的亮麗前景。這項圖書館電腦化運動確實能造福公益，但也引來科技圈一些閒言閒語，因為就在這個時候，微軟推出了Windows 95，比爾也正在為他這輩子最大的商戰——瀏覽器戰爭——做準備，這是一場關於網際網路存取權的激烈戰鬥。在投入慈善的那一刻，與蓋茲基金會唱反調的人已經出現。

比爾說，他投入慈善的動機，與華倫的「卵巢樂透」理論極其類似。比爾在一九九六年一至二月出刊的《哈佛商業評論》（*Harvard Business Review*）雜誌中寫道：「華倫與我共享某些價值。我們都為自己能生長在一個我們的技能可以帶來豐厚回報的時代感到慶幸。如果我們出生在另一個不同的時代，我們的技能可能就沒什麼價值。我們不打算花光自己積攢的錢，因此我們可以讓我們的財富造福社會。從某種意義上說，我們都在為慈善事業努力。」

* * * * *

在華倫心目中，安德魯．卡內基已經為慈善事業定調。但卡內基所寫的《財富的福音》不只是鼓吹慈善的宣言，也是對富豪統治的辯護。這篇文章發表於美國第一個「鍍金時代」（Gilded Age）中期，當時貧富懸殊問題的嚴重程度至少不輸今天，這位偉大的鐵路與鋼鐵大王宣稱，資本家竭盡所能賺錢並沒有錯，因為這就是商業的運作方式。卡內基寫道：「在競爭法則下，擁有成千上萬名員工的老闆不得不實行最嚴苛的經濟紀律，其中支付給勞工的工資是最重要的。」卡內基指出，工廠老闆難免會想方設法壓低工資，隨著生意逐漸成長，財富逐漸集中於「少數人手中」，貧富差距也難免愈來愈大。

但根據卡內基的理論，權衡之下，累積巨額財富的人不應該把他們的財富視為己有，因為這些財富屬於允許他們以一切必要手段賺錢的社會。富豪在這種賺錢過程中欠下對社會的債，必須償還。（華倫附和這種概念，將這些債視為「寄托財物憑證」，梅琳達也在烏蘇林學院畢業致詞中提出這個觀念。）卡內基認為，清償這筆債務的最佳方式就是贊助圖書館、音樂廳、博物館、大學等有益於公眾的機構。

「這樣就能解決貧富懸殊的問題。」他寫道，「累積法則可以不受限；分配法則也可以不受限。個人主義可以繼續存在，但百萬富豪只是窮人託管財富的人，社會將一大部分增加的財富託付給富豪管理一段時間，因為認定富豪能比社會本身更善於管理這些財富。」

更簡單、辛辣地說，正如批判富豪慈善事業著名的阿南德．葛德哈拉德斯（Anand Giridharadas）所言，卡內基「利用事後的慷慨來為他的巧取豪奪辯解」。

如果有人不了解卡內基「巧取豪奪」的真相，只需看看那場霍姆斯特（Homestead）罷工事件就能明白了。在發表《財富的福音》三年後，卡內基向他位於匹茲堡（Pittsburgh）郊外鋼鐵廠的工人提出一紙新合約，將工資裁減三五％。霍姆斯特鋼鐵廠工會拒絕這項合約，發動罷工，卡內基隨即下令他的副手亨利．克萊．弗里克（Henry Clay Frick）雇用保全公司「平克頓」（Pinkerton）的打手鎮壓罷工工人。卡內基在蘇格蘭打高爾夫的同時，十六名鋼鐵廠工人被打死。

至少就商業意義而言，從人性的角度看來，其他一些現代慈善事業的偉大事例也不很光彩。一般同意，現代慈善事業始於一九〇九年，約翰．洛克菲勒在那一年從他的標準石油金庫裡提出一億美元，成立一個一般綜合性基金會，旨在預防與舒緩苦難、推動知識、提倡「所有一切有助於人類進步的事」。但洛克菲勒與他的顧問斐德烈．蓋茲（Frederick Gates，與比爾家族無關）前往國會爭取一項讓基金會順利成立的法案時，遭到強烈的反對。其中，前總統老羅斯福（Theodore Roosevelt）的批判比較委婉。老羅斯福說：「以這類財富捐助的善款，就算金額再大，也無法補償獲取這些財富時的不當行為。」老羅斯福這句話狠狠酸了卡內基的《財富的福音》。但許多不滿洛克菲勒這項法案的人士，針對的是一個主要問題：洛克菲勒計畫成立的這個基金會根本上是「反民主」的。史丹佛慈善與公民社會中心（Stanford Center on Philanthropy and Civil Society）聯合主任羅伯．萊許（Rob Reich）在他所寫的《只是贈予》（*Just Giving*）一書中說，他們認為這「是一個破壞政治平等的組織，將私人財富變相投入捐贈者偏好的公共政策，它可以永久存在，而且除了幾個欽定的董監事，它不必對任何人負責」。

洛克菲勒基金會的法案在國會冗長的立法程序中逐一過關，幾年後以該基金會的合併提案出現，但對基金會的規模、作業年限及權限有嚴格限制。特別重要的是，法案中規定，洛克菲勒基金會要接受公眾監督。這項法案之後在參議院闖關失敗。我們要在這裡提出一項有趣的反證：鑑於洛克菲勒基金會最終在不受這些監管條件約束的情況下，獲得紐約州當局特許成立，為之後成立的幾乎所有基金會提供了一個模式，如果當年這項法案在參議院順利過關，公眾監督機制成為洛克菲勒基金會運作的必備要件，今天的慈善事業會呈現什麼面貌呢？或許我們可以免於政治「黑錢」之苦？另一方面，或許慈善基金會不能進行政治上不受歡迎的工作，例如贊助超越藝術（transgressive art），或為無證移民提供援助？

正因為如此，面對所有那些反對富豪慈善的人，我們也可以加以反駁：富人的捐贈可以是民主本身的福音，因為它能帶來多元主義——原本可能得不到資金挹注的少數觀點與古怪願景，因此也能獲得財源。政府施政的優先事項未必總能滿足需求。一項又一項的研究調查顯示，交響樂團與畫廊總能獲得補助，甚至獲得過多補助，但民眾需要的是學校、資金充裕的大學、少數族群權益團體、醫藥、潔淨的水、疫苗、科學研究等等。

安德魯．卡內基著名的圖書館計畫顯示，私人捐助可以鼓勵公民參與，倡導平等主義。這項計畫於一八九九年全面展開，之後二十年間，卡內基個人出資在全美各地建立公共圖書館。這些資金以一次性撥款的形式提供，只有展現公眾強烈支持度的城市才能獲得補助：市政當局必須提供土地，並負責支付圖書館員工薪資與建物養護維修費用；地方官員必須保證為圖書館提供相當於建築成本一〇％的年度營運預算。卡內基對這些圖書館的運作只有一個要求：它們必須為所有人提供免費服務——在實施種族隔離的南方，他透過為非裔美國人建造專門的圖書館來達成這個要求。卡內基並不干預圖書館管理人員的聘雇，也從不規定圖書館必須藏有某類圖書。圖書館一旦建成，一切由公民管理。

德州格林維爾（Greenville）的一所卡內基圖書館的建立，展現了這項計畫如何利用及增強公民參與。德州在南北戰爭結束後，出現許多婦女領導的組織，其中位於格林維爾的婦女評論俱樂部（Women's Review Club）認為格林維爾需要一個像樣的圖書館。俱樂部幾位女士寫信給卡內基，卡內基同意出資

一．五萬美元，但格林維爾必須滿足前文提到的那些先決條件。瑪格麗特．葛勞巴（Margaret Graubard）在她的家族回憶錄中寫道：「由於格林維爾欠缺取得這筆補助金的必要資源，商界與婦女俱樂部發動大規模籌款運動。每一家企業，甚至許多個人，都接到捐款請求。婦女俱樂部聯合會（Federation of Women's Clubs）的八家會員俱樂部同意捐款一千美元用於維護，格林維爾市議會也通過決議，保證『如有需要』會額外提供兩千美元。」一九〇三年二月，距離初次連繫卡內基不到一年，格林維爾圖書館在一座宏偉的建築內風光揭幕，這棟建物既是可以借書的圖書館，也是一處集會場所；館內的大理石樓梯通往有三百個座位的禮堂。當地一位名叫詹姆斯．布魯斯．奎格利（James Bruce Quigley）的少婦獲聘為第一任圖書館館長。

喬．傅雷希曼（Joel L. Fleishman）、史考特．柯勒（J. Scott Kohler）與史蒂芬．辛德勒（Steven Schindler）在一項關於圖書館計畫的個案研究中解釋：「就在支持以公共資金興建圖書館的呼聲逐漸高漲之際，卡內基圖書館龐大的新網絡出現了。十九世紀中葉，許多州通過立法，讓市政當局能自行籌款支援公共圖書館。自麻薩諸塞州於一八四八年首開先例後，到一八八七年，已經有二十個州頒布了公共圖書館授權法律。」這項個案研究指出，隨著卡內基圖書館逐漸普及，民眾開始將公共圖書館視為每個城市的公共財，無論安德魯．卡內基願不願意提供種子資金，每個市政當局都應該提供一座公共圖書館。

卡內基圖書館計畫激勵了州政府：民眾支持建立圖書館，但政府預算不達標。比爾與梅琳達制定自己的圖書館計畫時，正是借鑑了卡內基圖書館計畫的模式。比爾曾經告訴《紐約時報》：「卡內基是個堅定的人……在電腦時代，圖書館的角色如果能得以延續，甚至提升，我會很高興的。」

二十世紀初期，朱利葉斯．羅森沃德（Julius Rosenwald）資助非洲裔美國人的鄉村學校，這提供了一個案例研究，說明當公眾意願落後於法律時，慈善事業可以如何介入，發揮匡正之效。

做為西爾斯百貨（Sears）的大股東而在芝加哥零售業賺得一大筆財富的羅森沃德，與塔斯基吉學院（Tuskegee Institute）的院長布克．華盛頓（Booker T. Washington）交往甚密。一九一二年，羅森沃德給了華盛頓二．五萬美元，讓華盛頓擴建校舍。華盛頓在校舍擴建完成後發現還剩下兩千一百美元，於是請求羅森沃德准許他用這些錢在阿拉巴馬州鄉間另建六所小型校舍。羅森沃德同意了，並且很快又拿出三萬美元，讓塔斯基吉學院在阿拉巴馬州各地又建了一百所校舍。這些成績讓非常關注這項校舍建造計畫的羅森沃德興奮不已，決定「擴大規模」：一九二〇年，「朱利葉斯．羅森沃德基金會」（Julius Rosenwald Fund）在納許維爾（Nashville）成立辦公室，聘請曾任田納西州非裔美國人教育計畫督學的史密斯（S. L. Smith）來監督在南部諸州興建校舍的工作。

當羅森沃德於一九三二年去世時，他的基金會已經資助興建了四千九百七十七所鄉間學校，以及三百八十所輔助住宅與店鋪；在一些地區，羅森沃德學校的品質還超越了當地只收白人的學校。最後一所羅森沃德學校位於喬治亞州溫泉鎮（Warm Springs），是應時任美國總統小羅斯福（Franklin Delano Roosevelt）的特別要求而建造的。歷史學者喬治．布朗．廷達爾（George Brown Tindall）說，羅森沃德興學計畫是「最能有效消除阻礙黑人教育的偏見和冷漠的策略之一」，它還鼓舞更多民眾支持非裔美國人學校，「化解白人納稅人的反對意見」。最後，朱利葉斯．羅森沃德基金會的捐助，僅占鄉間黑人學校建設與營運總預算的一五％；其餘資金均來自私人捐款與政府資金。

毫無疑問，朱利葉斯．羅森沃德基金會的學校興建計畫是反民主的。不過這項計畫並不是在規避法律，而是在信守法律：羅森沃德認為，《美國憲法》第十四條修正案保證人民無分黑白，享有平等權益，而接受良好的教育就是所有公民的一項權利。他與布克．華盛頓及塔斯基吉學院團隊密切合作，啟動了我們今天所說的「試點計畫」，而且在最初撥出的資金取得成效之後，羅森沃德擴大計畫，在全美各地展開行動，藉此鼓勵公眾支持本應一直存在的非裔美國人教育支出。他的投資引發一場匡正非裔美國人學校資金不足問題的系統性行動，儘管經費與教育品質方面的不平等依然存在，但從根本解決問題的行動終於展開：在一九五四年《布朗訴教育局案》（*Brown v. Board of Education*）的判決中，最高法院維護了羅森沃德提出的首要原則——公平，判決全美各地公立學校的種族隔離違憲。

可惜的是，並非所有慈善事業都能這麼有效。例如：一直有人以非營利部門做為掩護，向政治人物或特定利益團體輸送資金，或為有錢人避稅，或方便有錢人將子女送入貴族學校。此外，許多非營利組織在行政管理上的花費超過實際做善事的花費，這點也經常受到哲學家彼得·辛格（Peter Singer）等人的批評。彼得·辛格的有效利他主義（effective altruism）對比爾與梅琳達等人影響極為深遠。

「有效利他主義以一個非常簡單的構想為基礎：我們應該盡可能行善。」辛格這句話，讓一件非常困難的事聽起來非常簡單。首先，所謂「行善」究竟指的是什麼？這是自亞里斯多德以來的道德哲學家一直在苦苦思索的問題。辛格回答了這個問題：「行善」與其說是消極地避免那些「你不該做」的事，不如說是積極主動地努力減輕他人的痛苦。如果基於道德理念不應該殺人，那麼從邏輯上講，救人性命也是同樣緊要的道德要求。如果你會跳進湖裡拯救溺水的人，那麼是否也應該捐錢救助一個遠在異域他鄉、在死亡邊緣掙扎的瘧疾病患？在《陌生人溺水》（*Strangers Drowning*）這本書中，記者萊莉莎·麥克法奎爾（Larissa MacFarquhar）以幾位矢志行善人士的事蹟為例，說明辛格的思想。萊莉莎解釋：「如果我們花兩百美元買衣服，而這筆錢原本可以用來買救人性命的食物或藥品，那麼我們仍得對一個人的死亡負責。加以延伸，如果我們不肯把自己擁有和賺取的錢大部分用於減輕他人的痛苦，我們就得對許多人的死亡負責。」

辛格的道德要求不僅僅適用於有錢人，也適用於在富裕的西方國家安居樂業的一般百姓。不過計算結果清楚地表明，相對於一般人，有錢人對窮人的生活應該擔負更多責任，因為他們才有能力拯救最多的生命、解除最多的貧困、補償最多的剝削。辛格沒有詳細討論造成苦難的原因，也沒有討論它與我們的全球社會和經濟基礎設施的關係，他只是呼籲我們所有因這些基礎設施而獲益的人，想一想我們享有的特權，把多餘的資源交給窮苦的人，為他們提供基本健康與溫飽，緩解他們的苦難。這是辛格所謂「盡可能行善」的部分意義。

但還有另一部分意義。「慈善事業是一個非常龐大的產業，」辛格寫道，「僅僅在美國，就有將近一百萬家慈善機構，每年接受總額近兩千億美元的善款，這還不包括捐給宗教團體的一千億美元。這些慈善機構中雖說確實有少數是明顯的欺詐，但更大的問題是，能做到帳目透明、讓捐助者判斷他們的捐款是否真的用於行善的機構寥寥無幾。」辛格繼續寫道，有效利他主義「試圖透過激勵慈善機構展示其有效性，來改變這種狀況」。對辛格來說，這意味讓捐助者運用經驗思考，像考慮是否投資一家企業一樣，根據「投資報酬率」（ROI）分析是否捐助。這可以做得很好，但也可能做得很表面，捐助者可以要求立即改善複雜的問題，也可以選擇能在年度財報上表現績效的短期專案。對一個在開發中國家為偏遠鄉村農民發放雞隻的慈善機構來說，訂定標準非常有用：他們可以將得到雞隻的農民列冊計算，以此證明該計畫成績斐然。還可以委託一項後續報告，確定一年後這些農民中有多少比例的人將面對孵蛋問題，之後又有多少比例的人會因為沒有雞舍而無法轉入雞蛋業務。但**為什麼**沒有雞舍，或**如何**打造雞舍的問題，或農民對雞隻養殖、對供應鏈中的勞工與動物福利條件的了解，或有沒有進入雞蛋市場的可靠途徑等等更廣的相關議題，都不會出現在年度財報中。至於性別平等這類理念是否可以衡量，又是完全是另一回事。

富人應該如何處理他們的財富這個老問題，很難與世上是不是應該有富人這個問題切割，但誠如前文所述，將這兩個問題混為一談，總會導致修辭上的死胡同。把「**給予**」的道德，與「**獲取**」和「**花費**」的道德相提並論，又會落入另一個死胡同。史丹佛的羅伯．萊許曾指出，「相對於消費——逛街買東西，或相對於投資——尋找資產的財務回報，慈善事業看起來總是不錯。」這個觀點導致以下兩個問題：某些類型的慈善事業是不是比其他類型好，或者說，大規模的慈善行為是否可能促進或扭曲民主社會謀求平等的目標。要討論第二個問題——就是萊許所謂慈善事業「公共道德」的問題——你必須拋開捐助者的**意圖**，以更廣泛的背景來考慮所有慈善行為，將重心放在它的**影響**。

但這也不簡單。

* * * * *

蘇西．巴菲特採取的慈善模式，與安德魯．卡內基及約翰．洛克菲勒的模式都不一樣。蘇西根據「philanthropy」（慈善）這個字的原始意義來運作。從詞源學來看，它源自希臘語，字面意思就是「愛人」。如果說蘇西這種慈善運作模式承襲自什麼人，這人可能是生活在十三世紀的匈牙利人伊麗莎白（Elizabeth）。伊麗莎白在圖林根（Thuringia）的馬堡（Marburg）建了一家專門照顧窮人的醫院，為窮人發放食物與衣物；她甚至為窮人洗腳。後來她被封為聖人。

如果你認為這樣的比較太誇張，繼續看下去就明白了。搬到加州以後，蘇西很快就投入一個新運動。在奧瑪哈，她全心全力獻身於民權；來到舊金山以後，她開始照顧病人、憂鬱症患者，與垂死的人。當時舊金山處於愛滋病危機初期，蘇西交到的許多新朋友是男同性戀。她毫不猶豫地重拾澆花桶，展開了行動。她的公寓成了臨時的安寧病房：染上愛滋而走到生命盡頭的朋友，應她之邀前來與她一起生活。她的助理、曾經是護士的凱絲琳．柯爾（Kathleen Cole）會為他們做靜脈注射。蘇西會帶著這些病入膏肓的朋友展開「夢幻之旅」——例如前往達蘭薩拉（Dharamsala）看望達賴喇嘛等等。彼得因此給她取了「達賴媽媽」的綽號。蘇西日後在解釋何以選擇照顧愛滋病末期患者時說，「見到他們的轉變讓我很欣慰。」

從某些方面來說，蘇西與華倫分居以後變得更親密了：有了艾絲翠．孟克斯照顧華倫以後，卸下這個擔子的蘇西轉而扮演重要知己與顧問的角色。他們開始每天通電話，比過去同在一個屋簷下生活時聊得更多。這使華倫更努力地與子女建立更深的連繫，有助於增進他們的關係。在距離拉開之後，華倫更能將蘇西視為夥伴，是一個充滿活力、有主見的女人，決心自創一片天地、在這個世界上留下自己的印記。這一切都讓艾絲翠處於一種奇怪的境地：她身在圈內，只能往裡看。

艾絲翠對此做何感想？她從來沒有說過，至少沒有公開說過。不過你可以猜。

同時，蘇西本身的健康狀況開始惡化了。小蘇西經常接到柯爾來電，說她的母親又住院了。蘇西尤其備受腸沾黏困擾。一九九三年，蘇西接受子宮切除手術。但眼看華倫終於燃起對慈善事業的興趣，蘇西不願讓自己的身體成為阻礙。她說服華倫讓自己參與巴菲特基金會，並且在小蘇西協助下，展開慈善作業。華倫這時撥入巴菲特基金會的款項仍然相對微薄，但蘇西仍做了妥善安排，她知道一但他離世，她就能運用他的數十億財富來好好做慈善。一九九〇年代中期，巴菲特基金會在蘇西的主導下，資助了避孕藥 RU-486 的研發。

蘇西絲對自己的慈善行為保持低調。她有一套完美的隱身策略：她會與華倫一起參與重要活動，但一回到舊金山就立即消聲匿跡。梅琳達也在西雅圖玩著類似手法。梅琳達在結婚前發了一份「緘默法則」給所有認識她的人，甚至還寫信給過去的鄰居，請他們不要談論她的事。她在微軟的一名友人既不承認也不否認有時會與梅琳達一起去慢跑。另一名友人僅僅表示：「那是她與比爾協議的一部分——她要保有隱私。」梅琳達似乎決心要隱身。梅琳達本尊就這樣化身為充滿假設色彩的梅琳達幽靈。《西雅圖時報》指出，梅琳達曾經參與當地非營利組織，「她有能力成為西雅圖的大慈善家。有人預測，有一天她將成為蓋茲基金會的領導人。」

一九九六年四月二十六日，比爾與梅琳達的第一個孩子珍妮佛（Jennifer）出生後，這個預言部分成真。當梅琳達告訴比爾，說孩子出生後她不再回微軟工作，比爾震驚不已。「那妳打算做什麼？」他問道。她的答覆是做慈善。

梅琳達的慈善事業由圖書館揭開序幕。你一定還記得，比爾大舉投入慈善事業的第一項行動，就是成立一個由佩蒂·史東西佛主持的計畫，將電腦與網際網路引進美國公立圖書館。史東西佛願意擔此重任，是因為比爾的雄心壯志讓她印象深刻。當她向比爾建議，他們應該為「所有公立圖書館」購買電腦時，比爾幾乎想都不想，立即問道：「是美國境內還是全球各地？」史東西佛也因此知道，比爾不是在鬧著玩的。但最後，真正全力投入這項計畫的是梅琳達。畢竟，像比爾一樣，梅琳達在青少年時代也曾是電腦怪咖。她還清楚記得高中時代教她數學的鮑爾（Bauer）女士：「鮑爾在奧斯丁（Austin）舉行的一次數學會議中見到Apple II+電腦，回到我們學校後說：『我們得為女孩們買幾臺電腦。』」接觸電腦的機會徹底改變了梅琳達的生活——難道不是每個人都該有這樣的機會嗎？

梅琳達開始親力親為，與許多學校合作，讓電腦科技走進教室。這是令人振奮的工作，但沒隔多久，問題的真正規模開始顯現。電腦教學在美國的學校就是無法正常運轉，僅憑免費提供電腦根本無法解決問題。

華盛頓大學公共教育創新研究中心（Center on Reinventing Public Education）的創辦人保羅．希爾（Paul Hill）指出，「如果這世上真有治療教育的仙丹妙藥，它們還沒出現。」之後，梅琳達再次把注意力轉向美國學校系統，這一次她改變策略，從基礎改革做起。

但同時，真正的藥該往哪裡找？在健康問題上，比爾與梅琳達的財力資源可以帶來幾乎是立竿見影的效果。疫苗只需要打一針，立見成效。就像比爾代表蓋茲基金會前往印度贈送小兒麻痺疫苗那樣。這趟行程有一個讓人稱奇的開端：一九九七年，世界衛生組織（World Health Organization）疫苗開發計畫的負責人寫了一封信，要求與比爾的父親會面。老比爾接到這封信以後，由於不知道兒子熱衷於疫苗議題，差一點把信仍進垃圾桶。但事實證明，比爾對疫苗的事特別關心。或許這是因為，比爾發現疫苗提供這個世界最簡單的方式來改變生命，也或許疫苗與他的現有興趣相符——畢竟，疫苗不就是人體軟體更新嗎？無論如何，世衛組織代表與老比爾會了面。這次有關疫苗的會談，為之後許多許多的相關會談鋪了路。適宜健康科技計畫（PATH）隨即發表聲明，強調投資兒童疫苗的「道德必要性」——包括防治小兒麻痺症、輪狀病毒，以及其他常見、讓兒童平白喪生的疾病的疫苗——並主張要達到這個目標，最好的辦法就是以人為手段創造市場來刺激生產。一九九八年，比爾與梅琳達投入一億美元，在 PATH 成立兒童疫苗計畫。

或許就連比爾自己也搞不清楚發生了什麼事。當時的比爾，或許只是將他那日益壯大的基金會視為副業——畢竟，對比爾．蓋茲這樣的巨富來說，一億美元算不得什麼。這是一個私人計畫，是他回饋社會的一種方式。但很快，這些慈善訪問將開始徹底改變他的人生。然後它們改變整個世界。

第七章 砰！

比爾在努力。真的很努力。一九九八年，他不惜花了比預期更多的時間來修復自己的公共形象。他上電視節目，與芭芭拉．華特斯（Barbara Walters）討論為人父的樂趣，還在節目中唱兒歌《小星星》。他捐了一億多美元給慈善機構——當然，這對他來說不過是小菜一碟，但對大多數批判他的人來說，這個金額已經大到讓人無法想像。他理了頭，穿上量身訂做的西服，戴上時髦的細框眼鏡，並在Windows 98發布會上炫耀了這身行頭。他在幫「大柏沙」（Big Bertha）高爾夫球桿拍攝的廣告中，調侃自己的高爾夫球技。只不過，比爾這些努力的「投資報酬率」不怎麼樣！《巴爾的摩太陽報》（*Baltimore Sun*）召集了一組時尚專家來取笑他的服裝風格。（一名專家說：「他的穿著打扮就像高中視聽俱樂部那些宅男。」）《華爾街日報》在一篇報導中談到比爾希望加入只有受邀才能入會的「奧古斯塔國家高爾夫俱樂部」（Augusta National Golf Club），甚至還拍了大柏沙的廣告，結果仍然沒有成功。「他太想入會了。」該報如此評論。在一九九八年的蘋果廠商大會（Macworld Expo）中，一家小型電玩開發商推出一款叫做「Microshaft Winblows 98」的遊戲，玩家可以透過給錢來餵養一隻名叫「Billagotchi」的寵物。

比爾從家人和與華倫的交往中尋求安慰。在比爾經歷的種種困境中，兩人的友誼更加深厚，華倫對比爾的公開支持，證明華倫不是那種會在朋友有難時坐視不理的人。

到二〇〇〇年，兩人已經有一種每年至少聚會四次的默契，這還不包括每年一次的太陽谷會議（Sun Valley Conference）這樣的名流會。在這些聚會中，兩人會一起打高爾夫（華倫是奧古斯塔國家高爾夫俱樂部會員），一起玩橋牌，一起看橄欖球賽。每當華倫來訪，比爾總會開一個玩笑，就是在華倫的客房浴室擺上一卷內布拉斯加大學的衛生紙。

隨後有消息傳出，說好萊塢正在籌拍一部搞笑電視劇，描述比爾與史蒂夫・賈伯斯的競爭。這部片子百分百不會對比爾有什麼好評。不過，好萊塢在鏡頭前對比爾造成的殺傷力，絕對及不上比爾在同一年《美國訴微軟案》（*U.S. v. Microsoft*）中所錄製的證詞傷。

司法部負責此案的喬・克蘭請來超級訴訟律師大衛・波伊斯（David Boies）協助他將微軟定罪。但對網景而言，政府的干預來得太晚；在一九九八年八月二十七日比爾被傳喚出庭作證那一天，網景已經名存實亡。但即使司法部救不了網景，仍然可以扳倒微軟。

律師賈利・芮貝克在提交反微軟資料時，建議分拆微軟，或許可以將它的應用軟體與作業系統業務分開。但微軟的整體成長策略就是以整合為基礎：作業系統包含瀏覽器，瀏覽器開啟MSN門戶，門戶連結數不清的網站——例如旅遊網站智遊網（Expedia）——讓錢回流到微軟。這個專屬系統是比爾之所以如此富有的主因，他自然不希望這個模式被摧毀。

聯邦法官湯瑪斯・潘菲德・傑克森有意以速戰速決的方式處理《美國訴微

軟案》，不但限制訴訟雙方各只能傳喚十二名證人，還決定加速進程，取消一般都會進行的初步聽證會。審判定於十月中旬展開。

那年夏天顯得格外冗長、緊張。七月間，壟罩在訟案陰影下，自怨自艾的比爾接到自由派激進份子拉夫．奈德（Ralph Nader）的信時，一定暴怒非常。奈德批判巨額慈善，他認為：(1)富豪原本就沒必要這麼富有，(2)富豪總是自私自利，只有傻子才會相信他們會捐出自己的財富。奈德在這封信中要求比爾與他「親密的友人及牌友」華倫．巴菲特「聯手」，「贊助、策畫與領導一場億萬富豪會議」，主題是「全美與全球貧富懸殊與解決之道」。特別也因為拉夫．奈德一直就是比爾公開的「**死對頭**」，你幾乎可以聽到比爾在看到這封信以後大吼：「**這是我聽過最蠢的事！**」比爾於是以外交辭令寫了一封回信，告訴奈德，他打算在適當時機捐出自己的財富，但依他之見，「人應該出於自己的意願而捐獻，不是因為在一場會議的壓力，也不是因為一個自以為是的人說三道四。」

奈德沒有因此罷休，他回覆了比爾的回信。「感謝蓋茲先生友善地講述了他現行與未來的慈善計畫。不過我的信並非針對他的慈善計畫而發。我的信只是要求他與華倫．巴菲特召開一項富豪會議，討論我們國家貧富懸殊的結構性問題。」

比爾是否回覆了對他回信的回信，沒有歷史紀錄可考。

但歷史**確實**記錄了比爾在八月二十七日的證詞。整個過程有錄影為證。不必吹毛求疵：對比爾和微軟而言，這次作證是一場大災難。波伊斯是公認美國史上最優秀的訴訟律師之一，面對波伊斯，比爾顯得粗魯而迂腐，還像個暫時失憶的人，忘了一切有關微軟的事。甚至在波伊斯向他出示他所寫的幾封說明微軟行銷策略的電子郵件時，他仍當庭聲稱自己對微軟的行銷策略一無所知。當時擔任紐約州檢察長辦公室反壟斷局局長的史蒂芬．霍克（Stephen Houck）清楚記得當時的一段對話。

「這是你寫的嗎？」波伊斯指著 billg@microsoft 問道。

比爾說他不知道。

「那它是從哪裡來的？」

比爾聳聳肩，搖晃了一下，答道：「從一臺電腦來的。」

波伊斯對比爾進行了為期三天的訊問。在聽證結束時，波伊斯已經提供了一項有利控方的強大武器——現在比爾與微軟法律團隊面對一個難題：如果讓比爾出庭，法官會追究比爾所有的含糊其辭；但如果他不出庭，傑克森法官會讓司法部在公開庭上播放作證的錄影。微軟法律團隊選擇了後者。

審判於十月十九日登場。波伊斯陳述政府的案情，播放了光線不佳的錄影，影片顯示比爾在作證過程中坐立不安、謾罵中傷，對他明明知道的事說「我不知道」，還不斷狡辯著基本字句的意義。傑克森法官一度忍不住笑了起來。

「我給出了完全真實的答覆。」比爾後來堅持說，「當波伊斯問出不精確的問題時，我會向他指出問題的不精確性。」比爾完全沒有料到他的人格會受到審判——不只在傑克森法官面前，而且在社會輿論面前。政府的公關策略激怒了他。梅琳達買了一臺特製的彈珠臺，準星上畫的是喬．克蘭的像，這讓比爾稍微解氣了些。

當這一切發生時，華倫在哪裡？在收購「冰雪皇后」，在購買大量的白銀，在嘲弄炒作科技股的人太愚蠢。在一九九八年的波克夏．海瑟威股東會中，華倫說，eBay與「亞馬遜」（Amazon）這類熱門的網路股完全無法估值。「如果我開班授課，在期末考的時候，我會以一家網路公司為題，問學生『這家公司值多少錢？』誰做了答，我就讓他不及格。」

同時，華倫非常支持比爾。就在微軟的律師為這次審判做準備、股市因俄羅斯盧布貶值而崩盤之際，華倫與蘇西、比爾與梅琳達一同展開了為期兩週、從阿拉斯加到加州的「淘金」之旅。他們搭直升機飛過冰原，乘遊輪穿過狹灣。但在整個旅程裡，華倫的心思始終在紐約：高盛正在那裡為波克夏．海瑟威收購避險基金「長期資本管理公司」（Long-Term Capital Management）做準備。長期資本管理公司因過度槓桿而淪為這一波「俄羅斯流感」——因俄羅斯盧布貶值而引發的短暫金融危機——的犧牲品。當同行旅伴都在阿拉斯加帕克溪（Pack Creek）盯著灰熊時，華倫正在想辦法與高盛總裁強恩．科津（Jon Corzine）取得連繫。「船長指著前方說，**看，那裡有一頭灰熊**。我卻嘀咕著，**讓灰熊見鬼去吧**。**快點回到我可以打通衛星電話的地方**。」這個收購計畫失敗了，但華倫從橋牌上得到慰藉：當蓋茲租下的一列私人火車在蒙大拿州接華倫一行人上車時，華倫與另兩位橋牌迷莎朗．奧斯伯格與傅雷德．吉特曼（Fred Gitelman）喜相逢。當火車經過風河谷（Wind River Canyon）的瀑布時，比爾、華倫、奧斯伯格與吉特曼已經沉醉在一場持續十二小時的橋牌馬拉松中。

一九九九年一月，當政府的證詞陳述完畢，而微軟開始傳喚第一位證人出庭時，華倫悄悄代表波克夏．海瑟威買進微軟。或許他評估過本益比，計算過微軟股票清算價。或許他只是為了表示支持好友。

因為隨著這場審判繼續進行，情況對微軟愈來愈不妙，非常不妙。英特爾副總史蒂夫．麥基迪（Steve McGeady）不顧老闆反對，在庭審過程中不斷猛轟辯方。其中，麥基迪在一九九五年八月寫的一份備忘錄，是最具殺傷性的證詞。這份標題為「同情魔鬼」（Sympathy for the Devil）的備忘錄，麥基迪在其中寫道：「比爾．蓋茲告訴英特爾執行長安迪．葛洛夫（Andy Grove），要葛洛夫關掉英特爾架構實驗室（Intel Architecture Labs）。蓋茲不希望這間實驗室的七百五十位工程師干擾他壟斷個人電腦產業的計畫。」比爾自己的電子郵件也佐證了麥基迪的說法。比爾在與葛洛夫的一次會議結束後寫道：「我們是軟體公司的領頭羊，在軟體業務上不會與英特爾建立任何平等的關係。」之後上臺為微軟作證的證人，一一被波伊斯詰問到啞口無言。辯方陣營狼狽不堪。事實上，在二月中旬，傑克森法官在開庭時沒有特別針對任何人地說了一句話：「部落智慧法則說，當你發現自己騎著一匹死馬，最好的辦法就是下馬。」比爾需要一個像華倫這樣的朋友。

* * * * *

買進微軟股票不是華倫在這段期間唯一的逆勢操作。（附注：華倫後來被迫透露這項已經祕密進行了好幾個月的行動；不清楚他什麼時候賣出這些股票，但他確實將它們賣了，而且未再買進。）他還違背了自己之前說不會把大筆財富留給子女的諾言。

霍威是家裡的麻煩製造者，他在伊利諾州的農業公司阿徹丹尼爾斯米德蘭（Archer-Daniels-Midland, ADM）擔任發言人。當時ADM正捲入一項全球性的價格操弄案，而霍威完全不知情。沒多久，同事懷塔克里（Whitacre）告訴霍威：(1) ADM涉入與胺基酸有關的犯罪活動，(2)他，懷塔克里，是政府臥底密探，(3)聯邦調查局探員已經在前往霍威家調查的路上。〔這個故事後來被史蒂芬．索德柏（Steven Soderbergh）改編成電影《爆料大師》（*The Informant!*）的一段情節，麥特．戴蒙（Matt Damon）在片中飾演懷塔克里一角。〕霍威大驚失色，打電話給父親。華倫告訴霍威，他可以選擇離開ADM，也可以繼續留下，但必須在二十四小時內做出決定。霍威在第二天辭職了。

霍威突然失業，小蘇西的第二段婚姻也破裂了，蘇西努力說服華倫放鬆對金錢的管控。〔音樂人彼得這時正忙著為黛咪．摩爾（Demi Moore）的電影《真愛一生》（*The Scarlet Letter*）創作配樂。〕就這樣，華倫開始一項慣例：每隔五年，在每個孩子生日那天贈送一百萬美元。他還讓霍威加入波克夏．海瑟威的董事會，說霍威有一天將繼他之後出任波克夏．海瑟威的非執行董事長，像英王查爾斯三世（Charles III）一樣，成為地位尊貴但沒有實權的人。看來所謂的不相信「子宮神聖權利」也不過如此。人們對於散漫的霍威擔任波克夏．

海瑟威董事會主席有一些顧慮，為緩和這些憂慮，華倫開玩笑說，首先，他還沒打算就此死去，就算他真的死了，也會繼續工作。「我給董事們準備了一塊通靈板，跟他們保持連繫。」他俏皮地說道。

除了投資微軟、把特權遺贈給子女，華倫還做了一件反常的事。一九九八年，他經由股票互換，買下保險批發商「通用再保險」（General Re），稀釋了波克夏．海瑟威的股份，此舉讓人跌破眼鏡——至少讓金融分析師跌破眼鏡。這筆交易非常昂貴——比波克夏過去任何一筆併購的金額都大得多，讓觀察家們瞠目結舌。就連查理．蒙格似乎也相當失望，埋怨華倫事先沒有跟他商量，直到最後一刻才告知他。

質疑華倫判斷力的聲音出現了。一開始沒有人大聲嚷嚷，但私下耳語不斷。直到一九九九年，這種質疑聲浪逐漸提高；商業雜誌《巴倫周刊》（*Barron's*）刊出一篇封面報導，懷疑這位「奧瑪哈先知」的判斷力已經大不如前。對華倫的質疑有一個重點：為什麼華倫始終不肯搭科技熱潮的順風車？那一年有五百多家公司上市，其中半數是網路新創公司。但華倫就是不肯投資科技股。

一九九九年七月，華倫帶著巴菲特家族來到愛達荷州，參加太陽谷年會。由紐約精品投資銀行艾倫公司（Allen & Co）主持的太陽谷年會，是超級富豪與權貴們每年一度的超級私密集會。陰謀論者可能會說，全球巨頭聚在這裡計畫未來，而且整體而言，他們說的沒錯。這些大人物還會一起打高爾夫、釣魚什麼的。已經連續數年出席太陽谷年會的華倫，今年要在閉幕式發表演說。這也是一大反常：華倫過去一直遵守著只在波克夏內部會議發表演說的規則。

華倫打破了這條規則，只為了把一根針戳入氣球裡。面對臺下無數新晉的科技富豪，他侃侃而談如何評價股票、如何判斷市場是否正陷於一場投機狂潮。他顯然認定，現在投資科技新創的人，罹患了嚴重的「鬱金香熱」（tulip fever）*。「推廣新興產業是好事，因為它們非常有推廣空間。」華倫說。

推廣一個單調平凡的產品非常困難。推廣一個深澳難解的產品則容易得多，尤其是陷於虧損中的產品，因為沒有量化的指導原則。

華倫基本上就是在說，新產品沒有業績紀錄可資評估。他繼續說：

但大家總是前仆後繼不斷投錢進去。這不禁讓我想到一個石油探勘人的故事。他死了以後來到天堂。聖彼得說：「嗯，我查了你的資料，你符合所有條件。只有一個問題……天堂這裡有嚴格的區域劃分法，我們把所有石油探勘人聚集在一個區域裡，你看，圍欄裡面早已人滿為患，容不下你了。」

那石油探勘人說：「我只想說幾個字，你介意嗎？」

聖彼得說：「沒問題。你說吧。」

石油探勘人於是把兩手圈在嘴邊，大聲吼道：「地獄裡發現石

* 譯注：發生在十七世紀的荷蘭，人們對鬱金香的狂熱，促使鬱金香價格狂飆，最終導致市場崩潰和價格崩跌，被認為是世界上最早的泡沫經濟事件。

油了！」

於是可想而知，圍欄的門被擠開，所有石油探勘人開始往地獄狂奔。

聖彼得說：「你這招還真管用。既然這樣，好吧，這整個區域都是你的了，愛怎麼享用悉聽尊便。」

那石油探勘人躊躇片刻，然後說：「不，謝了，我想我還是追隨大夥下地獄吧。搞不好那傳言是真的。」

臺下那些科技大亨咬緊牙關時，華倫切換到一張幻燈片，說明市場現行估值已經大幅超越經濟整體產能。他說，這種失衡的現象終有一天會自我匡正——到那一天，市場會停滯許多年。另一個可能則是市場會崩盤。

這時，臺下的人無動於衷地凝視著他。「我的恩師班．葛拉漢常說：『與一個壞構想相比，一個好構想會為你帶來更大的麻煩。』」華倫繼續說，「因為你忘了好構想也有極限。」

並非只有華倫一個人對這波新創公司造成的榮景感到擔憂。不少經驗老到的矽谷投資人也非常清楚，知道他們投資的許多網路公司最終會失敗。

但華倫這篇演說的內容出現在報端時，仍然引起一片譁然。畢竟這是奧瑪哈的先知。不過一切都沒有改變。市場持續走高。

* * * * *

一九九八年年初，駕車在西雅圖市區閒逛時，你會發現比爾．蓋茲無處不在。一名游擊藝術家畫了一幅將比爾的臉孔妖魔化的漫畫，張貼在市區各處，還在畫上寫了「不要相信我」（Anti Trust Me）幾個字。比爾可能避開了市中心。微軟在雷蒙的園區沒有這些畫；蓋茲在華盛頓湖邊的豪宅也沒有這些畫。

一九九九年三月，當微軟的律師與喬．克蘭及其團隊坐下來談和解時，蓋茲夫婦的第二個孩子羅利（Rory）即將來到世上。羅利於那年五月出生，在和解談判破裂之後，但在藝術家亞倫．瑟庫拉（Allan Sekula）「造訪」蓋茲家位於華盛頓湖邊的豪宅之前。瑟庫拉拍了幾張自己盡可能靠近這棟豪宅游泳的照片，翌年在鹿特丹（Rotterdam）展出這些照片，同時展出的還有一張他寫給比爾的一封打字信的照片。他在信中提到，比爾不久前以三千萬美元的天價——美國畫家畫作有史以來賣得的最高價——買下溫斯洛．霍默（Winslow Homer）的畫作《迷失在大海岸》（*Lost on the Grand Banks*）。

「兩個可憐、迷失方向的漁民，在澎湃浪潮中划著小船，望著海面彷如高牆般的水霧——你為什麼對這樣一幅畫這麼感興趣？」瑟庫拉問道，「除非海象進一步惡化，浪潮已經高到不能再高。你知道，他們已經命在旦夕，而且還會死得很慘。」

他又寫道：「至於你，比爾，當你在網路上的時候，你也迷失了嗎？還是說你找到了自己？」

比爾就算躲在自己家裡，也避不開追蹤而來的仇恨。

他一定左思右想，不知自己究竟做了什麼，淪為如此不堪的社會棄民。或許他也從這時候開始認真思考，如何改變人們對他的成見。

* * * * *

一九九九年，蓋茲家族將他們的兩個基金會合而為一，成立「比爾與梅琳達・蓋茲基金會」（Bill & Melinda Gates Foundation）。這個名稱本身就揭示了若干新意：比爾或許是這個基金會的形象代言人，但多年來一直都是梅琳達維持著它的運轉。當然，出錢的人是比爾，而且金額龐大。在這一年，比爾開始以每一季五十億美元的增幅，不斷增加對基金會的捐贈。最近的捐助項目包括保證以二十年為期，為少數族裔學生提供十億美元獎學金，由「黑人學院聯合基金」（United Negro College Fund）負責管理調度，以及撥款五千萬美元投入瘧疾疫苗研究，將全球這類研究的經費增加一倍。但恨他的人仍然恨他。

簡單說，身為當今世上最聰明的人之一，比爾・蓋茲很困惑。拉夫・奈德從一九九八年夏天那封比爾給他的回信中，發現比爾困惑的本質：他問的是有關結構性不平等的問題，而比爾在回信中談的是慈善事業，這是截然不同的兩件事。

如果比爾認為，捐錢就能讓大家更容易接受他累積了巨額財富與權勢的事實，那他就錯了。歸根結柢，捐的錢再多，他仍是一個躲在自己的夢幻屋裡、眼睜睜看著市井小民在洶湧浪濤中翻騰的富豪。而且，他還為了這幅畫付了一大筆錢。

傑克森法官顯然也不喜歡財富與權力過於集中。一九九九年十一月五日，他做出事實裁定，對微軟進行了嚴厲的斥責。《時代》雜誌在一篇報導中說，「這篇總共四百一十二段文字的控訴，不僅指控微軟在兩個關鍵問題上——微軟壟斷個人電腦作業系統控制權，微軟行使權力的方式損害了美國消費者的權益——有罪，而且幾乎涵蓋了微軟每一項被指控的罪名。」事實上，這份「事實裁定」是判決書的上半部。在發布下半部之前，傑克森法官要微軟與司法部在調解人主持下先進行調解。十一月十九日，傑克森指派美國上訴法院法官理察．波斯納（Richard Posner）擔任本案調解人。

每個人都想和解。就連比爾孤單的粉絲、專欄作家吉姆．希穆爾（Jim Seymour），也呼籲微軟與政府和解。「比爾，和解吧。就此打住，」希穆爾在一封公開信中寫道，「鋪陳一下，做得漂亮點，好好談一談創新的重要性——你過去一年半研發的所有**成品**——不過，和解吧，可惡。」

如果不和解，就得接受「結構性補救措施」。換句話說，就是「拆分微軟」。

在波斯納奉命出任調解人的十一天後，西雅圖發生暴動。至少有四萬名群眾走上街頭，抗議預定在西雅圖市會議中心召開的世界貿易組織（World Trade Organization）會議。不久，來自各方的「黑群」（black bloc）*無政府主義者在市區亂闖，砸毀商店櫥窗，警察向和平示威者發射胡椒噴霧、催淚瓦斯和閃光彈，以打破他們的封鎖。當天中午，原訂在市會議中心舉行的開幕式取消了。為討論如何調整全球金融槓桿而來的與會代表都被困在酒店裡。原本非暴力的抗議群眾開始向警察丟瓶子，警方還擊，黑群繼續四處流竄。有人想像，

* 譯注：以參與者都穿黑色服裝而得名。

這時在雷蒙看著電視新聞轉播的比爾．蓋茲，搞不好也躍躍欲試，想戴上一個黑頭套，混在暴民裡，砸毀一兩棟聯邦大樓。

事實上，這時比爾剛剛批准了比爾與梅琳達．蓋茲基金會的另一筆捐助。這筆捐助金額高達七．五億美元，計畫成立「全球疫苗免疫聯盟」（Global Alliance for Vaccines and Immunizations, GAVI）。比爾與梅琳達愈是深入了解全球健康政策，事實真相也愈讓兩人觸目驚心。舉例來說，正如梅琳達在《提升的時刻》中所指出，在富有的西方國家成功開發出一種新疫苗後，可能得花十五至二十年才終於能送入開發中國家那些最需要它的貧困兒童手中。顯然，現有系統無法發揮作用，比爾與梅琳達決心從零開始，打造一個新系統。這就是全球疫苗免疫聯盟的成立宗旨。根據梅琳達的說法，這個聯盟「要利用市場機制，讓全球每一個孩子都能取得疫苗」。換言之，基金會為GAVI提供資金，創造一個讓製藥公司出售疫苗的市場，以刺激製藥公司研發更好的新疫苗。但GAVI的成立還有一個重要意義：蓋茲基金會的合作對象已經包括一些超重量級的參與者——不僅是聯合國與世界衛生組織，還有已開發與開發中國家的政府。而比爾與梅琳達發揮著主導作用。至少在這個計畫裡，比爾是帶頭者，聯邦政府只能乖乖跟在後面。

或者，換句話說，當西雅圖的抗議群眾喧囂叫罵、抗議超級富豪把持這個世界的運作時，比爾與梅琳達默默地以慈善事業來證明，他們龐大的個人財富可以成為一股行善的力量。

在微軟與司法部進行和解談判的期間，理查．波斯納法官的辦公桌上堆滿各種文件，其中有一份來自一九九六年七月二十三日《洋蔥報》（*The Onion*）的報導。這篇標題為「比爾．蓋茲將拿一半」的諷刺性報導開頭指出，「為了趕快結束這場遲早都得結束的訴訟，微軟大亨比爾．蓋茲昨天宣布，從現在起，他要拿一半。」無論什麼都要拿一半。無論是誰都一樣。不知道波斯納看到這份剪報時做何感想。

《洋蔥報》這篇報導說：「蓋茲那一半會直接從中間切一半拿走，還是會先清算所有資產再均分原始資產，目前還沒有定案。這個問題將在本週稍後由美國國會召開蓋茲拿一半特別會議來解決。」

波斯納與《美國訴微軟案》面對的問題，正是是否與如何拆分微軟的問題。政府主張將微軟拆分，比爾團隊則堅決反對；波斯納法官得在接下來四個月內費盡心思，擬訂一份雙方都能接受的「協議裁決」，既要保持微軟的完整性，又要嚴厲管束它的行為。二〇〇〇年三月，就在傑克森法官的終審裁決期限即將到來前，波斯納終於說服比爾，在他提出的第十四項草案上簽了字，但司法部的克蘭斷然拒絕了這項草案。第十五項、第十六項與第十七項草案，同樣被仍進了垃圾桶。三月二十九日，司法部提出第十八項協議裁決草案。根據這項草案，微軟必須准許個人電腦製造商獲得 Windows 原始碼的授權，讓他們可以修改桌上型電腦，並整合競爭對手的軟體。比爾找來剛升任微軟執行長的史蒂夫·鮑爾默與首席法律顧問比爾·紐康（Bill Neukom）等人研討對策。他們仔細研究了司法部這項草案，與微軟可能被拆分的後果權衡輕重。比爾內心深處始終不相信傑克森法官會採取最後的行動，拆分他的公司。最終他點了頭。

紐康立即草擬一份對應草案——第十九項協議裁決草案——送了出去。司法部笑了。

四月三日，傑克森法官宣布最終判決，全面譴責微軟，將他早先的「事實裁定」化為「法律結論」。宣判後，司法部隨即要求法院拆分微軟。消息傳來，微軟股價應聲爆跌，單單比爾個人就在一天內至少損失了一百二十億美元。隨著股價不斷重挫，比爾展開反擊，上電視抨擊政府提出的補救措施「越界」、「史無前例」、「偏激」，而且是不懂軟體的外行人才會做的事。傑克森法官被惹惱了。五月二十四日，他在擠滿了人的法庭上宣布，他打算採用司法部主張的補救方案——將微軟拆分為兩家公司，一家專注於作業系統，另一家經營應用程式。「這件事就到此為止。」疲累不堪的傑克森說完，敲下他的法槌。

「這項裁決將刺激作業系統、應用程式與電腦設備的創新，」在這場討伐微軟之戰中率領司法部大軍的喬．克蘭，發出勝利的歡呼，「美國消費者將因這項協議中的補救方案而獲利匪淺。」事實證明，克蘭說的沒錯。如果你在二十一世紀接觸過微軟的產品，或許已經注意到，這家公司實際上並沒有被拆分：傑克森這項裁決後來遭到上訴駁回。但無論如何，如今一般都同意，美國政府在一九九〇年代末對微軟的打壓，為新一波科技創新奠定了基礎。「你可以畫一條直線，從《美國訴微軟案》到Google、亞馬遜與蘋果的成長，再到臉書的爆炸性成長，以及Uber、Airbnb、Pinterest、Slack這類新創公司的問世。」著名科技記者卡菈．史維謝（Kara Swisher）在《紐約時報》的評論專欄中寫道。經過這場訟案，史維謝筆下這個「科技界頂級掠食者」（微軟）學乖了，開始與其他科技新貴和睦共存——其中一些新貴還套用微軟昔日的模式，開始霸凌他們的潛在競爭對手，甚至包括微軟。

現在，電腦怪咖們開始彼此報復了。

至於比爾，似乎已經與這場曠日持久的訟戰達成了和解。儘管在公開場合仍然義憤填膺，私下的他已經在微軟扮演一個新角色，成為公司的「首席軟體架構師」，將日常運作交給史蒂夫．鮑爾默。

他望著微軟員工成群結隊地離開雷蒙，或許多少有些傷感：每週約有五十人辭職，而且離開微軟自行創業的並非只有低階員工，還包括公司技術長在內的一些高階主管。比爾可以有所選擇：他可以扮演波旁王朝（Bourbon）末代國王的角色，主持一個瓦解中的王朝，或者效法他在中學時代玩戰爭遊戲時的英雄拿破崙，征服新領土。

他選擇了後者。在梅琳達輔助下，比爾決心打造他的慈善帝國，而華倫也在這方面又一次扮演重要角色。

在創投公司「地球村」（Village Global）不久前主持的一次盛會中，比爾強調在這段艱困的時間，華倫的道義支持對他有多重要。「我這輩子經歷過最煎熬的事，就是這場反壟斷訴訟，這整個事件一直變幻莫測。」比爾說，但華倫始終為他提供了「很好的意見」。「能得到一位在另一個領域取得成功，但又具有商業思維的人支持你……這是一份巨大的禮物。」

這樣的禮物還會不斷降臨。

PART 2

第二部

第八章　我要的只有你

在一九九八年華盛頓大學那場與商學院學生的座談會中，學生們向比爾與華倫提出的最後幾個問題中，有一個是關於慈善事業的：「身為全世界最成功的兩位商人，你們認為自己在回饋社會這方面應該扮演什麼角色？你們又會如何運用自己的影響力來讓他人也回饋社會？」

華倫談到了「卵巢樂透」——談到他運氣很好地出生在適當時機、適當地點，而且正好擁有可以發揮的技能。華倫指出，「就像比爾說的，如果我早幾年出生，可能會淪為一些動物的午餐。」在這段問答時間中，比爾本人大致上保持沉默，這很奇怪，因為他原本可以提及很多事。佩蒂．史東西佛正在位於一家披薩店樓上的蓋茲學習基金會（Gates Learning Foundation）辦公室裡振筆疾書。PATH的高登．波金正在擬訂一項總額一億美元的兒童疫苗計畫的細節——比爾與華倫連袂訪問華盛頓大學時，正著手展開這項工作。他大可告訴學生，華盛頓大學的法學院大樓是他出錢蓋的、分子生物系（Department of Molecular Biotechnology）是他出資建立的，分子生物系那位明星系主任、基因組學先驅里勒羅伊．胡德（Leroy Hood）也是他重金禮聘的。但比爾什麼也沒說。為什麼呢？

與華倫不同的是，比爾仍在學習如何打造個人品牌。他經常抱怨他搞不懂那個「超級惡棍比爾．蓋茲」的傳言是怎麼來的。「沒錯，我很強勢。我充滿幹勁。我喜歡了解我們的市場定位。但就這樣被扭曲成一個『**超級競爭者**』（*ultracompetitor*），」他曾告訴一名記者，「這有點讓人覺得自己被非人化了。我看了那篇報導，心想，**我不認識那個人**。」他搞不懂，為什麼在西雅圖，大家只會埋怨比爾．蓋茲的華盛頓湖濱別墅如何窮奢極侈，有可以停二十輛車的地下車庫，有溫水按摩池、電影院，還有巨大的室內蹦蹦床，說他為這棟別墅花的錢，比他對當地慈善事業的捐助還多。（或許這些傳言不是真的，不過，反正大家都這麼說。）就全國角度而言，比爾與政府的纏訟也使人們對他的慈善行為報以懷疑的眼光，他肯定已經開始認定，一旦遭到不可告人動機的含沙射影，再也沒有人會只根據他的作為來評斷他這個人。

* * * * *

二〇〇五年，比爾與梅琳達因慈善事業而登上《時代》雜誌封面，只不過那一期封面上不只有他們。在「年度風雲人物」的標題下，人稱「波諾」（Bono）的保羅．大衛．休森（Paul David Hewson），像是突然闖入名人派對的不速之客，緊緊擠在比爾與梅琳達中間。根據《時代》雜誌總編輯金．凱利（Jim Kelly）的說法，波諾是「讓債務減免變得性感的愛爾蘭搖滾樂手」。

事實上，波諾多年來一直試圖闖入蓋茲的慈善事業版圖。當比爾在二十一世紀初開始大舉捐輸時，波諾覺得自己看到了一位潛在的合作夥伴。唯一的問題是如何跟比爾搭上線。所幸，兩人有一位共同友人：保羅．艾倫。波諾開始不斷發送電子郵件給保羅。「你能幫我引見比爾．蓋茲嗎？」他問道。「我們急需專業化運作，也需要資金支持，我知道他與梅琳達感興趣的事和我們一樣。」保羅盡力了。但比爾對流行文化一直不甚關注，沒有搭理波諾。顯然，比爾將這個波諾與歌手桑尼．波諾（Sonny Bono）搞混了。最後，害羞的保羅．艾倫也不再回覆波諾的來函。

二〇〇二年一月，情況有了變化。九一一事件過後，為展示與紐約的團結，世界經濟論壇（World Economic Forum）首次離開瑞士白雪皚皚的達沃斯（Davos），移師紐約華爾道夫酒店（Waldorf Astoria Hotel）舉行年會。波諾終於在這裡見到比爾。那一定很像十多年前比爾與華倫初次見面的情況。你可以想像比爾一開始有些不樂。**我來這裡是為了消除全球疾病，而你要我跟這個叫……叫什麼桑尼．波諾的人同臺？沒興趣。當然，除非雪兒**（Cher）*****與他**

*譯注：美國女明星與歌手。

在一起，那又另當別論。

但之後他與波諾聊了起來，而且相談甚歡，幾乎是在不知不覺之間，這個世界有望在幾個迫切需要解決的問題上獲得援手。

把時間拉回一九九一年，在普吉特灣鋪滿圓石的海灘上，比爾與華倫曾經談論過軟體。二〇〇二年，在華爾道夫酒店某個珠光寶氣的角落，波諾與比爾談到愛滋病，這當時已經是蓋茲基金會的重點項目。

波諾身為搖滾樂團U2充滿活力的主唱，同時也是一名自我實踐的基督徒，還是行動主義世界裡的老將。在成長過程中，他被南非反種族隔離的抗議運動所感動；在一九七九年參加國際特赦組織（Amnesty International）舉辦的慈善音樂會「祕密警察晚會」（*The Secret Policeman's Ball*）演出後，他受到了啟發，決定投身於慈善事業；一九八六年，他協助主辦了國際特赦組織的「希望的陰謀」（A Conspiracy of Hope）巡迴音樂會，參加演出的巨星包括史汀（Sting）與瓊．拜亞（Joan Baez）；他還參與了鮑勃．格爾多夫（Bob Geldof）主辦的「樂團救援」（Band Aid）與「生命救援」（Live Aid）計畫；一九八五年，他與妻子愛莉．休森（Ali Hewson）應世界展望會（World Vision）之邀，在衣索匹亞一座難民營做義工；翌年，他前往尼加拉瓜與薩爾瓦多，呼籲世人關注當地正在進行的衝突，以及這些衝突對當地兒童的影響；之後幾年，他成為非洲對抗貧窮與債務減免運動的領導人，在全球各地遊說各國領袖。對抗愛滋也是他關注的議題之一。

但一位搖滾明星能對慈善事業有這種程度的了解，仍然讓比爾很驚訝。「我很訝異，」十年後，比爾回憶道，「他真的知道自己在說些什麼，而且真的下定決心做出成果。這非常了不起。從那以後，我們一直是親密的合作夥伴。」

在富豪的世界裡，事情進展得很快。在初次見面後的一、兩天，比爾與波諾聯手登臺，同臺的還有小布希的財政部長與一位前墨西哥總統。臺上的比爾面貌一新，幾乎讓人認不出來。他不是那個在新軟體發表會上興奮得手舞足蹈的比爾，也不是那個在政府委員會面前為他的科技壟斷辯護、怒氣衝天的比爾。他只是站在臺上談著愛滋病危機。他說，只需要「運用相對少的資源」就能「解決」這場危機。只要從這裡找幾十億美元，從那裡找幾十億美元，問題就能解決，而他要解決這個問題。像其他一切問題一樣，愛滋病危機也只是一個問題而已，有正確、也有錯誤的解決之道。怎麼做才是正確的解決之道？你得集結最優秀的專家，傾聽意見，運用模型，啟動資源，展開行動。

這就是新的比爾·蓋茲現身了。儘管名氣不很響亮的音樂人約翰·范德萊斯（John Vanderslice）在二〇〇〇年發行了一張名為「比爾·蓋茲非死不可」（Bill Gates Must Die）的單曲，認為舊比爾仍在四處出沒、是個緩慢移動的靶子，新比爾已經與梅琳達及剛加入的波諾展開行動，對抗愛滋病危機。事實上，比爾·蓋茲仍然臭名遠播——眾人眼中的他，仍是米色鍵盤世界中一個米色的人物——不過這樣的形象正在迅速轉變。

隨著千禧年的到來，比爾辭去了微軟執行長的職位，出任微軟新設的首席軟體架構師，讓許多人大呼意外。他似乎正在重新調整他的優先要務。現在呈現在他眼前的，是梅琳達已經先他一步看到的世界——一個急需幫助、不必枉死那麼多人的世界。現在，他的工作重心是拯救人命，不是多賣一些Windows作業系統。《富比士》的一篇報導指出，比爾現在將所有的空閒時間都投入了兩個專案：一是建立人腦模式，一是「他與妻子梅琳達一起經營的慈善基金會」。在人腦塑模領域，比爾一直未能大放異彩，但他與梅琳達確實懷抱征服世界的熱忱投入慈善事業。

* * * * *

二〇〇〇年三月十日，「那斯達克」（Nasdaq）股市創下五〇四八點新高。三月十一日，它展開了漫漫重挫之路，在接下來兩年半損失高達七八％，寵物網站 Pets.com 與線上雜貨網站 Webvan 這類新創公司相繼倒閉。網路泡沫破裂就此展開。但至少華倫早已料定這場慘禍：他的「我早就告訴你們了」那一刻來臨了。就像冰雪皇后販售的迪利冰糕（Dilly Bar）一樣香甜，但也像迪利冰糕一樣讓人冷得發抖：在千禧年世紀交替時，波克夏．海瑟威本身也遭到一波波重創，其中有些是自找的。

首先，華倫透過股票交換收購保險批發商「通用再保險」，似乎就是一個代價高昂的錯誤，保險公司為考慮欠周的巨額保單支付了大量賠償。在波克夏的其他投資組合中，就連可口可樂這艘好船似乎也無法扭轉局勢，在華倫親自介入、強行換了執行長之後，仍然欲振乏力。他的資本穩固性受到了威脅，他仍相信市場過熱，以致於他無法將波克夏的資金投入應該能帶來高回報的新投資項目中，而逐漸轉型為現代形式的網路，成為有史以來最大的謾罵與影射平臺，已經成為「奧瑪哈先知腦袋發昏」這類指控的溫床。接著在二月間，華倫病危的流言傳出，波克夏股價重挫。而華倫才剛平息了這些流言，就因為腎結石被緊急送往醫院。

與病魔掙扎中的華倫可能在想，這些流言是否是某種自我實現的預言。他必須康復，而且要快：他得在華倫．巴菲特招牌公關活動波克夏年度股東會前夕康復出院。他強撐著走下病榻，疲憊不堪地主持了一場與往年盛況大不相同的波克夏年度股東會：奧瑪哈市政禮堂（Civic Auditorium）的座席有一半是空的，許多過去欣然參加這場熱鬧盛會的股東，這次卻為興師問罪而來。一名從聖塔芭芭拉（Santa Barbara）遠道而來的股東，憤然告訴華倫，他在一九九八年以接近最高價買進波克夏股票之後，一路慘虧，全靠持有的幾檔科技股獲利才能打平。當時盛傳，那斯達克指數最近的暴跌只是暫時的波動，這名股東呼籲華倫趁科技股股價低迷時，投入波克夏的資金買進科技股。「你的腦子難道都空了？連挑幾支買進都辦不到？」

隨即，二〇〇一年夏天，凱．葛蘭姆去世。

太陽穴上的一記重拳，打得人眼冒金星。

華倫也曾遭遇商業困境，但它們多是相對性的。他的投資生涯儘管難免高低起伏，但無論就任何標準而言，都堪稱歷史性的成功。但八十四歲的凱出席太陽谷年會時在一處人行道上摔倒，再也沒有醒轉——這是絕對性的重創。

凱的死亡徹底震驚了華倫。他像那些哀傷的人一樣自責，在腦海中不斷重複凱面目蒼白、昏迷不醒，身上連接閃爍的監測器，躺在博伊西（Boise）聖亞豐索醫院（St. Alphonsus）加護病房的情景。他想，如果事發前一天晚上他能跟她打橋牌，然後送她回房間，或許凱就不會死。他還因為婉拒在凱的喪禮上致詞而自責不已。她不會讓他這麼做，他也做不來。他的卡內基訓練不足以讓他在華盛頓國家大教堂（Washington National Cathedral）對著上千名來賓——包括一位前美國總統——向一位他深愛、現已失去的女性致悼詞。他只能與比爾和梅琳達一起坐在來賓席上，聽他人致詞。

碰巧的是，就在不久前，華倫剛投入一項與他本身財務利益相牴觸，也與他的若干高爾夫球友的觀點相左的運動：他在二〇〇一年上半年花了一些時間鼓吹金融改革運動，猛轟新上任總統小布希逐步取消遺產稅的計畫。這項計畫讓超級富豪將他們的一切財富幾乎免稅地移交給子女，而他們的子女未必像父母一樣有能力，知道應該如何運用這些財富。「沒有遺產稅，」華倫說，「你等於建了一個財富貴族族群，也就是說，你讓掌握國家資源的能力代代相傳。」他繼續說，這就像「把二〇〇〇年奧運金牌得主的長子找來，組成二〇二〇年奧運代表隊」，是一個很大的錯誤。

唯恐有人不懂他的意思，華倫還補充了一句：「換成是運動競技，我們會認為這是絕對的愚蠢。」不過許多人還是不懂他的意思。二〇〇一年六月，對遺產特權似乎並無異議的小布希總統簽署了《經濟成長與減稅調整法案》

（Economic Growth and Tax Relief Reconciliation Act）。這是一項稅收減免方案，減免項目不僅限於遺產稅的逐步取消，還減少了資本利得稅，並大幅降低了高收入族群的稅率。

而且不只是在華盛頓眾所周知的《經濟成長與減稅調整法案》。幾個月之前，小布希與共和黨領導的國會，還敲了時運不濟的美國人一記悶棍，通過立法，使人們無法經由宣布破產來擺脫信用卡債務。波克夏旗下的《水牛城新聞報》（Buffalo News）批評此舉，說這項立法是「對那些因失業、生病或離異等不幸遭遇而受苦的人的威脅」。貧富不平等現在已經成為美國這塊土地的法律。

華倫熱血沸騰。他認為，像他這樣的有錢人正在迫使窮人與中產階級為社會的運作買單。這種趨勢的自然結果就是政府經費不足，數百萬平民百姓的需求不會獲得重視，因為他們不會像「K街」（K Street）*遊說人那樣在政客耳

*譯注：華府一條聚集智庫之類團體的主街。

邊吹風，以謀取福利。忽視這些平民百姓社群，將造成「一條人道殘渣」。

「我不喜歡朝這個方向發展的稅務制度，」他說，「我不喜歡朝這個方向發展的教育制度。我不喜歡任何讓最底層二〇%的人活得愈來愈困苦的安排。」

絕大多數美國人也不喜歡這樣。如果不是因為沒隔多久，美國的注意力重新聚焦，小布希政府這種不斷加惠權貴、漠視其他民眾的做法可能會導致民眾暴亂。

二〇〇一年九月十一日，飛機撞進世貿中心（World Trade Center）大樓時，華倫正在奧瑪哈舉辦一場名人高爾夫球賽。這場大禍到來前，華倫曾模糊地意識到一些蛛絲馬跡。身為幾家再保險公司的老闆，華倫對恐怖攻擊的風險十分警惕；二〇〇一年五月，他指示通用再保險公司與波克夏再保險公司（Berkshire Re），要他們減少暴露於危險中的建築物——例如世貿中心大樓——的保險。事件發生五天後，華倫與前財政部長羅伯特．魯賓（Robert Rubin）連袂上《六十分鐘》（*60 Minutes*）電視政論節目，向民眾保證，美國經濟不會隨著世貿雙子星大樓一同崩潰。第二天，紐約證交所結束自大蕭條（Great Depression）以來最長的休市後重新開市，道瓊指數在這一天狂瀉六八四點，創下證交所成立以來單日最大跌幅。

對華倫來說，這波跌幅意味著，**買進**的時機已至。

再保理賠讓波克夏的現金儲備損失約二十三億美元，其中十七億是損失嚴重的通用再保險公司惹的禍。華倫與查理．蒙格承受了這一重創，重出江湖，尋找投資標的。值得投資的標的很多，繼那年秋天的一波商業醜聞之後，這類標的如安隆（Enron）、世界通訊（WorldCom）、泰科（Tyco）、艾德菲亞（Adelphia）與伊姆克隆（ImClone）等等，這些交易機會更是大量湧現。波克夏在這波銀彈攻勢中買下織機之果（「我們是在幫他們擦屁股。」華倫玩笑說），還做了幾筆與能源有關的投資，包括石油與天然氣管線。同時，波克夏保險業務負責人阿吉．賈恩（Ajit Jain）涉及恐怖主義的風險承保，包括航空公司、地標式摩天樓與鹽湖城（Salt Lake City）二〇〇二年冬季奧運等。

這情況幾乎就像是華倫．巴菲特一肩扛起整個美國，保證要帶著它走向安全。

＊　＊　＊　＊　＊

美國一次也只能打幾場戰爭。當美軍地面部隊登陸阿富汗時，國內的一場戰事也終於告一段落。那年十一月，在對傑克森法官的判決提出上訴後，微軟與司法部終於達成和解。頭條新聞是微軟得以保持完整。許多觀察家發表評論，認為比爾在這場訟案中獲勝，但事實上，任何人在仔細研讀上訴法庭的判決之後就會發現，司法部大幅限制微軟商務作為的努力獲得了法官的支持。從那以後，微軟只能慈眉善目地面對其他科技新創，甚至包含那些意圖占它便宜的競爭對手。

賈利．芮貝克堅信，要不是政府干預，要不是發現微軟違反《謝爾曼反壟斷法》（Sherman Anti-Trust Act），微軟一定會像當年打壓網景一樣地打壓Google。

「IE市占率有九八%，」芮貝克說，「你只能透過微軟才能連上Google。你得使用這個微軟瀏覽器，輸入www.google.Com。如果你真的這麼做，微軟完全可以不讓你連上Google。他們只要在螢幕上顯示幾個大紅字示警：『不要點擊這個網站。這是個壞網站。』」

「他們之所以沒有這麼做，」芮貝克補充說，「是因為會遭到反壟斷法懲處。由於有反壟斷法，我們才有了Google。沒有其他理由。」

所以別忘了，你若對Google有什麼疑慮或不滿，可以選擇微軟的Bing。

比爾一直未能完全釋懷他在這場與政府的官司中受到不公正的對待，不過他心中還有更重要的事。紐約遭到恐怖襲擊，引發了一些指控比爾的陰謀論，將事件與Microsoft Word字體扯上關係。〔十四年後，大反諷出現了：在恐怖襲擊事件週年紀念日那天，蓋達組織（Al-Qaeda）將比爾與華倫列入「格殺名單」，認為殺了兩人會對全球經濟造成新打擊。〕

二〇〇一年九月十一日恐怖襲擊事件過後四個月，比爾與波諾、戴斯蒙・屠圖（Desmond Tutu）、希拉蕊・克林頓（Hillary Clinton）及魯迪・朱利安尼（Rudy Giuliani）一起出席世界經濟論壇，共同呼籲加強國際合作、消除貧窮、促進安全與文化理解。

多年來，比爾第一次享受著工作之樂。他喜歡自己身為微軟「頭號極客」（grand geek）的新角色，這讓他不必處理公司行政事務，可以把時間花在與開發人員討論問題上。他不再盯著微軟的停車場，查看員工何時上下班，他開始珍惜自己愈來愈寶貴的家庭時光：比爾與梅琳達現在有了兩個小孩，根據兩人每隔三年生一個的計畫，第三個孩子差不多該來了。菲比・蓋茲（Phoebe Gates）於二〇〇二年九月出生——完全按照計畫。

現在比爾會花更多時間參與國際會議、討論全球性事務，而不是整天泡在科技交流活動上。如果想休息，他會帶著梅琳達與孩子——珍妮佛（愛騎馬）、羅利（愛電腦）與菲比（愛芭蕾舞）——飛到奧瑪哈，與華倫來一場橋牌馬拉松。總而言之，比爾變了。比爾的父親、仍在兒子的基金會擔任聯合主席的老比爾發現，兒子「變柔軟了」，但一些老習慣依舊：例如比爾在飛機上一定要閱讀有關全球醫療衛生問題的報導。蓋茲基金會的金庫裡，現在有他價值兩百多億美元的個人微軟股份，他得知道怎麼使用這些錢才行。

所幸他有幫手。佩蒂・史東西佛網羅了幾位專家來諮詢海外農業發展問題，以及教育問題（基金會在美國境內的重點項目）。圖書館免費網路計畫的負責人理查．艾克洛伊（Richard Akeroyd）也組建了一支團隊，成員有一百一十名遍布全美各地的年輕技術人員。

即使是草創初期的蓋茲基金會，業務規模也已經大得讓人難以想像。為了便於理解，不妨將基金會視為兩個實體：一個是國際的，另一個是國內的。

二〇〇一年，面向全球的蓋茲基金會以地方性貧窮與一切有關健康的事務為關注對象。它的健康相關項目撥款，主要用於在全球極端貧窮、落後的地區提供醫藥與醫療服務。這類撥款一般透過現有的當地組織進行分配，以疫苗、避孕藥、營養補充劑、一次性注射器等簡單工具的分發為主。基金會採取了必要措施，以確保當地醫護人員了解如何、何時使用這些工具。舉例來說，二〇〇〇年跟隨一支基金會隊伍前往非洲的記者珍．施特勞斯（Jean Strouse），曾在《紐約時報雜誌》（*New York Times Magazine*）撰文，報導基金會的作業：

「在我們來到迦納的第一天，在一個疫苗接種診所裡，波金博士在一個小兒麻痺症疫苗藥瓶標籤上發現有人畫了一個小圈圈——這是波金在西雅圖協助創辦的一個非營利組織設計的警告標誌……當那位負責接種的護士告訴他，這個變暗的圈圈表示這瓶疫苗即將到期，必須立即使用，他非常開心。因為這意味著，就連不識字的醫護工作人員也能分發這種藥劑。」

這是蓋茲基金會比較枯燥乏味的基礎工作，它還有較為引人注目的工作，就是開發新疫苗：一九九九年，蓋茲基金會開始提供資金，協助研發嬰幼兒瘧疾疫苗，還開了一張巨額支票給「國際愛滋病疫苗計畫」（International AIDS Vaccine Initiative, IAVI），由IAVI提供資金給製藥公司，加速研發防治愛滋病的疫苗。（條件是，與IAVI合作的大製藥公司必須同意為開發中國家提供低價的有效疫苗；在美國境內，他們可以按自己的意願開價——還享有一個額外甜頭，他們可以擁有與控制這些新藥的專利權，這一點與比爾對智慧財產權的熱衷不無關聯。）

比爾對蓋茲基金會的參與，可以用「放開手」但「眼睛盯著」幾個字來形容。所有開支在一百萬美元以上的支票，都得由他、梅琳達、老比爾與佩蒂．史東西佛共同簽署批准，而且比爾會像過去與ＩＢＭ打交道時那樣，仔細檢視。

施特勞斯在《紐約時報雜誌》上寫道：「比爾會在清單上寫滿問題與批示——有時會簡單表示同意（對一筆要求四千萬美元的撥款請求）或表示不同意，『多告訴我一些有關呼吸疾病的事』或『為什麼選在這個國家？』或『如果這麼做成效好，下一步是什麼？』」與丈夫相比，更屬於「經驗型」的梅琳達，比較常參與基金會的實際運作，經常進出辦公室，沒多久就開始前往印度與非洲進行實況調查。

「在早期一次為基金會出訪的行程中，」梅琳達憶道，「我去了馬拉威（Malawi），見到這麼多母親在炎熱中排著長隊，為她們的孩子接種疫苗，心裡非常感動。我與她們交談，她們告訴我，她們得從大老遠徒步走到這裡排隊。許多人得走十或十五英里。」

史東西佛告訴施特勞斯，梅琳達關注的重點是兒童，而比爾「非常關注醫療干預與新工具，負責思考新科技的可能性。他們兩人都對這些領域如何可以一起合作充滿熱情。」

在國際領域，蓋茲基金會的首選策略是找出有前景的倡議計畫，然後為計畫領導人提供資金，幫助他們擴大規模。這是一種創投資本模式的慈善事業，基本上它早有大多數這類計畫終將失敗的預期心理。

對一個觀察蓋茲基金會海外作業的美國人來說，部分計畫失敗或許沒什麼大不了，因為它很抽象：大多數美國國內觀察家不了解，所謂「失敗」在那些遙遠的異國中意味著什麼。在一般美國人心目中，這些國家原本已經被流行病、貧窮、戰亂等等折騰得一團糟，就算計畫失敗，**至少他們努力過了**。

但換成是美國國內的倡議計畫時……嗯，事情就沒那麼簡單了。

＊　＊　＊　＊　＊

梅琳達全心投入基金會的工作。她在《提升的時刻》中寫道，她之所以讓比爾負責基金會面對公眾的捐助工作，不僅是為了她自己，也是為了她的孩子。「我要給他們一種盡可能正常的童年生活，」她指出，「而我知道，如果我放棄了自己的隱私，想保護孩子的隱私就更難了。」當珍妮佛、羅利與菲比還很小的時候，為了讓他們能像一般孩子一樣正常生活，梅琳達決定用自己娘家姓氏「傅蘭奇」為孩子登記上學。但在比爾開始每週兩三天開車送珍妮佛上學之後，他們的身分曝了光。比爾開始幫著接送珍妮佛上幼稚園數週之後，梅琳達發現接送孩子上課的爸爸們比過去多了許多；她問一位接送孩子的母親發生了什麼事。結果發現，那些妻子對她們的丈夫：「比爾．蓋茲都能開車送孩子上學；你也能。」

儘管享有無數的優勢，有管家、保姆等等幫她，梅琳達仍然像許多母親一樣感受著許多壓力，並為了家務工作與照顧、養育孩子而無償付出。「養育孩子很不容易，」她說，「得送孩子上學、看醫生、參加運動比賽、上戲劇課；得盯著孩子做家庭作業；一起用餐；連繫親友參加生日宴、婚禮與畢業典禮。那得花很多時間。」梅琳達還得做一般都由母親來做的那件工作：在餐後清理餐桌，彷彿孩子與比爾都覺得她不過是將髒碗盤放進洗碗機罷了。有一天晚上，她決心不再容忍。於是她說：「做為一個母親，並不表示我得一個人留下來收拾殘局，而其他人都可以丟下碗、擦擦嘴走開。」比爾表示同意，開始幫著收拾碗盤。

有時對於她的據理力爭，比爾並不完全買帳，這時梅琳達會搬出一番大道理。幾十年來，婦女無償勞動一直是女權運動力爭的議題：一九七二年，來自義大利、英國與美國的左派女權主義者開了一次為期兩天的會議討論這件事，會後發表《國際女權主義者聯合會聲明》（Statement of the International Feminist Collective），指出無論是在工廠廠房的有償勞動，或是在家裡的無償勞動，都應該視為勞動。著名義大利女權運動人士希維雅・斐德烈（Silvia Federici）在一九七五年發表的手冊《反對家務勞動無償》（*Wages Against Housework*）中寫道，「他們說那是愛，我們說那是無償勞動。」

「資本主義讓我們接受這種無償勞動，讓我們相信這是一種自然的、不可避免的，甚至讓我們有成就感的工作，」斐德烈說，「許多人強調**家務工作不是勞動**，而家務工作的無償狀態一直以來就是這種常見說法最有力的武器，除了那些發生在廚房和臥室、所有社會都引為笑料的私下爭執……我們成了人們眼中嘮叨不休的女人，而不是奮力掙扎中的工人。」

梅琳達沒有在《提升的時刻》引用斐德烈的說法，或許這是因為梅琳達本身也是資本主義的堅定支持者。不過她確實曾引用瑪莉蓮．華林（Marilyn Waring）有關婦女無償勞動的研究，而其研究以一種讓官僚體系能接受的方式來表達斐德烈的觀點。重要的是，華林嘗試為這種無償勞動賦予一種價值。她在一九八八年出版的《如果加入婦女：一種新女權主義經濟學》（*If Women Counted: A New Feminist Economics*）中說，如果你得根據市場工資標準聘請工人來取代婦女在家中的無償勞動，你就會發現你面對的是全球經濟中最大一塊領域。但誠如梅琳達所指出，「經濟學者沒把這種勞動當成工作。」

「在現有體系中，世界上有一半的人幾乎在做著白工，男人當然不會輕言放棄這樣的好事。」梅琳達引用華林的話，「**正因為**這一半的人工作的報酬很少，要她們再為其他的事奮鬥，她們大概也力不從心了。」

從《提升的時刻》書中可以清楚看出，自梅琳達開始代表蓋茲基金會頻繁出訪、深入全球各地以後，她有關全球健康與地區性貧窮議題的觀點也開始繞著女權主義主軸打轉。事實上，總的說來，這本書可以說明為什麼從來不自視為女權主義者的她，會成為男女平權運動的鬥士，會奮力打擊一切性別歧視形式，為婦女提供生育保健服務，幫助婦女自力生活。這本書雖然對梅琳達出訪的**時間**與**地點**著墨不多，但《華盛頓郵報》刊過一篇報導，談到二〇〇三年九月，比爾與梅琳達訪問波札那（Botswana）一家與蓋茲基金會合作對抗愛滋病的醫院，緊接著兩人又在南非與曼德拉（Nelson Mandela）共同主持愛滋病論壇。此外，二〇〇四年的一張照片顯示，梅琳達與參加印度加爾各答（Kolkata）一個ＨＩＶ防治計畫的性工作者坐在一起。

另一位迅速累積飛行里程的人是蘇西．巴菲特。自稱「老年吉普賽人」（geriatric gypsy）的蘇西，每次出行總會耗時數月，有時為了探親訪友與度假，有時代表她蓬勃發展的基金會進行慈善援助活動，此外她還要以澆花桶身分照料身邊體弱多病的密友，這群朋友如今已經多到足以坐滿一個小型音樂廳。在小蘇西伴隨下，她開始投入計畫生育這類全球性議題，而華倫也仍然公開表示，他打算將九九%的財富留給她的基金會。因為蘇西一向謹慎，只會做正確的事。蘇西會找出捐助之道，會代表他慷慨捐輸，並且把錢花在刀口上。蘇西相信服務他人是公民義務——這也是蓋茲夫婦從父母那裡學得的人生道理——這讓華倫可以問心無愧地賺取盡可能多的金錢，為他的股東，也為了基金會。蘇西的智慧、她春風拂面般輕柔的撫慰與指引，多年來一直是讓華倫安定的重要力量，對華倫產生重大的影響。華倫為了蘇西改變，至少當下是如此。蘇西讓華倫保持開放，也讓他繁榮和成長。

但在日常行事上，蘇西的行蹤飄忽——就連華倫也沒辦法掌握。只有一個日期是確定的：華倫要帶家人到非洲旅行，慶祝蘇西的七十歲生日。不久前才投入一項計畫、準備在南非成立一個獵豹保護區的霍威，早在一年多以前就在為這場聚會做準備。「在非洲看到我父親會是世界第八大奇觀。」霍威滿懷渴望地對華倫的傳記作者施洛德說。

這趟非洲之旅沒有成行。二〇〇二年春天，就在巴菲特一家準備啟程前，蘇西因腸阻塞再度住院。經診斷，她還有貧血與消化性潰瘍。一年半以後，由於身體狀況好轉，蘇西應邀在女兒陪伴下出席《財富》舉辦的「最具權勢婦女高峰會」（Most Powerful Women Summit）發表演說。兩人在這次會中的表現無懈可擊；只是在私下裡，大蘇西正在等待一項生物檢驗結果。

二〇〇三年秋天，蘇西．巴菲特被診斷出第三期口腔癌。

施洛德說，蘇西聞訊後「淚崩」。但「隨即，她像往常一樣……開始撫慰除了她自己以外的每一個人。她打電話給華倫。他沒說什麼。她打電話給小蘇西，對小蘇西說：『去找妳爸。他會搞得一團糟。』」口腔癌非常致命。這是因為它的生長速度很快，而且一般都在惡性轉移之後才能診斷出來；蘇西的口腔癌已經擴散到至少一個淋巴結。跟幾乎所有晚期癌症一樣，蘇西的口腔癌很難治療——而且治療可能比癌症本身還要痛苦。蘇西告訴她的助理凱絲琳．柯爾：「如果由我來決定，我寧願悄悄躲進義大利一棟別墅等待死亡的到來。」她得接受可能造成毀容的大手術，而且醫生說，動完手術後，她還需要後續的放射治療。蘇西同意手術，但不肯接受放療。即使接受放療，她能再活五年的機率也只有五〇％。

手術前一天，華倫飛到舊金山。

* * * * *

華倫一直認為蘇西會活得比他久。華倫以他的經典風格，對這件事做過了計算。蘇西比他小兩歲——而且無論如何，如同他對《財富》雜誌所說，「女人通常比男人長壽。」這個計算支撐著華倫的整個大計畫：他要蘇西負責管理他的財產、照顧他們的孩子，說不定還有艾絲翠．孟克斯。

但如今，他的計畫與他的世界都要崩潰了。

蘇西的醫生在兩個淋巴結中發現了癌細胞。手術會切除她口腔的下部、臉頰內側，還有約三分之一的舌頭。對愛唱歌的蘇西來說，這根本是酷刑，只是生死攸關，能救命就是好事。華倫在走進病房看望剛動完手術的蘇西以前，讓自己振作起來：他不想讓自己露出任何退縮的表情，這會讓蘇西相信她的樣子一定可怕到不行。她的樣子**確實**很嚇人——連著一條餵食管，腫脹的舌頭伸出嘴外。但她活下來了。

在蘇西逐漸康復，可以出院以後，華倫在她的鼓勵下——日子總得過下去——飛往亞特蘭大（Atlanta）喬治亞理工學院（Georgia Tech）向學生發表演說。這次演說內容大致上並無新意——卵巢樂透，對班・葛拉漢的尊崇等等——但在演說結束後的問答會上，華倫拋開生意經，對學生說：「當你們到了我這個年紀，評估這輩子是否成功的真正標準，是看你希望能愛你的人中有多少人真的愛你。」

我認識許多很有錢的人，有人會為他們舉辦感謝晚宴，醫院大樓會以他們的名字命名。但真相是，這世上沒有人愛他們。如果你到了我這個年紀，這世上沒有人看重你，不管你銀行裡有多少錢，你這一生就是一場災難。

這是衡量你怎麼度過人生的終極考驗。愛的難處就在於你無法用錢買到它……如果你有一大堆錢，愛會變得非常惱人。你會想，開一張支票就行了：我要買價值一百萬美元的愛。但愛不是這樣運作的。你付出的愛愈多，得到的也愈多。

節食成了一種團結的方式：蘇西在家休養，即將面對為期六週的放療，不過她還不肯同意，正採用純流質食物養生術；華倫與她同甘共苦，將每日攝取的熱量減至一千卡路里。當蘇西食用代餐時，華倫也趁機像平日一樣大啖垃圾食物，只不過分量減少了許多。「最容易的步驟是讓他戒了所有櫻桃可樂，」施洛德指出，「然後什麼也不喝，讓自己脫水。」華倫在每年股東會召開前，都會使用這招速成節食術，不過這次情況不同，因為他是為蘇西而節食。華倫也減少了睡眠時間，不過他是被迫的：在大多數夜晚，他只能睡兩個小時。

最讓華倫擔心的是蘇西可能不肯接受放療。她已經非常痛苦了，不願簽字接受更多折磨。腫瘤科醫生已經警告過她放療的**害處**。「為什麼不能讓我就這樣躺在床上度過餘生，」她告訴小蘇西，「孫子們可以來看我，這樣也很好。」

施洛德寫道，華倫心想「蘇西或許準備將死亡視為一種命數，不想像他一樣掙扎求生」。他幾次在基威特廣場的辦公室桌上嚎啕大哭。情況看起來很絕望。但儘管他不知情，他在這場戰鬥中還有一位盟友。

波諾又一次粉墨登場了。

在於華爾道夫酒店結交比爾之後沒多久，波諾找上華倫。兩人在利捷航空（NetJets）*的一次行銷活動上初次見面。從華倫對他們初次十五分鐘交談的記憶中，你可以了解到波諾的魅力攻勢：每當華倫說了一些波諾贊同的話時，波諾就會答道：「那真是一首好歌！」在會面結束時，波諾笑著說：「我不敢相信。你在十五分鐘內竟譜了四首好歌。」華倫對U2樂團團員收益均分的事實感到驚奇。「但是，」華倫在回憶這件事時告訴施洛德，「U2的音樂並沒有打動我。」

不過那是華倫。身為U2粉絲的蘇西可不這麼認為。這個樂團已經成為蘇西日常慣例的一部分。夜復一夜，蘇西每晚上床以前一定要聽U2的歌〈我要的只有你〉（All I Want Is You），幫助她入睡。

這一招很管用。蘇西不再說她只想躺在床上了此殘生。她不再那麼擔心自己的心理狀態。她同意接受放療了。

* * * * *

大約也就在這段時間，比爾開始開玩笑，說自己沒事就愛閒聊發病率與登革熱的習慣讓他在雞尾酒會上不受歡迎。事實查核：世界上最有錢的人永遠不會在雞尾酒會上不受歡迎。事實上，他將會變得更有錢。

二〇〇四年，微軟的現金儲備已經超過五百億美元，那年七月，公司終於決定怎麼處理這筆錢：一次性支付股東總額三百二十億美元的股息，調高每季配息，並且買回大量股票。這項一次性支付讓比爾進帳三三．五億美元，調高季配息也讓比爾那一年的收入增加約一．八億美元——他大可自己留著這些錢但他將那筆三十多億美元的股息捐給了蓋茲基金會。

這時的蓋茲基金會的財力已經創下歷史紀錄。由比爾與梅琳達任命的基金會投資經理不斷寫下超越市場的佳績，使財富不斷增加。但比爾與梅琳達仍然

＊譯注：波克夏旗下企業。

擔心這些錢還不夠。正如比爾所說，相較於各個政府單位已經支出、可以支出或應該支出的資金，基金會這些錢「不過是四捨五入的誤差」。在蓋茲會離境以後，波札那政府還會繼續進行愛滋病防治工作嗎？如果蓋茲基金會建立了可靠的基礎設施，讓疫苗可以送入印度偏遠鄉間，印度會繼續使用它嗎？

由於蓋茲基金會無法永遠資助它的計畫，用避險基金的術語說，它需要「提高槓桿」（lever up）。疫苗聯盟 GAVI 就是一個「提高槓桿」的範例：由蓋茲基金會以七．五億美元種子基金成立的 GAVI，吸引了包括歐盟在內的五十五個捐助國家參與資金捐助行列，讓開發中國家兒童對幾種疾病的免疫接種率創下歷史新高。提高槓桿需要讓蓋茲基金會以外的人士共襄盛舉。換言之，要做到這一點，得爭取其他超級富豪慈善家、基金會執行長與國家元首加盟。這也就意味著，比爾與梅琳達必須親自出馬，為他們的計畫奔波、宣傳。以「全球健康大挑戰」（Grand Challenges in Global Health）計畫為例，列舉科學進步面對的十四項障礙，一旦解決這些障礙，世人整體健康狀況將大幅改善。又如，蓋茲基金會保證投入一．六八億美元開發一種瘧疾疫苗，推動其他基金會也提供資助。又如，督促布希政府撥更多資金生產蚊帳與殺蟲劑。或者，遊說《富比士》四百大富豪的其他成員加入蓋茲基金會的行動。比爾在二〇〇五年說：「我總是對很有錢的人說：『你想要一場疾病嗎？』我們可以把整個疾病都給你，也可以給你一整個地區或一個國家。隨你挑。」

簡單來說，比爾與梅琳達已經成為慈善之國的聯合總統，就像民選總統與總理一樣，登上講壇與世界講臺。蓋茲基金會的資產媲美許多國家的年度GDP。誠如記者麥克．史佩特（Michael Specter）所說，它「擁有一個政府的權勢，在實際運作上卻不受一個國家的政治或經濟條件約束」。它是市場的創造者與推動者，是一家投資公司，一家在世界各地直接或間接雇用數千名員工的企業，而領導它的兩位創辦人也都了解，它現有的錢還不夠，永遠也不會夠。

* * * * *

放療很殘酷。在整個療程結束後，蘇西的嘴已經嚴重灼傷，不能吃也不能喝。醫生又為她插了餵食管。她永遠在發冷，永遠疲倦，永遠害怕獨處。在這段艱難的期間，她只肯見她的護士、她的助理凱絲琳、她的錢網球教練約翰·麥卡貝、小蘇西，還有每個週末來訪的華倫。華倫會陪著她一起看《歡樂一家親》（*Frasier*）老影集，焦急地等待蘇西的療程結束，等著醫生確定所有癌細胞是否都已清除。

磁振造影（MRI）結果顯示癌細胞清除得很乾淨。蘇西告訴華倫，這表示她的癌症復發機率就像她從沒得過癌症一樣低。蘇西粉飾了事實真相：醫生對她說，她可以期待有一年好日子，一年以後，一切都很難說。她訂定計畫要出席下一次波克夏股東會，和與華倫前往紐約市，與老友桑迪和露絲·戈特斯曼（Sandy and Ruth Gottesman）年度聚會。「老年吉普賽人」又重出江湖了。

毫無疑問，在那段日子裡，蘇西所做的一切，起床、穿衣、上飛機，都像是小小奇蹟。她的紐約之行特別值得稱頌，因為她在此行停留紐約期間上了《查理·羅斯秀》，生平第一次也是唯一的鏡頭前的訪談。她氣色很好，除了偶爾有些口齒不清，她總能侃侃而談，甚至當羅斯追問她與華倫與眾不同的婚姻，問她為什麼搬到舊金山，還有她與艾絲翠的關係時，她都能應對自如。「她為妳照看妳的老公？」查理追問。「她幫了我大忙。」蘇西說，或許她對這件事的說明，立場有點表達得太明確了。

蘇西的生活中有了新歡，巧的是，他這時正在紐約。波諾沒有見過蘇西，但他聽說她是他的歌迷，而且在她這段術後康復期間，他一直發信給她。小蘇西後來說：「讀這些信對她是一件大事。」蘇西就像是個陷入愛河的小女生。那是相互的愛嗎？當兩人約在廣場酒店（Plaza Hotel）共進午餐時，波諾送給她一幅他根據照片畫的蘇西畫像，還在畫像上寫了U2唱的一首歌〈唯一〉（One）的一句歌詞。

不很久以後，蘇西與小蘇西飛往歐洲，應波諾之邀拜訪波諾在法國南部的豪宅。在與蘇西共進晚餐，談心四小時之後，波諾喊道：「我遇到了我的靈魂伴侶！」返家途中，蘇西一直在她的iPod上播放著U2的歌。

在從法國南部的艾茲波德梅（Èze Bord-de-Mer）返美以後，蘇西立即再次啟程，這次是應赫伯．艾倫（Herb Allen）之邀往訪太陽谷做客。行程第二天，小蘇西前來接她出遊時，蘇西告訴女兒：「我不行了。」停留太陽谷期間，蘇西大半時間都在獨自靜養。她已經筋疲力盡了。

蘇西不肯就這麼停下來。她前往奧瑪哈，出席兒子彼得舉辦的多媒體秀《精靈——第七道火》（*Spirit—The Seventh Fire*）的首映。〔彼得曾參與電影《與狼共舞》（*Dances with Wolves*）的製作，因此激發了他對美國原住民議題的興趣；這場秀有許多樂曲的靈感來自原住民的音樂形式。〕蘇西還伴著一大群孫輩前往她在拉古納海灘的度假屋。之後，她興致沖沖，準備重返牛仔之鄉懷俄明州，出席赫伯．艾倫舉辦的太陽谷狂歡會。二〇〇四年七月最後一週，蘇西與華倫在太陽谷大會群眾聚集的高海拔城市柯迪（Cody）重聚。巴菲特家並非每一個人都贊同蘇西這樣透支體力，但華倫不忍掃她興，於是帶她同行。蘇西看起來精神煥發，一切好極了，直到她在與赫伯．艾倫閒聊時突然眨了眨眼，說她腦子裡「有些古怪」。她雙腿一軟，倒了下來。

她嚴重腦溢血。柯迪西公園醫院（West Park Hospital）的醫生告訴焦急踱步的華倫，蘇西可能熬不過今晚。

當華倫守在他的妻子、他的澆花桶、他最好的朋友床邊，等著她走完人生最後一程時，他腦子裡在想些什麼？他是否回到童年，想到他坐在教堂家庭區，算著那些讚美詩作曲家的壽命？早在童年時代，他已經發現好人未必長壽。為什麼他會認定如此善良的蘇西，一定會比他活得久？

小蘇西與彼得在清晨四時三十分抵達，接班守候。沒多久，小蘇西發現母親已經沒有呼吸了。

第九章　重返校園

二〇〇五年，比爾．蓋茲滿五十歲了。一個人年屆半百時往往會想：我這一生成就了什麼？這輩子值了嗎？我快樂嗎？我還必須做些什麼？對比爾來說，其中一些問題可能比一般年屆半百的人更容易回答。至於，**我還必須做些什麼？**大多數人如果像比爾一樣有那麼大的成就，面對這個問題時，想來會說「大概不多了」。比爾可不這麼想。當比爾慶祝五十歲生日時，他的基金會正在全力推動一項重大的新計畫：改變整個大陸養殖食物的方式。當你的職責是解決全世界的問題時，你的工作永遠停不下來。

比爾的生日宴是個小聚會——華倫當然在場，還帶了艾絲翠一起出席。來賓都穿上印有「Fabulous FIFTY」（美好五十）字樣的紅色T恤。友人眼中的華倫顯然仍未走出喪妻之痛，但仍能強顏歡笑，還在甲板上當眾表演了幾下伏地挺身。等等——甲板？這個小聚會在保羅．艾倫的「八爪魚號」（*Octopus*）上舉行。「八爪魚號」全世界最大的遊艇之一，船上配有電影院、錄音室、兩架直升機、一艘六十三英尺的補給船與一艘小型潛艇。當華倫表演伏地挺身時，「八爪魚號」正在大溪地（Tahiti）沿岸航行。艾絲翠很開心，不過華倫沒那麼興奮；對他來說，「八爪魚號」最讓他欣喜之處，就是可以好好打幾場橋牌。在談到對大溪地的印象時，華倫聳了聳肩說：「比在家裡好。」

隔年就是華倫的七十六歲生日。他在那天娶了艾絲翠．孟克斯。比爾與梅琳達不在場——那是一場僅限家人的民事儀式，在小蘇西的奧瑪哈住家後院舉行。艾絲翠穿著白色長褲與松綠色上衣。交換誓言後，兩人前往北梭魚餐廳（Bonefish Grill）吃晚餐。那是一家位於博仙氏珠寶店附近的海鮮連鎖餐廳，華倫就在博仙氏用他的員工折扣買了艾絲翠的婚戒。

小蘇西對《紐約時報》談起這場婚禮時表示：「非傳統不是一件壞事，應該要有更多的人採用非傳統婚禮。」華倫則拒絕發表評論。

我們無法想像華倫在蘇西於二〇〇四年七月去世後的感覺。但我們知道他沒有出席蘇西的葬禮。有關這件事的報導已經很多；再多說什麼也沒有意義。他沒有出席葬禮。因為他做不到。每一位出席葬禮的人都能理解。家人與蘇西的幾位摯友都到場表達敬意，他們在葬禮中聽到波諾唱的那首〈有時你無法獨自完成〉（Sometimes You Can't Make It on Your Own），都無比感傷。

但蘇西．巴菲特還藏了一手，留給大家最後的驚喜。在宣讀遺囑時，一些原以為這位女富豪會遺贈他們一筆豐厚資產的人，發現蘇西的遺贈不如預期豐厚。華倫與孩子訝然發現，蘇西在去世前一年修改了遺囑，將八百萬美元贈給她的網球教練約翰．麥卡貝。華倫雖不高興，但在悼念亡妻的悲痛中，也就泰然以對；而且他對蘇西與麥卡貝之間的關係也並非全然無知。但對一直蒙在鼓裡的艾絲翠來說，這筆遺贈像是一種冒犯。多年來，艾絲翠只是隱身幕後、默默承受，想著這是華倫的婚姻。結果竟是這樣？

無論如何，華倫與艾絲翠共同生活了二十六年——和他與蘇西實際生活在一起的時間差不多——而華倫從未適當感念艾絲翠為他付出的犧牲。或許哀傷讓他變得更加敏感，因此他現在明白了很多事。在蘇西去世幾個月後，華倫努力讓艾絲翠在他的生命中扮演更多公開角色。他也開始更加關心他的孩子。在小蘇西遵照母親遺願，加碼三十億美元擴大「蘇西．湯普森．巴菲特基金會」（Susan Thompson Buffett Foundation）的規模後，華倫探望了小蘇西，隨後趕往華府，參加彼得在國家廣場（National Mall）上演的《精靈秀》；他與霍威也走得很近。霍威後來開始追求自己對自然與農作的興趣，讓華倫引以為傲。華倫會開支票資助他「大多數」的孫輩——所謂「大多數」是因為他不把彼得領養的女兒妮珂（Nicole）與愛麗卡（Erica）視為他的孫女。（華倫在財務上的慷慨程度，僅限於支付妮珂與愛麗卡的教育費用，除此之外，他只給她們一句「挺身為自己奮鬥」的箴言。）華倫還極其慈祥地邀請比爾．蓋茲加入波克夏．海瑟威董事會，填補蘇西的空缺。

對華倫來說，讓一位世上最成功的商人加入他的公司董事會，並不是一時的情緒；考慮到他與比爾的緊密關係，這麼做幾乎算得上是天經地義。但除了在反壟斷事件發生之初，華倫曾經祕密、短期買進微軟股票，華倫與比爾的關係一直與商業關係無涉。我們可以根據華倫對波克夏的強烈熱情，認為他之所以邀比爾出任波克夏董事，意在請他這位絕頂聰明的朋友、這位橋牌夥伴，以教父之姿照顧他這家心愛的公司。這麼做還有一個更務實的目的：華倫可以藉此機會近距離觀察比爾的商業頭腦，觀察比爾在棘手的問題出現時如何因應，而不是像朋友那樣在事情結束後討論。華倫為什麼想了解比爾的商業頭腦？為什麼在這時候找比爾加入？是因為波克夏迫切需要新的指導？還是他對比爾另有所圖？

大約一年半過後，在二〇〇六年六月十六日，比爾悄悄宣布一個重磅消息：他將在兩年後（即二〇〇八年七月生效）辭去微軟全職主管職務，全力投入他的基金會。這是個重大的決定。華倫一定大惑不解：像比爾這樣有才幹、有活力、有熱情的人，會把所有這些心理天賦與龐大資源轉而用來做……**慈善工作？**對慈善事業來說，這無疑是個偉大的時刻，但對華倫來說，這必然是個需要深思熟慮的時刻。他下一步應該怎麼做？對這位坐在對桌的橋牌老搭檔的叫牌，他該如何應對？身為橋牌老將的華倫，知道握有好牌只是取勝的一小部分，關鍵在於何時及如何攤牌，這才是訣竅。他得好好想一想……

華倫本身對慈善工作的做法始終很簡單，也沒什麼改變。只要他還有一口氣，他的個人財富就會利上滾利，再滾利，再滾利。直到他壽終正寢後，蘇西會把它捐了，全部捐了。華倫後來說：「蘇西一定會樂於監督這項捐助過程的。捐助規模不斷擴大，會讓她有些害怕。但她會喜歡做這件事，也會做得非常好。而且一定能做得轟轟烈烈。」

但現在蘇西走了？誰來填補這個角色？好吧，或許可以交給孩子來做。華倫在幾個子女滿三十歲以後，開始每年給他們十萬美元，讓他們隨意捐助。到了千禧年，蘇西與華倫進一步加碼，給了小蘇西、霍威與彼得每人三千五百萬美元，讓他們捐助自己願意捐助的對象。小蘇西把這筆錢捐獻給「女孩公司」（Girls Inc.，有一百五十年歷史，以照顧年輕女姓為主）等非營利組織。彼得用來資助藝術。那個愛穿大猩猩裝的霍威將這筆錢投入保育工作，在接下來幾年建立了一個獵豹保護區。當然，他們還做了其他事。

無論是華倫或蘇西，都從未告訴孩子應該如何使用這筆錢最好。某種程度上，這只是一筆給他們練習用的錢：為這些孩子建立的基金會，只是一個起步，讓他們學習慈善事業的各方面，在華倫去世後，真正的財富才會湧入。

不過，他們有能力管理這樣的財富嗎？年輕的巴菲特家孩子，真的有能力處置數百億美元嗎？所有這些巴菲特基金會都只有寥寥幾名員工，業務也極為集中。另一方面，有「華倫第三個兒子」之稱的比爾，已經在世界各地飛來飛去，所到之處都投入了大量資金。比爾雇用了一群能幹的工作人員，有全球知名的醫藥與衛生政策專家、監督善款使用的投資經理、公關人員、行政助理等等。

那麼，華倫應該將他的財富與信任託付給誰？如何填補蘇西的死亡為他天衣無縫的傳承計畫所形成的漏洞？他認識的人裡，有誰最了解慈善這個領域的各方面？能肩負起這個擔子的人，不但必須極度敏銳，還得具備無限精力。此外，他們還得通過嚴厲的「巴菲特測試」。所有獲許進入他核心圈子的人，都得通過巴菲特的這項測試：他們得擁有年復一年的絕佳成績，他們必須正直、節儉、誠實、智慧、透明。不單如此，這樣的人還得堅守曾幫他發家致富的同一套規則：要有長遠的眼光，能看得愈遠愈好。要著眼於未來，不要只看過去。要有耐心。要從錯誤中學習。要汲取他人的意見。要隨時做好準備，因為什麼事都可能發生……

華倫家裡的辦公室有一臺電腦，就是比爾說服他買的電腦，可以與比爾一起玩線上橋牌、用比爾的軟體運作的電腦。我們不妨想像，華倫來到這臺電腦前，打開它，眼前出現一片空白的 IE 搜尋視窗，遊標在上面閃爍著，代表了這位全球排名第二的富豪心裡掙扎著的問題，也代表著他生活中急需填補的空白。他猶豫不決地伸出兩根食指，在鍵盤上打下「基金會」，停頓了一會兒，他輸入腦海中那份名單最頂端的兩個名字：比爾與梅琳達．蓋茲。

按下「搜尋」……他等著電腦展示結果。

＊　＊　＊　＊

但比爾已經學到，就算是像「八爪魚號」那樣龐大的基金會也可能遭遇波濤洶湧的困境。

在一開始，蓋茲基金會實際上仍是同在一個屋簷下運作的兩個組織。一個是國際計畫，在全球各地尋找需要解決的問題：為兒童打疫苗、清理髒水、教育婦女、消除貧窮等等。另一個是美國國內計畫——這就是事情開始變得棘手的地方。

蓋茲基金會的國內計畫只有一個主要目標：整頓美國的公立學校系統。有人說，比爾與梅琳達是那種喜歡面對挑戰的人，這話一點不假。就在那次大溪地生日聚會舉行前大約六個月，比爾走上「全國高中教育高峰會」（National Education Summit on High Schools）講臺，扔下一顆手榴彈：他對在場觀眾說，美國的高中教育已經「過時了」。

> 我所謂的過時，不僅僅是說我們的高中出了問題、有缺陷，而且經費不足——儘管我說的每一點都能成立。
>
> 過時的意思是，我們的高中——就算能完全按照預定計畫施

教——也不能讓我們的孩子學到他們今天需要掌握的知識……

我來這裡不是要以教育專家的身分自居。我是一家公司與一個基金會的負責人。這家公司負責給我錢，這個基金會花我的錢。但這兩份工作都讓我對美國教育有所省思，而這兩種反省的視角都讓我震驚……

截至目前為止，為協助重新設計美國高中，我們的基金會已經投資近十億美元。我們資助了一千五百多所高中——其中約有半數是全新的學校，另一半則是正在重新設計的現有學校。這其中包括全新與重新設計的學校在內，總共有四百五十所學校已經開始運作。芝加哥計畫設立一百所新高中，紐約也有兩百所正在建立中。令人興奮的重新設計工作也在奧克蘭（Oakland）、密爾瓦基（Milwaukee）、克利夫蘭（Cleveland）與波士頓（Boston）進行中。

比爾繼續說，想解決美國高中教育過時的問題，主要得做好三件事。一、各州必須認定所有的學生都可以也都應該從高中畢業，做好「上大學、就業、當公民」的準備。二、建立標準，嚴格要求學校績效品管數據。三、讓學校不再失敗，並開設新學校。「每一個州都需要一項強有力的干預策略，以改善陷於困境中的學校，」比爾強調，「這需要引進特殊的專業團隊，他們必須被賦予足以扭轉局面的權力與資源。」

沒錯，他擁有這些專家，這些專家會將他們超高的智慧投入這件無疑極端複雜的工作，然後透過蓋茲基金會的典型模式，他們會提出一項科技業風格的絕佳解決辦法，讓美國每一個孩子——特別是黑人與少數族裔、弱勢族群的孩子——得到應得的教育。

「災難」並不適合用來形容接下來發生的事。「大禍臨頭」也不合適。我們姑且先說它是「搞砸了」吧。

* * * * *

主持蓋茲基金會學校策略的負責人是湯姆．范德．阿克（Tom Vander Ark）。一九九九年獲聘主持蓋茲基金會教育策略的范德．阿克，在基金會智囊團中是個異數。在基金會全球健康議題中工作的那些團隊領導人，在各自領域都是全球知名的專家，而范德．阿克最主要的教育資歷是曾經在華盛頓州「聯邦大道」（Federal Way）學區擔任過五年督學。而且范德．阿克的這五年任期還爭議不斷：在他上任第一天，就有教師發動罷工；在他卸任時，一個家長教師委員會誓言要推翻他的一項代表性計畫——以數字評分取代字母評分。范德．阿克自己也說：「我顯然很無能。」既然如此，范德．阿克是如何獲聘進入基金會的？原來，范德．阿克似乎讓比爾有一種他是「聰明人」的印象，用微軟的話來說，就是願意長時間工作、不厭其煩注意細節的人。

范德．阿克也是一個有遠大抱負的人，對他來說，遠大的抱負要從小處著手。

「一所高中最理想的規模是大約四百名學生，」他在二〇〇三年接受訪問時說，「近年來的研究顯示，在其他條件均等的狀況下，小型高中的學生通過課程、畢業、上大學的比例，比大型高中的學生來得高。」

好，那我們就從這一點來說。

那年夏天，原本隱身幕後的梅琳達走上講臺，發表了一場關於教育的演說，內容與比爾所說的大致相同。「在城市、市郊與鄉村地區，呈現在我們眼前的，往往是兩種高中系統的故事：其中一個系統，學生家長要麼住在好的公立學校附近，要麼有能力讓孩子讀私校，」她說，「而另一個系統是被困在大型高中的學生，他們的課程平淡乏味、沒有意義，教師資質也比較差。」

「我們應該怎麼做？」梅琳達繼續說，「我們必須改造我們的高中，讓它們能為所有的學生帶來三個R的新視野：嚴謹（rigor）、關係（relationships）、相關性（relevance）。梅琳達說，關鍵就在於，我們得廢棄傳統的大型公立高中，以精緻的學習中心取代這些工業時代的遺跡。「事實是，我們知道好學校應該是什麼樣子，」她強調，「好學校是那種一旦走進大門，就能讓你驚嘆『我要把兒女送來這裡』的學校，我們需要的就是這種學校，而且它們一般都是小的。」

蓋茲基金會隨即以梅琳達這篇演說為基礎，一連撥出幾筆款項建立小型公立高中。學校改革計畫重點所在的密爾瓦基得到一千七百萬美元。芝加哥收到約兩千萬美元，波士頓收到一千三百六十萬美元。最引人注目的，是紐約市得到五千一百萬美元的捐助，開辦了六十七所新的小型高中，這是對市長麥克·彭博（Michael Bloomberg）及他新聘的教育局長喬·克蘭帶頭顛覆全美最大公立學校系統的支持。沒錯，就是**那個**喬·克蘭。

在傑克森法官判決拆分微軟之後，喬·克蘭離開司法部，在出版界駐足了一小段時間，然後成為紐約市公立學校業務的掌舵人。他沒有教育背景——這一點在彭博市長眼中卻是一項優勢——任務是對紐約市臃腫的學校系統實行財政紀律，改善考試成績與畢業率，此外，為達成這兩項目標，他還要大舉擴展紐約市的特許學校（charter school）計畫。（所謂「特許學校」，是指接受政府經費但獨立於所在州公立學校系統之外運作的學校，在特許學校工作的教師也不參加工會。）

二〇〇三年九月，就在彭博市長滿面春風地宣布「小型高中是已經證實可行的概念」之際，克蘭又一次在紐約市布朗克斯區（Bronx）的莫里斯高中（Morris High School）與比爾．蓋茲面對面。這兩人當時在想些什麼？克蘭或許在想，這位原本全美聲名最狼藉的大亨，現在卻是波諾與曼德拉的好友，而自己竟然得向這傢伙要錢，這究竟怎麼回事？比爾腦海中，會不會浮現梅琳達在微軟訟案期間為他訂做的那臺以喬．克蘭頭像為標靶的彈珠臺？這時距離微軟訟案達成和解不過才幾個月，要比爾毫不猶豫地開一張五千一百萬美元的支票給克蘭，大概不可能吧？

這件事確實經過一番周折。這筆捐款部分透過非營利組織「公立學校新視野」（New Visions for Public Schools）進行，這個組織在紐約市各地經營許多學校。新視野學校不是特許學校——它們是由紐約市教育局監督、教師為工會成員的公立學校。新視野學校的經費主要來自金融圈的捐助，這完全對了蓋茲基金會的胃口：該組織會接管大型高中，將它們拆分，而被賦予廣泛的權力可以制定新課程，「排除」他們認為不適任的教師，代之以較為年輕、更願意獻身教育的年輕工作人員。一旦學校完成拆分，紐約市就支付「新視野」經營學校的費用。在克蘭出任紐約市教育局長之前約一年，蓋茲基金會已經捐助「新視野」創辦的學校約一千萬美元。克蘭在接受這項任命後說：「我相信比爾這下子一定會好好考慮是不是繼續給錢的問題了。」

「喬在做的這些工作真的讓我們很感動，所有工作人員都想支持他，」梅琳達後來對記者史蒂芬．布里爾（Steven Brill）回憶當時的情景，「但那天下午，當我們把案子交給比爾時，他猶豫了一下，我們也完全可以理解。」比爾說他需要時間好好考慮這個提案。第二天他起床後告訴梅琳達：「克蘭是個聰明、有效率的人，現在他正在做一件重要的事，我們應該支持他。」

當這場布朗克斯區莫里斯高中記者會結束時，拆分後成立的五所新高中的其中一位校長走過來與克蘭握手。「五千一百萬。這可是一大筆錢啊。」這位校長說。克蘭向他致謝，這人又補充了一句：「想像一下，你當初如果沒有起訴這個王八蛋，現在可能拿到多少。」

那個時候，蓋茲基金會已經做了許多事，逐步實現小型學校的夢想。在二○○三年底，基金會已經投入近六億美元協助建立或支援一千六百所學校，其中大都是位於貧困地區的高中。正好位於基金會後院的蒙特湖臺地（Mountlake Terrace）高中是它的試點學校。蒙特湖臺地高中位於西雅圖市郊，有一千八百名學生，是蓋茲基金會資助的第一所非市區學校，它於二〇〇一年獲得八十三萬兩千九百六十九美元的資金，將自己從大型高中拆分為幾所小型高中，全都位於原來的校園內。

「學生得在新成立的五所蒙特湖臺地學校中擇一加入，」《西雅圖週刊》（*Seattle Weekly*）解釋道，「這五所學校分別是『在小型學校規模上提供傳統高中經驗』的『成就、機會與服務高中』（Achievement, Opportunity and Service, AOS）；學生可以『自行設計學習項目且不必受測』的『發現高中』（Discovery）；『以培養作家、藝術家、發明家等創意思想家』為宗旨的『創新高中』（Innovation）；主要為蒙特湖臺地提供四年大學先修課程的『文藝復興高中』（Renaissance）；『臺地藝文學校』（Terrace Arts and Academic School, TAAS）則是以2D與3D藝術為導向的計畫。」二〇〇三年九月，改頭換面過後的蒙特湖臺地學校正式開學了。

起初，新局面為教職員與學生帶來深刻印象。正如范德·阿克所期待的，小規模讓教師、管理人員與學生之間更有親密感。但也造成一些始料未及的困擾。「所有的數學教師原本共用教室、計算機、數學教材，」一名教職人員說，「現在我們打散了，散在大樓各角落，我們得準備五套這些東西才行。」基金會堅持，學生不可以從一所小型高中轉入另一所小型高中，而且也只能選修本校提供的選修課，例如：創新高中的「創意思想家」想選修文藝復興高中的大學先修課程，對不起，辦不到。這五所高中就這樣展開招收學生的競爭，但在范德·阿克看來，這不是問題，而是這個新系統的特色。

「我們確實認為，一種有管控選擇的系統具有生產力，」他說，「這會造成一些競爭嗎？會的，整體而言，我們認為這是一件好事。」

還有其他困擾？孩子就是孩子。

「各式各樣成見太多，」一名高年級學生談到迷你學校之間出現的階級分類現象，「這把我們分裂得很厲害。」

「同學們都說，AOS 是專收富家子弟的白人學校，發現高中是亞洲人、幫派份子與吸毒犯學校。」一名新生附和。

「許多學生認為，由於發現高中的學期較長，那裡的學生很笨——他們學得不夠快。」一名剛畢業的學生補充。

在新系統下展開的第一個學年接近尾聲時，幾近四分之一的教員辭職了。蒙特湖臺地學校的校長馬克．拜爾（Mark Baier）與副校長史蒂芬．葛林（Steven Gering）也離開了。同時，所有重要數據都顯示情景不樂觀。

「我們可以得出結論，」范德．阿克承認，「對於陷入困境的大型高中來說，轉型是一項非常艱難的工程。」說白了，他的意思就是：堅持下去，我們需要時間。

但在全美各地學區，蓋茲基金會資助的改革正全力推動中。以蓋茲基金會捐助的另一個重要受益者、位於科羅拉多州丹佛市（Denver）的曼紐高中（Manual High School）為例。曼紐高中原是丹佛黑人社區的旗艦學府，但當基金會的改革浪潮捲到丹佛時，曼紐高中已經陷於困境。丹佛在一九九五年廢除了法院的「強制校車接送令」；到二〇〇〇年，曼紐高中已經淪為全州表現最差的高中。

蓋茲基金會展開了工作。曼紐高中拆分為三所學校：「領導高中」（Leadership High School）、「藝術與文化學習高中」（Arts and Cultural Studies High School），以及名稱有趣的「千禧年探索高中」（Millennium Quest High School）。問題幾乎立即出現。例如：一箱教科書運到，地址上寫的不是領導高中，不是藝術與文化學習高中，也不是千禧年探索高中，而是曼紐高中，怎麼辦？突然間，三位校長為誰應該得到什麼東西的問題爭執不休。一位校長為了讓她的迷你學校擁有自己的科學實驗室而苦苦等了兩年，她終於放棄等待，在那年夏天自行施工。結果遭學區官員下令拆除。

最後，就算想假裝對這項實驗的慘敗視而不見，也已經不可能。曼紐高中於二〇〇六年六月關閉了一年。但對數百名曼紐高中的學生來說，問題沒有就此結束。三年後，科羅拉多大學（University of Colorado）研究人員發現，「當曼紐高中關閉時還在讀低年級的學生，最後只有五二%的人順利畢業。而該校過去的畢業率是六八%。」

嗯，等等。梅琳達與范德．阿克不是說，數據顯示，小型學校的學生表現較好嗎？二〇〇六年，統計學家霍華德．維納（Howard Wainer）與哈里斯．澤維林（Harris Zwerling）決定對相關數據再進行一次研究，以判斷這個說法的正確性。在對賓州的學校進行研究之後，他們發現，規模較小的學校，在賓州表現最佳的前三％學校排行榜上確實特別搶眼。但在賓州表現**最差**的三％學校排行榜上，小型學校同樣搶眼。情況原來是這樣的：在小型學校，少數特別聰明或特別魯鈍的學生，會對學校平均測試成績造成不成比例的衝擊。蓋茲基金會的捐助永遠緊隨在數據之後，根據數據撥款。他們會不會只是因為誤解了統計數字，就花了這麼多錢，卻反而害了成千上萬的孩子？

* * * * *

這裡要問的第一個大問題是，一個就算是對比爾與梅琳達批判最嚴厲的人也必須先解決的問題：蓋茲基金會搞砸了，其他人能不能做得比較好？或者說，他們碰到的這些問題，是慈善事業特有的問題嗎？當私人為了（有建設性地）改善現狀而踏入公共領域，這類闖入式的慈善行動有些什麼潛在的危險？

問題的癥結在於：蓋茲與其他幾位對教育改革有興趣的超級富豪〔包括貝琪．戴弗斯（Betsy DeVos）、創辦沃爾瑪的沃爾頓（Walton）家族，與已故的洛杉磯房地產大亨伊萊．布洛德（Eli Broad）〕並沒有創辦新的私立學校，花錢送孩子去那裡上學；他們的做法是砍掉現有學校的資源，而這些學校幾乎都是欠缺資金的學校。無論你贊同還是反對這種做法，不可否認的是，這種做法使原本已經缺錢又缺人才的公立學校更加欠缺資源。比爾將蓋茲基金會對特許學校的投資，視為一種改善整個教育系統的「研發」計畫。根據他的看法，你可以從這項特許學校投資實驗中找出哪些做法可行、哪些做法不可行，然後挑選成果好的方案擴大投資規模，整個過程都經過精心評估。批判這種改革做法的人指出，這麼做等於把孩子都當成實驗室白老鼠。特許學校擁有極大權限，在如何設計課程、如何教學、如何管教學生等方面，都有很大的自由度，但並不完全清楚最終由誰決定什麼是合適的、什麼是不合適的。

比爾・蓋茲是否管得**太多**了？

這個想法激起了許多人的不滿。如同大衛・卡拉漢（David Callahan）在《施予者》（*The Givers*）一書中所說，許多人將蓋茲基金會視為「闖入十二年基礎教育領域的一頭九百磅的大猩猩，懷抱一些事實證明只是半調子的理念，橫衝直撞」。

這裡還有一個哲學意味濃厚的問題：超級富豪介入美國公立學校系統，是否從根本上來說就**不民主**。這些富豪大亨憑什麼決定怎麼做對美國孩子最好？沒有人選出他們做這些事。他們有資格嗎？

而且別忘了，比爾不僅將大筆資金投入了學校，也投入了其他領域。二〇〇一年，比爾在達沃斯談到他早期的一個計畫。他說：「我們提供了一筆防治瘧疾的捐款。我想那是一筆五千萬美元的捐款。當時有個人對我說：『這將使瘧疾防治研究的數量增加五%〇。』」比爾在會中表示，貧窮國家有這麼多人枉死，而富裕國家的居民甚至根本不知道世界上有這樣的事，這讓他很沮喪，他希望他的捐助能鼓勵其他人做出更多貢獻。不過他的捐助意味著，比爾・蓋茲對全球瘧疾研究的影響力，超過了全世界所有人的總和。影響力不好嗎？應該這麼說，如果你不相信那個施展影響力的人，影響力就是不好的。此外，如果你不喜歡這種影響力造成的衝擊，又該如何？你該向誰求助？由於規範與監督機制的欠缺，讓有影響力的人領到一紙「全權委任狀」——可以先行動，再評估。至少在某種程度上，社會大眾得任由這種利他動機擺布。

那麼，比爾與梅琳達如何看待他們的學校實驗呢？這是否是頓悟的一刻，讓他們學得寶貴教訓，知道以後哪些事**不能**做？

蓋茲基金會二〇〇八年的報告，副標題為「基金會二〇〇〇年至二〇〇八年教育投資反思」（*Reflections on the Foundation's Education Investments 2000–2008*），宣稱基金會的努力為成千上萬名學生帶來新的學習機會，重塑了有關美國教育的辯論，並改善了資料蒐集工作，讓父母可以在網路上了解子女在學校的狀況。報告最後總結，我們從過去八年的教育投資中習得，如果我們只是繼續全力聚焦於公立學校結構，將永遠無法實現我們的宏偉目標。想取得變革性的成果，我們必須將焦點擴大到教育經驗的核心：師生之間的學習夥伴關係。

二〇〇九年一月，比爾在他第一封講述基金會工作與學習心得的年度公開信中，表達了自己的歉意：「我們投資的許多小型學校並沒有顯著地提升學生的成績。與科學家研發疫苗不同，我們很難透過科學的確定性測試來驗證在學校中哪些方法是有效的……根據基金會目前學得的教訓，我們已經修訂了策略。我們會繼續投資，複製成效最佳的學校模式。這些學校幾乎都是特許學校。」

二〇一八年，梅琳達在年度公開信——標題是「我們被問到的十個最難作答的問題」（*The 10 Tough Questions We Get Asked*）——中也坦承犯錯：「我們最近宣布要根據我們學得的教訓，對我們的教育方案進行若干修改。我們在教育領域的一切作為，都是以教育家帶給我們的構想為開端。這些教育家獻身教育工作，矢志改善讓今天許多學生、特別是少數族裔學生無法有效受教的系統。」到二〇一八年，蓋茲基金會大約每年要在美國境內支出五億美元，其中大部分用於教育。二〇二二年，蓋茲基金會捐了二．九億美元給美國學校，之後宣布要將更多資源投入改善數學教育的計畫。基金會在邊做邊學。

＊　＊　＊　＊　＊

二〇〇五年十二月，比爾、梅琳達與波諾獲選為《時代》雜誌「年度風雲人物」，當期雜誌還為文重點介紹了蓋茲基金會的全球健康計畫。十月出版的《紐約客》雜誌也刊出一篇長文，討論這項健康計畫。《紐約客》這篇長文特別談到蓋茲基金會如何剷除瘧疾，但同時也強調，在比爾與梅琳達決定全力投入、對抗在世界最貧窮地區肆虐的疾病之後所帶來的轉變。「蓋茲基金會的影響力怎麼強調都不為過，」麥克．史佩特寫道，「整個國家的研究計畫都已恢復，例如熱帶醫學等荒廢多年的研究領域又一次展開新生。」

像所有為比爾寫傳記的人一樣，史佩特也注意到比爾在激動時會前後搖擺，而且有超人一等的數據吸收能力。除此之外，他還捕捉到了比爾的各種情緒：在世界衛生組織的一次會議中，比爾與各國衛生部長周旋時目光呆滯；他怒氣沖沖地痛斥貧窮是無可救藥的全球通病的說法；他扮演快樂鬥士，宣揚他對卡內基《財富福音》的最新看法：「資本主義是一種不尋常的體系，在這個體系內，有人可以擁有這麼多財富，」他告訴史佩特，「但話又說回來，它之所以是一種不尋常的體系，也因為錢其實可以從最幸運的人流向最不幸的人，希望是以聰明的方式流入，而不僅僅是開支票。」

「這很有趣，」比爾在談到他的慈善事業時說，「但也是一項巨大的責任。」

就在比爾、梅琳達、波諾獲選《時代》雜誌「年度風雲人物」的那個月，華倫．巴菲特在哈佛商學院發表演說。「你對巴菲特基金會有什麼計畫？」有人問他。在這以前，他會答覆一些有關他未來慈善活動的問題，而提問的人也在等著他的制式回覆：也就是，一切等他死了以後再說。但這一次，他躊躇片刻，然後答道，他發現繼續讓自己的錢利上滾利，並沒有帶來多少附加價值。他正在考慮把錢捐出去。

不是等到將來。

不是等他死了以後。

比如**明天**。

第十章　禮物

在奧瑪哈的華倫家廚房裡，一切都準備好了。當天是星期三，桌上有櫻桃可樂，瓷盤裡還擺了麥當勞的漢堡。華倫、艾絲翠、比爾與梅琳達在玩橋牌。這已經是當天晚上的第六手或第七手了，兩位女士已經有些吃不消，但他們還在繼續，因為比爾和華倫可以一直玩到天亮，要不是比爾與梅琳達還得搭私人飛機趕往紐約參加一早在聯合國的會議，他們真的會一直玩到日出。艾絲翠對著手中的牌皺眉，一邊思考怎麼叫牌，一邊想著第二天的購物清單，就在這時，華倫突然拋出了這個消息。他像是漫不經心地隨口提了一件事——就像在談話中飄過的一點皮屑——他打算把自己的大部分財產捐給蓋茲基金會，這會創下世界史上最大一筆慈善捐助紀錄。牌桌上其他幾位聽到他這麼說，都驚得瞠目結舌，他卻喝了一口櫻桃可樂，說：「艾絲翠，輪到妳了。」梅琳達隨即要華倫重複一遍剛才那句話；當然不是要艾絲翠叫牌的那句，而是之前那一句。華倫於是一本正經地重複了那句話，艾絲翠也在一旁點頭確認，梅琳達與比爾終於了解華倫是認真的，那是真的。梅琳達一手摀著嘴，激動得睜大了眼睛，腦海中迅速盤算著這件事對她、對基金會、對全球窮人的意義。這時，梅琳達和比爾放下了手中的牌，喜極而泣。

至少，這是我想像中的場景。或許可以稱它為「諾曼．洛克威爾（Norman Rockwell）*版」的事發過程。由於幾位當事人對具體細節三緘其口，整個過程究竟如何不得而知。不過我們確實知道一些……

我們知道，華倫在二〇〇六年春天向比爾告知他的意願——只有比爾一個人，可以合理假設這次談話是出現在波克夏董事會一角。或者它真的出現在橋牌桌上。也或許華倫之前已經做過測試可行性的腦力激盪，它是之前多次談話的後續。果真如此，則或許比爾會問華倫這次是不是來真的，而華倫會說：「如果你的目標是透過解決真正重大的問題來把財富回饋給社會……你還能找到更好的人選嗎？這幾個年輕人絕頂聰明，已經用事實證明他們的理念，並且證明他們有能力把事情做大、做好。」不久之後，在接受凱洛．盧米思代表《財富》採訪他時，他就是這麼說的。

也或許華倫與比爾不斷討論的，是這份禮物應該如何安排——兩位理性主義者看重的是實務，而不是意義這類哲理問題。無論如何，比爾回到家，把事情告訴梅琳達，兩人隨後一起散步，他們走了很長一段路。兩人都哭了。

梅琳達後來回憶道：「我們對彼此說，『噢，天哪，你知道把其他人的錢捐出去要負多大的責任嗎？』」

沒隔多久，比爾與華倫打電話給波諾。波諾後來告訴CNN，電話中的比爾還在為這件事感到震驚，努力尋找合適的詞語來表達自己的情緒，但他把話筒交給華倫時，這位奧瑪哈先知只是平靜地說：「這些錢對我沒有用處。」華

＊譯注：美國插畫家，以畫作寫實而聞名。

倫還說，比爾與梅琳達是運用這筆史上最大個人捐贈的最佳人選。

在二〇〇六年六月二十六日發布的公開聲明中，華倫告訴全世界，他要將自己持有的波克夏．海瑟威股票的八五％——當時市值約三百七十億美元——捐給幾個基金會。這筆錢的六分之五要捐給蓋茲基金會。他會分期贈與股票，條件是蓋茲基金會必須將領到的錢花掉；他不想建立一個像福特或洛克菲勒基金會這樣的慈善機構，在他死後仍世代相傳。他每個孩子的基金會都將得到一筆總額十億美元的資金——比彼得、霍威或小蘇西預想的還要多——蘇珊．湯普森．巴菲特基金會將獲得三十億美元。「這位當時全世界第二富有的男士，把他的錢都捐出去了，不留下一點痕跡。」艾莉絲．施洛德寫道。這世上「不會出現巴菲特醫院，不會出現以他命名的學院、大學或大樓」。

雖說如此，華倫這項世紀大禮不可能被忽視：他、比爾和梅琳達在紐約召開記者會，當天稍後，三人一起接受查理．羅斯訪問，這場採訪還在《紐約時報》上刊登整版廣告宣傳。《財富》雜誌也立即著手寫一篇封面報導。

「我觀察了許多基金會，查理，」華倫解釋，「有幾家基金會也讓我佩服，但依我之見，沒有一家比得上比爾與梅琳達．蓋茲基金會。不僅僅是因為規模。」

他們真的能拋開性別、膚色、宗教、地緣，一視同仁地面對世人，而且他們念念不忘的是，我們該如何為最多的人做最多的好事，特別是那些在生活中遭遇不公的人？

華倫對蓋茲基金會的捐贈史無前例：像華倫這樣的富豪，沒有人會拋開自己的慈善團體，在對選項進行一番研究過後，決定把他的錢交給一個他認為更能善用他的錢的慈善組織。但就另一種意義而言，這項捐贈並不意外。華倫因經營波克夏．海瑟威而致富，而波克夏的經營之道講究的正是投資其他生意。此外，儘管華倫或因為完全擁有波克夏旗下這些公司，或因為以大股東身分擔任這些公司董事，確實能插手這些公司的經營，但他更喜歡授權，主張由特定領域的傑出人才主持特定領域。

露絲．布魯金（Rose Blumkin）就是一個例子。

露絲．布魯金生長在明斯克（Minsk）郊外一個村莊，父親是猶太教拉比，她是家裡八個孩子之一。一八九九年，年僅六歲的露絲有了美國夢。當時她剛剛得知大屠殺的消息。十三歲那年，她展開了旅程，前往這個充滿機會和富裕的夢想國度，赤腳走了十八英里，搭火車到最近的城市，說服一家乾貨店老闆讓她在店內工作。三年後，露絲自己當了老闆，手下有六名男員工。又隔了六年，為躲避俄國革命戰亂，她逃到愛荷華州的道奇堡（Fort Dodge），終於與她的先生伊薩杜爾．布魯金（Isadore Blumkin）團聚。這段旅途備極艱辛：她先到中國，再到日本，然後搭船跨越太平洋，短暫停留於西雅圖「希伯來移民援助協會」（Hebrew Immigrant Aid Society）。她當時不會說英語。

布魯金夫婦遷到奧瑪哈定居。露絲生了四個孩子，然後大蕭條降臨。伊薩杜爾的二手服裝店瀕臨破產邊緣——露絲於是出手，一面降價，一面推出「五塊錢將男士從頭打扮到腳」的促銷活動。這招果然有效：服裝店一天進帳八百美元，比之前一整年的營業額還高。

一九三七年，露絲向一位比她早到美國的兄弟借了五百美元，開辦布魯金公司（Blumkin's）——即內布拉斯加家具商城（Nebraska Furniture Mart）前身。露絲的經營理念是「賣便宜貨，講真話，不欺騙任何人」。由於她把價格壓得太低，其他在地家具商想把她趕出市場，向批發商施壓，不讓批發商與她合作。露絲以「販賣私貨」的方式應對，她在中西部各地旅行，尋找進貨過多、積壓在倉儲的商品，以高於批發價五％的價格買進，然後以略高一些的價格出售。她開創的這種商業模式之後為宜家（IKEA）與擁有Zara的「印地紡」（Inditex）等零售商所沿用。露絲主打薄利多銷，有一次，她租下整棟奧瑪哈市政禮堂，把它裝扮得活像一隻裝滿沙發與桌椅的感恩節超級火雞。那次活動的廣告寫道：「不要錯過！大拍賣的拍賣！我們不能吃了它們！我們得賣掉它們！」價值二十五萬美元的商品就這樣在三天內被搶購一空。

到了一九八〇年代初期，露絲與她的戰爭英雄兒子路易，已經將內布拉斯加家具商城打造成北美地區規模最大的家具店。來自中西部各地的顧客，不斷湧入它設在奧瑪哈市中心區、占地三英畝的展示間，每年採購價值一億美元的家具。在奧瑪哈長大的華倫，從小看著這位身材矮小、梳著黑色髮髻的寡婦，開著一輛高爾夫球車在她的帝國內四處奔走，么喝使喚著她的員工，對她崇拜不已。露絲本著「就算不懂英文也能算帳」的原則，雇用了許多移民與難民擔任她的員工。華倫第一次試圖收購這家店時，遭露絲拒絕，露絲對他說：「你想偷它，不行。」

不過華倫以前也曾對付過像露絲．布魯金這樣難纏的對手。就像國家賠償保險公司的傑克．林華特，以及「聯合棉花商店」（Associated Cotton Shops）的班．羅斯納（Ben Rosner），露絲也是那種會與自己打造的公司密不可分的企業家。這類企業家還有一項特質，就是他們熱愛工作。以露絲——每個人都稱她是「B夫人」——為例，每週工作六天半，週日下午她「休息」時，會與路易開車在城裡閒逛，盯著競爭對手。或許華倫對有些事——例如妻子的內心感受——表現得比較駑鈍，但他很了解那種對工作有狂熱的人。就這樣，在一九八三年，當他聽到風聲，說布魯金可能有意尋找買家時，華倫直接對準露絲的軟肋下手，寫信給路易：「找上門來的買家，無論給你多少保證，通常會有一堆自以為知道怎麼經營你的生意的經理人。」華倫隨即指出，但他認為，沒有人比B夫人和她的兒子更懂得如何經營家具商城，也因此，如果兩人願意將這家店賣給波克夏．海瑟威，他會堅持讓兩人繼續負責經營這家商城。

在華倫五十三歲生日那天，他與露絲握手達成五千五百萬美元的現金交易。他沒有清點倉儲，也沒有要求財務審核。露絲跟他說，恭喜，「你在生日這天買到一口油井。」

在華倫漫長的職涯中曾與許多人打交道，其中最讓他佩服的人物或許首推露絲．布魯金。在波克夏取得家具商城的多數控制權之後不久，華倫說：「把她與一流商學院的頂尖畢業生或《財富》五百強公司的執行長放在一起，如果起跑線平等，擁有的資源也一樣，她會遙遙領先。」

露絲有頭腦，也有勇氣。而且她非常節儉。談到賺錢，最讓華倫心嚮往之的女人非B夫人莫屬。她於一九九八年去世，享壽一百零四歲，她幾乎一直操持公司的日常運作，直到最後一刻。

在談到選擇比爾與梅琳達時，華倫告訴查理．羅斯：

如果你有一件人生大事要做——例如我要打一場人生中最重要的高爾夫比賽——而且我可以找老虎．伍茲（Tiger Woods）這樣的人當槍手，我會毫不遲疑這麼做。如果我得上電視唱歌，而且我可以只是對對嘴，找辛納屈（Sinatra）在後臺替我唱，我會這麼做。所以，不妨想一想，活在這世上有各式各樣的責任，這些錢也是一種責任，但如果你能找人替你做這些事，而且還能做得比任何人都好，你想，我何樂而不為。

在華倫捐款的消息宣布後不到幾天，其他有錢人也開始競相效尤。成龍宣布要捐出一半財產。（他後來表示，要把所有財產都捐給他的基金會。）當時身為亞洲首富的李嘉誠說，要把一百九十億美元財產的三分之一，捐給自己的基金會。事實證明，這一切只是開端而已。

＊　＊　＊　＊　＊

但就算是華倫的慷慨也有極限。就在他正為這份要給他第三個、非親生兒子的禮物做最後的細節處理時，巴菲特家族內一些遠房親戚讓他頭痛不已。

二〇〇六年四月，嬌生公司（Johnson & Johnson）家族繼承人傑米．強生（Jamie Johnson）發行了一部名為《天生富足》（*The One Percent*）的紀錄片。《天生富足》是傑米．強生繼二〇〇三年的《生來有錢》（*Born Rich*）之後推出的第二部相關題材紀錄片。《生來有錢》談論伊凡卡．川普（Ivanka Trump）、喬姬娜．彭博（Georgina Bloomberg），以及范德堡（Vanderbilt）與惠特尼（Whitney）家族財產繼承人約瑟．齊斯登．霍恩布勞（Josiah Cheston Hornblower）的故事。《天生富足》以二〇〇六年熱門議題「貧富懸殊」為討論主軸。這次出現在螢幕上的人物包括經濟學家米爾頓．傅利曼（Milton Friedman，他在接受訪問時憤而離席，指控強生鼓吹社會主義）、《富比士》雜誌的史蒂夫．富比士（Steve Forbes）、老比爾．蓋茲（當時正在倡議對富人增稅）——還有妮可．巴菲特，在片中大談相對而言未受汙染的「巴菲特」式人生。

妮珂是彼得的女兒。但不是親生女兒。她是彼得前妻瑪麗在前一段關係中生下的兩個女兒之一。彼得與瑪麗在一九九三年離婚，儘管他收養了瑪麗的兩個女兒，給了她們巴菲特這個姓氏，但這兩個女孩仍算是巴菲特家人嗎？華倫顯然不認為是。（華倫為他所有的孫輩——包括妮珂與愛麗卡——支付教育與相關費用。）這部紀錄片讓妮珂有了發牢騷的機會。在《天生富足》發行後沒多久，歐普拉（Oprah）就邀請妮珂到她的節目中談這件事。妮珂在節目中含糊其辭地說，蘇西在遺囑中有提到她，但華倫已經警告她，華倫的遺囑中不會有她。妮珂告訴歐普拉，對於不能繼承遺產這件事，她倒也「淡定」，但被排除在家族慈善事業之外讓她不滿。妮珂說：「如果能夠參與家族慈善事業，用那些錢為其他人創造福祉，該有多好？」她還寫了一封信給華倫，問華倫為什麼不承認她。

「無論就法律或就情感角度來說，我都沒有將妳視為孫女，」他在回信中寫道，「這個家族其他成員也沒把妳視為侄女或甥女……這只是一個事實，就像〔妳的母親〕無論怎麼說都不是我的兒媳，她的子女也不是我的孫子。」

在拿到這封信的內容後，《紐約郵報》（*New York Post*）大做文章，標題是「巴菲特對家人說：你被解雇了！（You're Fired!）」這句話被川普（Donald Trump）轉化為網路迷因（memeified），他最近在實境秀《誰是接班人》（*The Apprentice*）裡扮演一名假扮商業奇才的假億萬富豪。對華倫這樣一位真正的億萬富豪與商業奇才來說，妮珂似乎讓把他變成了一個實境秀角色。她憑什麼指點巴菲特式的謙虛與節儉背後的矛盾？你如果真想知道巴菲特式的謙虛與節儉如何運作，就該好好看一看艾絲翠．孟克斯．巴菲特：她總是低調行事，奧瑪哈的民眾幾乎都知道她愛在二手店中尋寶。巴菲特的傳記作者安迪．基爾派崔克（Andy Kilpatrick）告訴《衛報》（*Guardian*）：「人們經常在城裡看到她，她會為家裡尋找便宜貨、鏟雪，或為他跑腿。」

妮珂．巴菲特則接受《美麗佳人》（*Marie Claire*）專訪，還向雜誌編輯出示一張華倫給她的署名卡片，華倫在這張卡片上寫了「Grandpa」（爺爺）。

* * * * *

當華倫將禮物交給比爾與梅琳達，以及他的子孫時，或許不會想到，他的慷慨有一天竟會成為妮珂用來在歐普拉節目上指責他的材料。不過慈善活動本來就有這些麻煩——就算你努力做好事，也總有一些始料未及的後果。

在《紐約時報雜誌》刊出的那篇文章，講述了世界衛生組織於一九六〇年代為控制瘧疾散播所做的努力，珍．施特勞斯還談到一則值得深思的故事。這篇帶有安徒生童話色彩的故事，以世界衛生組織在婆羅洲（Borneo）的工作人員挨家挨戶噴灑殺蟲劑DDT為開端。一場蚊蟲大屠殺隨即展開。行動大獲全勝！只不過，如施特勞斯所指出的，這項行動帶來了「副作用」。

「壁虎吃了死掉的蟲子，貓又吃了壁虎，然後吃了壁虎的貓因為肚子裡累積的殺蟲劑過多而死亡，」施特勞斯寫道，「沒了貓以後，當地老鼠數量暴增——而老鼠可能導致瘟疫與斑疹傷寒。鄰近婆羅洲的幾個省於是捐贈了貓，送到婆羅洲鬧鼠患的高地地區。為整治偏遠地區的鼠患，世衛組織與新加坡皇家空軍還策畫了一個堪比迪士尼電影情節的行動，稱為『空降貓咪行動』（Operation Cat Drop）：把貓裝在有孔的容器裡，以降落傘空投在婆羅洲高地村落。」

通往地獄的路就是由諸如此類的東西鋪成的。

撇開顯而易見的問題——**那些貓後來怎了了？**——不談，這個故事給我們帶來什麼啟示？不是做好事到頭來總是徒勞無功，也不是想做好事的人會因擔心失敗而不敢去做。這個故事帶給我們的啟示是，助人的一切後果並非都能預測，因此做好事的人在干預現況時必須謹慎行事。始料未及的後果可能以各種形式出現——以前文提到的那個故事為例，就帶來一連串連鎖效應。意外後果也可能是活動設計有瑕疵而造成的：設計人因為疏忽，沒有預見可能發生的問題，當然也沒有擬妥解決問題的對策。洛克菲勒基金會資助的卡納（Khanna）研究就是這樣的例子。

從一九五三年到一九六〇年，哈佛大學一個研究團隊在印度旁遮普省（Punjab）進行了一項口服避孕藥效果研究。團隊先將口服避孕藥發給七個村落的八千名婦女，然後對她們進行每個月一次的調查，問她們一些非常私密的問題，例如她們的月經狀況、與先生多久行一次房等等。在研究結束時，令研究人員跌破眼鏡而且難堪的事出現了——接受這些避孕藥的婦女，她們的生育率竟**高於**對照組婦女。原來，許多拿了避孕藥的婦女不明白這些藥的作用，也不知道這項研究的內容——有人相信這與築路有關——她們只是礙於禮貌而接受了這些藥，但沒有服用。

始料未及的後果。但是卡納的研究還說明了另一個問題，那就是**有意為之**的後果：旁遮普的婦女在發現這項研究的目的是讓她們少生一些孩子時，都嚇壞了，而且非常憤怒。對這些窮到不行的家庭來說，孩子是經濟存活的必要條件——這或許讓富裕的西方社會民眾難以理解，但問題就在這裡。洛克菲勒基金會認為節育是「好事」，但基金會認為他們在幫助的那些人卻另有看法。什麼是「好事」，由誰來決定？

而且這裡涉及的議題不僅是慈善目標而已，還包括慈善過程。

一九六〇年代與一九七〇年代的「綠色革命」（Green Revolution），是洛克菲勒基金會發起的另一項運動，它促成了開發中國家的農業變革，拯救了十多億人口，普遍被認為是一次奇蹟似的成功。沒錯，這項運動改變了農業，讓無數原本可能餓死的人得以存活。這種改變就是一個有意為之的後果。被譽為「綠色革命之父」的農學家諾曼·伯勞格（Norman Borlaug），倡導耕作矮桿小麥等高產量穀物、種子運輸，以及在拉丁美洲、亞洲、與非洲推動工業化農耕；小農場被運用拖拉機、現代灌溉技術、化學農藥和氮肥的大型農場取代。對主張綠色革命的人來說，這場革命帶來的「好處」，不僅僅是食物缺乏問題得以緩解，還推動了食物生產效率至上的西方理念，將開發中國家納入全球商品網絡。這是「好事」嗎？這個問題的答案，取決於你對全球化、基因改造生物（GMO）、永續性等許多事的看法。始料未及的後果：一九七〇年得到諾貝爾和平獎的伯勞格和他的基金會金主都沒有料到，原本自給自足的農民與農工因農耕機械化而湧入城市，成了貧民窟的居民。

大衛·里夫（David Rieff）在《新共和週刊》寫道：「當時看似進步驚人的東西，往往在較長一段時間過後原形畢露，其實是盛了毒酒的金盃。」他指出，在綠色革命推出五十年後，原本被視為這場革命成功樣本的旁遮普，農民正在處理遭化學與石油基化肥汙染的地下水層，而他們依賴這些肥料，但陷入除非不斷舉債、否則無力取得的困境。里夫補充：「旁遮普的綠色革命確實推動了印度的經濟發展，但也使印度農村的窮人更加貧窮。」

里夫以反對「慈善資本主義」著稱，他有關綠色革命的觀點只能做為參考。有人認為，推動印度經濟發展是一項重大成就，不能輕易一筆勾銷——里夫本人也認為這麼說有理，隨即表示這場在南亞的綠色革命「既是一項勝利，也是一場悲劇」。但話又說回來，這個問題的答案，得看你如何認定什麼是「**好事**」。讀約翰·柏金斯（John Perkins）的《地緣政治與綠色革命》（*Geopolitics and the Green Revolution*），你會陷於同樣的難題：柏金斯在這本巨著中說，美國政府之所以支持全球農業改革，主要不是因為關懷世上窮人，而是為了防止窮人走上街頭，要求左派政權上臺改變現狀。一種比較不那麼憤世嫉俗的觀點認為，在冷戰期間，美國官員也認為幫助窮人就能擋住社會主義浪潮入侵，是一石二鳥的好策略。

或許霍威·巴菲特比誰都更了解這個問題的複雜性。直到蘇西去世後，他才開始愈來愈重視撒哈拉以南非洲（sub-Saharan）的農業問題。現在，他自己的基金會資金充裕，他正試圖了解為什麼糧食不足問題仍是整個撒哈拉以南非洲揮之不去的夢魘。綠色革命一直沒有在非洲生根發芽——事實上，它還讓非洲農民嘗盡苦頭：他們得投資貴得離譜的肥料與種子，然後與新近從亞洲進口的廉價穀物競爭本地市場。做為一名農民和曾經的ADM董事，霍威將綠色革命在撒哈拉以南非洲的失敗視為一個難題；做為一個人，他被饑荒受害者的困境所觸動，比如他在CNN看到馬拉威饑荒的受害者靠吃白蟻充饑。他隨即前往馬拉威，在首都利隆圭（Lilongwe）會見聯合國世界糧食計畫署（World Food Programme, WFP）的代表。

當霍威談到那駭人聽聞的吃白蟻事件時，糧食計畫署代表笑了起來。那位代表於是指向他們座車車窗外的那些路邊小攤，只見攤販似乎在做著燒烤肉串一類的食物。原來，在馬拉威，燒烤白蟻是一道美食，而買不起燒烤白蟻的人會從地裡挖起小蟲，當場津津有味地吃起來。在馬拉威南部與中部，將整隻老鼠水煮，連皮帶毛一起吃，是當地的特色料理。

馬拉威人愛吃老鼠不只是一件無關宏旨的趣聞而已。在深入挖掘之後，霍威發現捕鼠人在馬拉威鄉間生態系統中扮演著重要角色。在當地部落擁有的玉米田裡，老鼠會在作物殘渣下方打洞；獵人將殘渣清除，點一小把火，將老鼠趕出來。「你若在鄉間旅行，就能見到草原上縷縷輕煙。」霍威說。部落准許捕鼠人在他們的地盤活動，因為在部落看來，捕鼠人對他們有用：不但能防止鼠輩氾濫，還能幫助農民清除他們認為沒有用的作物殘渣。這為推廣土壤改良的聯合國援助人員帶來一個難題。霍威解釋，根據聯合國推廣的土壤改良做法，農民「在收成之後，應將作物殘渣留在田裡，既能改善土壤有機物，還能保持溼度」。霍威繼續說，於是村民、農民與捕鼠人之間展開談判，經過一定的外交折衝，達成一項協議：他們建議部落酋長，要捕鼠人在燒完火以後，將作物殘渣覆蓋回原處。

「你或許可以為農民提供明確資訊，說明留下作物殘渣的重要性，你或許還能找來一大疊文件與資料做為佐證，」霍威寫道，「但如果你在馬拉威的南部或中部，不把捕鼠人考慮在內，你會有麻煩的。」

換句話說，在地知識是成敗關鍵。超級深入的本地知識。當霍威向來自馬拉威北部的一名非政府組織工作人員提到吃老鼠的事時，這人說：「如果你試圖讓我部落裡的人吃一隻水煮老鼠，我們會吐出來。」

誠如霍威所說：「你得身歷其境，才能了解農業與糧食的基本變化。」

不過，霍威並不是唯一對這些事情產生濃厚興趣的億萬財產繼承人。隨著比爾在全球各地奔波，為疫苗、美國教育與其他各種議題而忙碌，非洲最終成為他的計畫與霍威的計畫開始發生衝突的地方。

* * * * *

早在二〇〇四年，聯合國祕書長科菲．安南（Kofi Annan）就曾呼籲非洲農民發動他們自己的綠色革命。「這是一場早該展開的革命，」他在阿迪斯阿貝巴（Addis Ababa）發表演說時表示，「一場能協助非洲建立尊嚴與和平的革命。」沒隔多久，蓋茲基金會開始想辦法支持這項行動。毫無疑問，蓋茲基金會這麼做，固然是為了響應安南的號召，但也因為比爾與梅琳達逐漸開始了解，糧食、貧窮與疾病息息相關，無法分割。

他們首先想到的當然是洛克菲勒基金會，該基金會仍是慈善事業推動農業發展的領頭羊。二〇〇五年，蓋茲與洛克菲勒基金會的主席與副主席共聚一堂，擬訂一項計畫。就這樣，由蓋茲基金會捐助一億美元，洛克菲勒基金會捐助五千萬美元，「非洲綠色革命聯盟」（Alliance for a Green Revolution in Africa, AGRA）於二〇〇六年成立，總部設在奈洛比（Nairobi）。安南擔任聯盟主席，並招募來自非洲各地的重量級人物加入董事會。

那為什麼第一次綠色革命一直沒能在非洲站穩腳跟，或者正如批評者所說的那樣，以失敗收場？這有許多原因——非洲的地理景觀異常複雜，社會文化條件以及政治與相關治理議題也同樣千奇百怪。想在非洲採用一刀切的法則根本辦不到。在非洲，有些地區土壤乾旱，有些地區雨水過多，還有些地區則時乾時雨，沒有規律。在不同的微氣候下運作的農民，受到的蟲害類型也不同。蓋茲基金會為了將醫藥與疫苗運交遙遠偏鄉而吃盡苦頭，非洲農民將產品送往市場或取得種子、農具、肥料與殺蟲劑時，也碰上了相同的問題。AGRA的主事者保證他們不會重蹈覆轍，將一刀切的解決方案強加在非洲複雜多變的地形上。領導ＡＧＲＡ種子研究計畫的約瑟夫．迪夫萊斯（Joseph DeVries）對大衛．里夫說：「不用那些批評者多說，我也知道第一次綠色革命出了什麼問題。無論他們怎麼想，我們不會重複那次的經驗。」（ＡＧＲＡ在二〇二二年重新命名，去掉了「綠色革命」幾個字。）

ＡＧＲＡ早在成立之初就遭到批判。西雅圖「全球正義社區聯盟」（Community Alliance for Global Justice）的「ＡＧＲＡ觀察」（AGRA Watch），幾乎與ＡＧＲＡ本身同步出現。總部位於奧克蘭的研究與倡導組織「糧食第一」（Food First），也於二〇〇六年十月發表政策簡報，駁斥ＡＧＲＡ在第一篇任務聲明中提出的主張與保證，還列舉十點理由，說明ＡＧＲＡ「解決不了撒哈拉以南非洲的貧窮與飢餓問題」。除了喪失生物多樣性，以及依賴基因工程種子、化肥與殺蟲劑可能讓貧苦農民陷入債務深淵等老生常談的警告，為「糧食第一」這份簡報背書的三位博士還提出一項特別引人注目的主張：艾利克．郝特-吉米尼茲（Eric Holt-Giménez）、米蓋爾．奧提利（Miguel

Altieri）與彼得．羅賽（Peter Rosset）指出，「造成飢餓的主因不是缺乏糧食，而是飢餓的人太窮，買不起市面上販售的食物。」

「AGRA聲稱，提高農產就能幫助當地一．八億小農養活自己和撒哈拉以南非洲的其他窮人……但良好的糧食產量與人口比率未必表示不會發生饑荒，」三位博士呼應諾貝爾獎得主、經濟學家阿馬蒂亞．沈恩（Amartya Sen）的理論指出，「亞洲在農業高產出期間也鬧過饑荒，原因是投機性囤積、失業與購買力低下，不是糧食短缺。」

AGRA的專家，看法大不相同。他們認為，糧產絕對是關鍵問題：撒哈拉以南非洲的人口正在爆炸性成長；為因應需求，社區紛紛夷平森林，開創新農地，與此同時，農民不是透過提升耕作效率來提高產量，而是透過進一步削減輪作，這種最大化的努力導致土壤中的基本植物養分耗盡，回報急劇減少。一場環境災難即將來臨。

約瑟夫．迪夫萊斯指出，「非洲農民與整個世界面臨的選擇簡單而嚴峻，我們必須在現有耕地上增加農業產量，否則低產量加上人口增長將迫使小農砍伐原始林地來進行耕作。沒有其他可能。」

當時擔任蓋茲基金會農業事務負責人的拉吉夫·沙赫（Rajiv Shah）似乎認為，AGRA及其批評者都有道理。人口／產量的算式令人心驚膽戰，再加上氣候變遷的惡化，情勢更加緊迫。沙赫也向大衛·里夫坦承，非洲之所以有今天的難題，國際組織的失策是主要原因。沙赫告訴里夫，慈善機構不應該要求貧苦農民改採依賴肥料與殺蟲劑的農耕手段，因為農民買不起這些東西。此外，由於世界銀行這類貸款機構堅持要求非洲各國政府遵守嚴格的財政紀律，導致這些政府忽視農業發展，並將糧食生產導向出口，遂「進一步邊緣化了占非洲大多數的小農」。沙赫謹慎地表示，非洲大陸的變革，不僅需要底層的改變，也需要高層的典範轉變——在達沃斯開會的那些大人物也得調整一些他們對全球經濟應如何運作的看法。

比爾與梅琳達·蓋茲支持這種觀點嗎？

無論如何，沙赫想與批判他的人對話。他會晤了「糧食第一」的要員，以及拉傑·帕特（Raj Patel）。帕特曾經任職世界銀行，之後對世銀失去信心，著有《飽食與飢餓：世界糧食系統的隱藏戰爭》（*Stuffed and Starved: The Hidden Battle for the World Food System*）一書，他強烈不相信倚賴市場解決方案的蓋茲式「創造性資本主義」。沙赫聽取了他們的意見，但他真的聽進去了嗎？帕特在談到這次對話時表示：「似乎一切都不確定。我但願他們是出於最好的動機，但由於蓋茲成功地將他那套基於慈善資本主義的條件強加於這場辯論上，主張維持現狀的一派占得上風，而不是去做需要做的事——進行根本性的改變。」

二〇〇七年，霍威訪問迦納。他在迦納發現一種廉價、在地方研發、符合生態保育的農耕法：普羅卡（*Proka*），這是一種久已廢棄的傳統農作技術；霍威說，這技術的要點就在於「覆蓋物：將作物殘渣與其他有機物質留在一排排農作物之間的土壤上，有時甚至特地運來覆蓋在行間」。

他指出：「覆蓋物能幫土壤保住水分。」覆蓋物的分解能提高土壤中的生物質（biomass）與有機物含量。農民往往是匠心獨具的一群人，類似普羅卡的系統在非洲大陸隨處可見，一些傳統的害蟲管控系統也應用了這種巧思。

根據霍威的看法，比爾與梅琳達已經準備在整個非洲大陸發動綠色革命，剷平所有這些重要的在地系統。單單做這件事本身就已經很糟了。但用自己父親的錢來做這種事？

* * * * *

不過，對華倫來說，一切都進展得很順利。首先，波克夏．海瑟威迎來了輝煌的一年。二〇〇六年十月二十三日，它成為第一支每股交易價格破十萬美元的美國股票。在二〇〇七年十二月十日，一張波克夏的股票售價為十四萬九千二百美元。

但之後，有些人就是不關心好消息。比如那些因為波克夏投資中國石油而抨擊華倫的激進份子，中國石油的母公司被控與發生在南蘇丹達夫（Darfur）的種族滅絕事件有牽扯。當時華倫的立場是，中國石油既然是中國國營公司，對如何運用它的收益自無任何發言權。不久，奧瑪哈一條快速道路的旁邊出現了一個廣告牌，上面提出一個問題：「你的良心會因為一個技術上的理由而放過你嗎？」

幾個月後，華倫抛售了波克夏的中國石油持股，終於，或許——只是或許——顯示了他對批評的接受度，以及學習和改變方向的意願，這也是他一直以來對其投資對象的要求。華倫過去一直被譽為先知，或許現在他真的在努力學習變得**明智**。

若干年後的一次萬聖節，梅琳達在西雅圖辦了一場以亞瑟王卡美洛（Camelot）宮廷為主題的化妝舞會。比爾當然扮演亞瑟王，披著一件假毛皮披風，頭戴一頂塑料王冠。（這讓人不得不想，為什麼他不乾脆從某個沒落的歐洲王室那裡買一頂真的王冠。）華倫身穿金色長袍，嘴上黏著長長的、閃閃發光的假鬍鬚，扮演魔法師梅林（Merlin）。或許我們不該過度解讀，不過這兩人的裝扮所象徵的意義太豐富了。比爾擁有權力：他掌控人類史上最富有的慈善基金會，在全球各地無數角落豪擲億萬美元。而華倫是他的梅林法師，幫助他登上王位的人。華倫的方式比較微妙。坐在蓋茲基金會的董事會中。在比爾耳邊低語。揮一下魔法披風。

好吧，如果你有了你的亞瑟王和梅林法師，接下來會如何呢？或許準備一張圓桌，再找幾位武士坐在桌邊。事實上，這正是比爾與華倫心裡想的。

第十一章　憑空設想

在紐約市內一處祕密會所，這世上最富有的幾個人聚在一起共進晚餐，討論慈善事業。華倫的老友凱洛．盧米思對這場餐會引發的騷動做了下列描述：

《慈善紀事報》（*The Chronicle of Philanthropy*）稱這場餐會「史無前例」；美國廣播公司新聞網與《休士頓紀事報》（*Houston Chronicle*）稱這是一次「祕密活動」；《紐約雜誌》一篇模仿報導還與高采烈地挖苦喬治．索羅斯（George Soros），說他如何在會中見到歐普拉。一家電臺主持人說，這場會議充滿一片愁雲慘霧：「女士們，先生們，有人在惡整，這對我們每個人來說都不是好事。」

凱洛．盧米思很有理由相信，將這些會議細節透露給媒體的人，很可能是查克．費尼（Chuck Feeney）。

參加這場密會的人包括華倫與比爾、老大衛．洛克菲勒（David Rockefeller Sr.）、小大衛．洛克菲勒（David Rockefeller Jr.）、喬治．索羅斯、市長麥克．彭博、CNN創辦人泰德．騰納（Ted Turner）、歐普拉．溫弗蕾（Oprah Winfrey）等名流顯貴，或許其中最不尋常的人物首推查克．費尼。費尼是唯一在自己有生之年把所有財產全部捐出的億萬富豪，或許也是唯一**故意**退出《富比士》四百大富豪榜的人。今天，費尼把他的八十億美元財富全部捐出後——最後一筆是十五億美元——這位免稅店（Duty Free Shoppers）共同創辦人住在舊金山一棟不起眼的出租公寓裡。他花了三十八年時間才把他的大多數財富捐出去，一方面這是因為他以極度個人的方式選定捐助對象——舉例來說，他捐款給愛爾蘭的學校與大學——一方面也因為他的財富不斷增加，有時增加速度比他花出去的速度還快。（費尼是臉書的早期投資人，對一位急著想把財富脫手的人來說，這筆投資並不是很理想。）但他渴望能死得一窮二白，所以他不斷努力，擺脫他的財富。

揭露這次祕密會議新聞的，不是《紐約時報》或《紐約郵報》，甚至不是那些整天跟在歐普拉這類名流身後挖新聞、唯恐天下不亂的小報刊。事實上，這件引起軒然大波的年度大新聞來自一個叫做「IrishCentral.com.」的網站。誰知道 IrishCentral.com. 是什麼呀？根據網站發行人的說法，這是一個「專注於連繫愛爾蘭人與全球各地愛爾蘭之友，努力讓他們互通聲息、彼此鼓舞」的網站。但網站創辦人尼奧．奧杜（Niall O'Dowd）剛好是查克．費尼的老朋友。所以，一個謎團解決了。

感謝《富比士》後來發布的一篇文章，讓我們更了解許多有關這次密會的細節。這次會議在洛克菲勒大學校長官邸舉行，這是一座豪華的中世紀宅邸，不僅做為大學校長官邸，也是洛克菲勒家族的集會場所。這整件事都是華倫的主意。事實證明，不久前給比爾與梅琳達的大筆捐贈，不但沒有讓華倫的慈善之旅進入尾聲，反而讓他決心做更多。但一項擅長分派任務的華倫認為，想把這件事做得更好，就得找人共襄盛舉。既如此，何不結合全世界最強大的慈善家，成立一個慈善捐助的「復仇者聯盟」（Avengers ensemble）？他就連這個新聯盟的名字都想好了，就叫「偉大的捐贈者」。

這點子很爛，沒有成功。

「如果你得靠華倫來籌辦這次餐會，」比爾後來回憶說，「可能永遠也辦不成。」所幸華倫身邊有幾位非常能幹的人，如比爾與小大衛．洛克菲勒等，能夠處理選擇會場、印發邀請函這類惱人的工作。（你若接到一封由華倫．巴菲特、比爾．蓋茲與洛克菲勒家族聯名的邀請函，你又怎能不去？）這次餐會於五月五日舉行，華倫是主持人——或者以小大衛．洛克菲勒的話說，就是「帶動氣氛的人」。華倫像往常那樣不拘小節，先花了十五分鐘談論自己的慈善作為，然後邀其他來賓也這樣做。粗略算一算，在場十四位來賓中，只要有十二位都談十五分鐘，這就是一場長達三**小時**的慈善捐助座談會。還好華倫帶頭帶得好。他沒有花十五分鐘談論全球各式各樣惱人的問題，也沒有吹噓自己的慈善捐助。他只是輕鬆講了幾句開場白，大家都很開心。

餐點上桌之後，來賓們開始討論如何讓其他有錢人更加踴躍捐錢。他們沒有做出任何具體結論，其中一些點子（例如為大慈善家頒發閃亮的總統獎章）比其他點子花俏。不過就在那天晚上，一個雪球開始滾起來了。

當然，有關這次餐會的若干細節仍壟罩在疑雲中，例如：菜單上有些什麼？牛排還是蝸牛？有冰雪皇后的商品嗎？想知道這些，你得憑自己的想像了。

＊　＊　＊　＊　＊

但就在紐約社交圈因為這場富豪餐會而熱鬧滾滾之際，華倫的另一項個人事蹟也造成大轟動。

在二〇〇三年致股東信中，華倫寫下一句有關投資的名言，稱「衍生性金融商品」（derivatives）是「造成大規模毀滅的金融武器」。當時，對那些了解什麼是「衍生性金融商品」的人來說，這句話可能是個大新聞。但對大多數人來說，這類商品只不過更多莫測高深的金融術語罷了。對五年後沒有從那場金融危機學到教訓的人來說，任何從資產衍生的金融產品都是衍生性商品。

電影《大賣空》（*The Big Short*）對二〇〇八年這場大崩盤有很好的解釋。如果你想了解大銀行打造的那些搞跨經濟的大規模毀滅性武器——例如衍生性商品與「擔保債務憑證」（collateralized debt obligations, CDO），想了解人類貪婪的劣根性，包括對華倫的一些說法——可以看看這部影片。為什麼片中提到華倫？因為華倫正是那個不斷警告所有人大崩盤將至的人。在同樣那封二〇〇三年致股東信中，華倫還把衍生性金融商品——它們將數以千計少部分沒問題、但大多數問題嚴重的房貸包在一起——比喻為「定時炸彈」。但就像在網路泡沫期間沒有人聽他說些什麼一樣，當華倫與查理·蒙格提出警告，說衍生性金融商品爆炸可能導致一場全球金融海嘯，沒有人理會他們。但一場世界末日般的金融海嘯果然出現了。

二〇〇六年夏天，房市泡沫悄悄破滅。到第二年年初，市場上一片哀號，幾乎無人倖免，窮苦、少數族裔屋主災情尤其慘重。二〇〇七年十月十九日，道瓊指數狂瀉。中央銀行拚命降息。花旗（Citigroup）與美林（Merrill Lynch）的執行長被解雇。美國最大房貸公司「全國金融」（Countrywide）

以清倉價求售。二〇〇八年三月十三日，情況愈演愈烈，「貝爾斯登」（Bear Stearns）發生銀行擠兌潮：幾乎完美重現數年前「所羅門兄弟」（Salomon Brothers）危機事件，貸款人拒絕續借貝爾斯登的短期貸款，貝爾斯登瀕臨破產。《大到不能倒》（*Too Big to Fail*）一書作者安德魯・羅斯・索爾金（Andrew Ross Sorkin）解釋道：「貝爾斯登事件，是這場危機的第一個真實寫照，因為這是一場信心危機。貝爾斯登占有巨幅房地產市場，他們承擔了一些最可怕的風險。突然間，華爾街的各類投資人都說，我不相信貝爾斯登值這個價。而且我不僅不相信貝爾斯登值這個價，我還要**立刻**把我的錢從那裡抽出來。」

貝爾斯登負責人艾斯・葛林柏格（Ace Greenberg）找上老友華倫・巴菲特求助。問他願意像拯救所羅門一樣，拯救貝爾斯登嗎？華倫敬謝不敏。聯準會於是介入，為貝爾斯登價值三百億美元的債務提供擔保——消化了它的一堆垃圾——並且安排「摩根大通」（JPMorgan Chase）收購貝爾斯登。市場鬆了一大口氣。這將是他們接下來這段時間內，最後能鬆口氣的機會。

「經濟確實在衰退，」華倫當時告訴他的傳記作者艾莉絲・施洛德，「我不下這種賭注，不過如果我一定要賭——每個人都說這波不景氣時間很短，為害也淺，我卻認為它會歷時長久，而且為害很深。」

它果然時間又久，為害又深。

＊　＊　＊　＊　＊

比爾．蓋茲於二〇〇八年六月二十七日卸下微軟主席職位。

在雷蒙微軟總部含著淚水對員工發表的告別演說中，比爾辭去了他在公司的全職管理職務。為了專心投入蓋茲基金會的運作，這個退出計畫已經醞釀了兩年——早在二〇〇六年，就在華倫宣布捐助蓋茲基金會之前不久，比爾已經低調地宣布要卸任。六月二十七日這天，在最後一次以公司董事長身分發表的演說中，比爾取笑自己對「休息時間」這種概念並不熟悉。他穿了一件淡紫色襯衫，搭配深紫色套頭毛衣，展現出全新的和藹可親形象，還放了一段惡搞《辦公室》（*The Office*）的短片。比爾在影片中與馬修．麥康納

（Matthew McConaughey）所飾演的私人教練一起鍛練，準備參加史蒂芬．史匹柏的試鏡，還纏著說唱藝人傑斯（Jay-Z），要與傑斯錄一首饒舌歌。「幹得好，比爾G。」傑斯說完，又對著攝影機補了一句：「得有個人告訴他：這真是糟透了。」這是這部短片最爆笑的地方。短片中的人物還有歐巴馬（Barack Obama）、希拉蕊、《每日秀》（*Daily Show*）主播史都華（Jon Stewart）、喬治．克隆尼（George Clooney），當然還有波諾。比爾闖進每個人的專業領域一陣瞎攪和，每個人都小心翼翼防著他。非常有趣。

比爾卸任時，正值微軟多事之秋。好消息是：遊戲機「Xbox」非常成功，將微軟的硬體帶進千家萬戶。儘管蘋果死灰復燃，誘使許多使用者轉向「iMacs」與「MacBooks」，但 Windows 作業系統仍居於主導地位，該作業系統已經成為電腦的預設介面，這也是司法部反壟斷官司的核心。微軟仍是商業相關軟體首選，尤其是它的旗艦產品 Office。雷蒙的金庫裡仍然裝滿了錢。

但在反壟斷官司開打與比爾卸任之間這幾年，微軟歷經一連串挫敗。為與蘋果的 iPod 別苗頭，微軟推出令人失望的 Zune，比蘋果發布第一代 iPhone 早了七個月。史蒂夫．鮑爾默說：「iPhone 不可能取得顯著的市占率。」

Google 於二〇〇四年八月上市，正在吞併整個搜尋市場，更別說它還偷走微軟的人才。鮑爾默說，這沒什麼大不了。「Google 不是一家真正的公司。」他大聲怒斥，一邊催著微軟工程師開發命運多舛的搜尋引擎 MSN Search——Bing 的幾個前身之一。

「它不過是個紙牌屋。」儘管微軟在「電子閱讀器」（e-reader）的研發方面擁有搶先十年的優勢，但還是將市場拱手讓給了亞馬遜，亞馬遜於二〇〇七年八月推出第一款「Kindle」。或許微軟的這項挫敗應該歸咎於比爾，而不是鮑爾默。一九九八年，微軟研發成功的一個電子閱讀器原型遭到比爾封殺，說它不符合品牌形象，因為它沒有使用 Windows 風格的介面；研發人員據理力爭，說讀者在翻閱書本或文章時，沒有人會注意那些 Windows 小玩意兒，但比爾堅持己見，將電子閱讀器研發項目併入 Office 軟體開發部門，最後終於在 Office 部門追逐急功近利的壓力下解體。

社群網絡是又一大敗績。大事宣揚、號稱與蘋果OS角逐的Windows Vista，經過幾番延誤後終於在二〇〇七年推出，而且很快就被《個人電腦世界》（*PC World*）評為該年度「最令人失望」的產品。

毛病出在哪裡？現任與前任微軟員工在接受記者庫特．艾辛華（Kurt Eichenwald）訪問時，每個人——無一例外——都提到了微軟員工考核系統，也就是所謂的「堆疊排名」（stack ranking）。根據「鐘型曲線」（bell curve）邏輯，微軟每一個單位都「必須將一定百分比的員工歸類為最優，其次為優，然後是一般，再來是一般以下，最後一級是劣等」。

「如果你的團隊有十個人，上班第一天你就知道，無論每一位員工都有多麼優秀，總有兩個人會得到好評，七個人會得到一般的成績，還有一個人會被打成劣等員工，」一名前軟體開發員告訴艾辛華，「員工安排每一天、每一年的工作計畫都是為了考績，而不是為了產品。你只能專注於每半年一次的考績，而不是做對公司最有利的事。」

「堆疊排名」考績制度在微軟員工之間形成一種自相殘殺的氣氛：同一個

部門裡的員工會相互競爭，部門經理則與其他部門經理競爭，而不是為完成專案跨部門合作，每個人都得為取得高階主管賞識而勾心鬥角，一家原本以員工好爭論而出名的公司，現在淪為揣摩上意、逢迎拍馬者的溫床。你能怪比爾急著離開微軟，集中精力根除小兒麻痺症嗎？

但比爾不能完全擺脫微軟。那是他展開職業生涯的地方，也是他為自己的基金會招募第一批員工的地方。困擾微軟的一些問題已經滲透到基金會的工作中。這一次，問題出現在美國的公立學校。

二〇〇八年九月災情慘重。房利美（Fannie Mae）與房地美（Freddie Mac）破產了。雷曼兄弟（Lehman Brothers）倒閉了。在那個月，過去看到商業新聞開播就會轉臺的一般民眾，也開始注意商業新聞了，因為房市危機已經演變成一場全面性的金融恐慌，全球經濟也瀕臨崩潰邊緣。全球各地市場都陷於一片混亂。華爾街開始土崩瓦解，就連金字招牌的高盛也似乎搖搖欲墜。「我們距離自動提款機停止運作只有幾天的時間。」當時擔任紐約聯邦儲備銀行總裁的提摩西・蓋特納（Timothy Geithner）回憶。財政部長漢克・鮑爾森（Hank

Paulson）與聯準會主席班．柏南奇（Ben Bernanke），開始像在坦帕（Tampa）的上空酒吧向舞者撒錢一樣地對著各企業撒錢，然後回到華府，想辦法迫使國會通過一項七千億美元的銀行紓困方案。

華倫於是再次出山。九月二十三日，華倫再次扮演他演慣了的救援角色，宣布波克夏將投資高盛五十億美元，不過他的條件很苛刻，也很自私。華倫承認，他決定將波克夏兩百五十二億資產的五分之一投入高盛，是因為直覺告訴他，政府不會坐視高盛破產。他隨即投入競選，並呼籲國會保護他的投資。他表示，若不救助大銀行，將導致「經濟珍珠港事件」。

國會的回應是投票否決紓困方案。道瓊指數應聲狂瀉七百七十七點，創有史以來單日最高跌幅。華倫的對策是搶進三十億美元的奇異公司股票，這是他在接下來幾個月將進行的一系列大規模支持性投資之一。沒隔多久，國會改轉立場，通過七千億美元的「緊急經濟穩定法案」（Emergency Economic Stabilization Act）。兩位總統候選人約翰．麥肯（John McCain）與歐巴馬都說，如果當選，會考慮任命華倫為財政部長。

就這樣，政治發揮了作用，一切沒問題，我們從此過著幸福快樂的日子。

作夢吧！什麼事都一團糟。儲蓄貸款銀行華盛頓互惠銀行（Washington Mutual）垮了——這是美國史上最大規模的銀行倒閉事件。倫敦富時指數（FTSE）繼續重挫，日本日經指數同樣疲軟；冰島各行各業一片破產聲，幾乎無一倖免。美國境內，消費信貸已經乾涸，市場持續動盪。漢克・鮑爾森絞盡腦汁，想辦法將更多現金直接投入銀行，以刺激借貸。

一天夜裡，鮑爾森睡夢中聽到電話鈴響。他半睡半醒間接起電話。「漢克，我是華倫。」電話裡傳來這樣的聲音。

「我當時心想，我母親有個叫華倫的雜工。他找我幹什麼？」鮑爾森事後回憶道。華倫向鮑爾森建議，迫使大銀行將他們價值數十億美元的優先股賣給政府，基本上就是讓納稅人扮演華倫在買下高盛股份時扮演的角色，充當最後貸款人，並訂定嚴苛的償債條件。鮑爾森與柏南奇後來都津津樂道地說，這一招讓納稅人好好賺了一筆。這一招或許還救了美國，讓美國不致陷入長期不景氣。不過美國與華倫想脫困，還有很長的路要走。

波克夏經歷了有史以來最糟糕的一年。華倫一直非常重視的信貸評級機構「穆迪」，現在波克夏持有其二〇％股份，也受到這次金融危機牽連。為房市泡沫推波助瀾的愚蠢行為，也讓華倫怨嘆不已：儘管完全可以合理認定，假以時日，拜通貨膨脹之賜，房子一定會漲價，但這並不表示房價**永遠**不會跌，也不表示天真的美國人應該被引誘去申請「騙子貸款」，或申請條件好得不可能持久的「誘惑利率」抵押貸款。

對華倫而言，波克夏的移動房屋公司克萊頓（Clayton Homes）提供了一個發人深省的反例，他反問：「為什麼我們的借款人——基本上都是收入微薄、信用評等也不高的人——表現得這麼好？」

> 答案很簡單，回歸到基本的貸款原則。我們的借款人只會比較全額按揭支付與他們實際收入——而不是期望收入——之間的差異，然後決定他們能不能履行償債承諾。簡單來說，他們在申請貸款時就抱著還清貸款的目標，無論房價如何變化……

吉米．史都華（Jimmy Stewart）會喜歡這些人的。

華倫無意讓那些不負責任的借款人就此逍遙。但對那些認定房市有賺無賠的華爾街大師，他的批判比過去尖銳得多。他解釋：「房貸有關債券之所以出現如此驚人的虧損，主要是因為銷售人員、信評機構與投資人使用了過時、有瑕疵的模式。」

這類人士觀察的，是過去房價漲勢溫和、房屋投機無利可圖的虧損經驗。然後他們以這些經驗為標準，評估未來的損失。他們完全忽視了這樣一個事實：近年來房價飛漲、貸款行為惡化、許多買家貸款購買他們無力負擔的房子。簡言之，「過去」時空與「當前」時空的特色大不相同……

投資人應該對以過去為基礎的模式謹慎小心。這類模式往往看起來很動人。它們使用一堆深奧的術語，如「BΓΣ」（beta, gamma, sigma）等等，把事情說得天花亂墜，但在太多情況下，投資人忘了檢驗這些符號背後的假設。

「我們有何忠告？」華倫補充，「要小心那些帶著公式的書呆子。」儘管懊惱，華倫進入了「亞特拉斯」（Atlas）* 模式，扛起救援美國的重擔。他在《紐約時報》發表讀者投書，宣布他的私人投資——與他代表波克夏所做的那些投資不同——都在美國股市，而且他感覺牛市將至。「壞消息是投資人最好的朋友，」他寫道，「它讓你以低價買進美國未來的一部分。」

對於總統當選人歐巴馬的競選標語「希望」，選民各有解讀。十年前還沒沒無聞的歐巴馬，已經成為美國之夢的化身。他讓美國人相信，在美國這個國度，平民百姓也有可能脫穎而出、入主白宮，種族和解不但是可能的，或許還是必然趨勢。一位有分寸、有口才、行事公正的英雄，即將帶著一堆奇招妙計趕來救援，解決多年來因管理不當造成的種種弊病。這一次，一切都很好，我們從此都能過上幸福快樂的日子。

對嗎？

＊　＊　＊　＊　＊

華倫扮演的梅林與比爾一起工作，成果開始顯現。應該說，一些成果開始顯現。面對那些帶著公式的書呆子，比爾仍然不夠謹慎，不過在如何傳達訊息這一點上，比爾確實聽從了華倫的建議。二〇〇九年年初，比爾以蓋茲基金會主席身分發表他的第一封年度公開信。華倫事先鼓勵他，要他複製自己與股東溝通的做法——針對公司各部門作業逐點詳列報告，並附上評論。「在這封信中，我要坦然與各位共享我們的目標是什麼，向各位報告我們取得了哪些進展，以及尚未取得進展的部分。」比爾以這段話做為開場。「我不會引用梅．惠斯

＊譯注：希臘神話天神。

（Mae West）*的話，也沒辦法〔像華倫〕那樣幽默，不過我會盡可能坦誠。」

比爾這封信遠不及華倫的致波克夏股東公開信那樣精細，不過信中確實表達了比爾對蓋茲基金會各重點領域——包括全球健康、農業發展、美國國內教育——的首要思考。

比爾說，蓋茲基金會的捐助有五〇%以全球健康為對象，這類型捐助的主要目標是降低五歲以下兒童的死亡率。直到二〇〇五年，這個數字仍高達每年一千萬，其中半數以上幼童死於腹瀉、瘧疾與肺炎。「消除這些狀況的關鍵在於發明一些新疫苗，並且讓它們廣泛地被使用。」比爾說。他在二〇〇八年達沃斯世界經濟論壇發表的一篇演說中，也曾詳述這個論點：「人類天性有兩大力量：自利，以及關懷他人。」蓋茲基金會的做法就是為製藥公司提供財務誘因，鼓勵它們進入開發中國家的市場，進行它們原本不會進行的研究，從而調和這兩大力量。

比爾在信中接著指出，降低兒童死亡率能形成一種良性循環：當家庭能夠相信他們的孩子可以生存與茁壯之後，就會減少生育，而一旦家庭與政府能為投入每個孩子投入更多資源，營養與教育就會得到改善，最後，一代又一代的年輕人更有願意也更有能力去面對這個世界，整個社區的生活水準都將逐步提升。

這是令人信服的說詞。甚至還是真話。

在這封信中雖未提及，但比爾在其他場合談到造成全球貧窮的又一重大因素，就是戰爭。在《40個機會》（*40 Chances*）書中，霍威．巴菲特回憶他在二〇〇八年帶兒子前往獅子山（Sierra Leone）旅行的經歷。他們在那裡會見了原先的童兵，並參觀了鄉村。「當我們訪問獅子山時，當地已經有了六年的穩定和平，但對那些歷經戰亂的人來說，戰爭永遠是揮之不去的夢魘。我們發現許多人被迫離開自己的土地，讓政府可以將鑽石採礦權賣給外國公司……大批過去當兵、沒有技能、無法養活自己的人……現在只能在鑽石礦當礦工，領著微

＊譯注：美國性感偶像。

薄的工資。」

如霍威書中所述，戰爭是造成普遍貧困的因素。而壓榨是另一個因素。早在殖民時期，外國公司就憑藉武力強行進入一些國家榨取資源，而這類事故至今仍未結束。這裡舉個例子。在一九九〇年代，尼日河三角洲（Niger Delta）的奧戈尼人（Ogoni）就曾起來反抗荷蘭皇家殼牌（Royal Dutch Shell）石油公司，因為它的幾百口油井毒害了他們肥沃的土地、汙染了他們的水源，二十四小時不間斷的氣體燃燒讓他們的空氣糟到難以呼吸，還製造讓人難以忍受的噪音。殼牌與其他幾家石油公司雖說為奧戈尼部落居民提供了一些就業機會，但不能彌補環境破壞和油管摧毀農地造成的損害；除了維持勞動力所需，這些公司也沒有為當地提供任何基礎設施。或許，這些公司的負責人認為這類治理工作是奈及利亞政府職責所在，這確實也是政府該做的事；只不過，石油占了奈及利亞出口收益八成，該國軍事統治者及其親信正從石油業中攫取暴利，在這種情況下，奈及利亞政府對奧戈尼人的苦難自然視若無睹。當奧戈尼人奮起反抗時，政府處決了抗議領袖，劇作家和活動加肯．薩羅—維瓦（Ken Saro-

Wiwa）。

你或許不解，這一切與蓋茲基金會有什麼關係？

二〇〇七年一月七日，《洛杉磯時報》刊出一篇發自奈及利亞艾波查（Ebocha）的報導：

> 賈斯提．艾塔（Justice Eta），十四個月大，伸出他小小的姆指。拇指上的一個墨斑證明，由於比爾與梅琳達．蓋茲基金會的一項疫苗運動，他已經有了小兒麻痺與麻疹免疫力。
>
> 但賈斯提面對的威脅不只是小兒麻痺而已。幾乎從出生那天起，他就患有呼吸系統疾病。鄰居說這是「咳嗽」。大家都說，罪魁禍首是附近一家油廠，它噴發的火焰直衝三百英尺高空，還會冒出煙霧與煤煙。這家油廠的所有者是義大利石油巨頭埃尼（Eni）公司，而埃尼的投資人中，就包括比爾與梅琳達．蓋茲基金會。

這篇報導接著指出，蓋茲基金會也向埃克森美孚（Exxon Mobil）、雪佛龍（Chevron）、法國道達爾（Total of France）與荷蘭皇家殼牌投資了數億美元。「這些公司製造的油煙覆蓋尼日河三角洲地區，造成在美國或歐洲境內絕對不能容忍的汙染。」在這些地區進行的鑽油與煉油作業，不僅在蓋茲基金會展開醫療任務的地區附近造成健康問題，還造成蓋茲基金會表明了要消滅的那些疾病的擴散：注滿死水的油孔成為瘧蚊的溫床；滲漏的石油堵塞了河流，引發霍亂與其他因水源汙染而造成的疾病。根據《洛杉磯時報》的調查，蓋茲基金會大約在這些公司投資了八十七億美元，「違反」了它行善救人的使命。當時擔任蓋茲基金會執行長的佩蒂·史東西佛，寫了一封信給《洛杉磯時報》編輯，指責記者天真，還說基金會縱使改變投資做法，「對這類議題也產生不了什麼影響。」

值得一提的是，在寫到這裡時，蓋茲基金會不久前展現它又一個邊走邊學的例子，撤出它在所有石油與天然氣公司的直接控股。不過波克夏仍然在這類公司進行投資。

此外，蓋茲基金會與葛蘭素史克（GlaxoSmithKline）與默克（Merck）這類大藥廠的交往紀錄又如何？迦納的一位健康問題研究員告訴《天下沒有免費的禮物》（*No Such Thing as a Free Gift*）作者林賽．麥克高伊（Linsey McGoey），蓋茲基金會的做法「不像是在解決問題，而更像是在販賣科技」。這位研究員不願透露姓名，這與《西雅圖時報》二〇〇八年一篇報導的說法不謀而合。《西雅圖時報》這篇報導說，蓋茲基金會既是思想領袖，又是金主，這樣的地位使人不敢批判：「特別是在全球健康領域，在蓋茲基金會注資九十五億美元之前，開發中國家的疾病防治經費一直很匱乏，也因此沒有人敢對基金會的做法稍有微詞。」

曾經在蓋茲基金會資助的一項免疫計畫擔任負責人的馬克．肯恩（Mark Kane）告訴《西雅圖時報》：「對那些想取得補助的人來說，挺身而出、公開批判基金會等於自殺。蓋茲基金會對公關特別敏感。」

當時在倫敦大學學院（University College London）擔任研究員的大衛．麥考（David McCoy）博士，對《新國際主義者》（*New Internationalist*）雜誌的

一名記者說，他認為，蓋茲基金會遭到的批判相對較少，完全是它的影響力造成的結果——它有強制人們達成共識的能力。麥考指出：「蓋茲基金會不僅僅是許多捐助與計畫的集合體。透過它的資助，它還經由一個由學術界、非政府組織與企業界的組織和個人結合在一起的網絡來開展工作。這使它能透過國際醫藥衛生領域的『群體思維』來發揮影響力。」當時擔任世界衛生組織瘧疾計畫負責人的阿拉塔·柯奇（Arata Kochi），也在一份洩露的備忘錄中呼應了麥考這樣的分析，他擔心蓋茲基金會不僅對它資助的研究成果誇大其詞，還迫使不同的意見噤聲。

面對這許多雜音，蓋茲基金會也很警惕。二〇〇七年，佩蒂·史東西佛在她最後一次以蓋茲基金會執行長身分發表的年度報告中說：「危險不在人們對你說的那些話裡，而在於他們沒說的那些話裡。當你有數十億美元可以捐贈時，人們不會告訴你的事情是令人驚訝的。」

批判蓋茲基金會的聲浪有時近乎陰謀論。這類批判會說，西方製藥公司想在開發中國家迅速而廉價地試驗它們的新藥，蓋茲基金會只不過是在為這些製藥公司護航罷了。但俗話說得好，你有妄想症，並不代表危險沒有真的找上你：美國與歐盟境內，進行長期臨床實驗的成本飛漲，愈來愈難找到願意接受新藥測試的人。調查記者桑妮雅．夏（Sonia Shah）在二〇〇七年指出：「自一九九〇年代末期起，製藥公司開始將新藥臨床實驗出口到病患與急待醫治的人眾多的開發中國家，解決了這個難題。」

這個世界上有很多怪人對疫苗抱有奇怪的信念。其中不乏一些權勢狂人用毒針讓全球窮人安樂死的荒誕奇想，這類說法很容易不攻自破。但如果提供另類說法的，是蓋茲基金會的盟友發表的結構清晰的分析文，要人不相信……沒那麼容易。

在比爾的第一封年度公開信中，他很有先見之明地詳述了疫苗冷藏的困難，這個議題在之後 COVID 危機期間成為全球關切的重點。「運用新疫苗，」他解釋，「以輪狀病毒為例，需要大量冷藏空間，需要在整個供應鏈的每一階段增加冷藏能量，包括在極度偏遠、沒有電力的地區。」這封信發表於二〇一〇年，信中沒有提到由於接受注射的人懷疑自己淪為實驗對象而出現的難題，也沒提開發中國家電氣化程度參差不齊的另一個更大的問題：主權債。

二〇〇四年五月，波諾在賓州大學畢業典禮發表演說時指出：「當仇恨因……導致非洲貧困的不公平債務負擔而激發時，那已經不是運動，而是一種緊急狀況。」波諾說，債務或許是導致第三世界貧窮、從而也是原本輕易可治的疾病猖獗的一項最具決定性的要素。在非洲，由於國際貨幣組織（IMF）與世界銀行的結構使然，政府不得不削減有關基礎設施與醫療保健方面的開支。以迦納為例。林賽．麥克高伊寫道，自一九五〇年代獨立以來就保證全民醫療的迦納，「為取悅國際貨幣組織那些開發專家，」在一九八〇年代與一九九〇年代「大幅削減公立醫院職缺」。

提出這些議題的目的，不是要將世界上的問題歸咎於蓋茲基金會，也不是表示它效率不彰，或它的慈善捐助不夠大，因為它確實有效率，規模也確實很大。〔二〇〇二年，它捐錢給波諾成立的DATA——Debt（債務）、Aids（援助）、Trade（貿易）、Africa（非洲）——以延續「千禧年兩千」（Jubilee 2000）運動的工作，取消最貧窮國家積欠的債務。〕就算是最嚴厲的批評者也不得不承認蓋茲基金會在全球健康這個領域做出了許多貢獻。為它加油打氣的人——包括波諾在內——則相信它是在替天行道。只要聽過莎露（Saru）的故事，沒有人會不感動。莎露是生活在尼泊爾西部的一名婦女，蓋茲基金會在二〇〇九年年度報告中記述了她在「婦女衛生志工社群」（Female Community Health Volunteer, FCHV）工作的故事。她在兒子因腹瀉喪生後，加入蓋茲基金會支持的FCHV，「為幼兒發送維他命A與驅蟲片、提供家庭計畫諮商……以第一線抗生素對抗肺炎、以鋅片與『口服補液鹽』治療腹瀉。」報告中指出，「根據最新數據，單在一年內，FCHV就治療了二三．六萬名患了肺炎的兒童，分發了八五．四萬份口服補液鹽與一八〇萬片鋅片。這些努力估計每年拯救了一萬兩千條人命。」

有了成績就可以吸引其他人加入行動，比爾理所當然會宣揚這些成績。還有其他跡象也顯示，基金會不斷從它的活動中記取教訓，愈做愈好。以比爾在氣候變化問題上採取的做法為例。二〇一九年，比爾表示，從化石燃料股撤出投資資金的做法——就連洛克菲勒家族也開始採取這種做法——並不特別有效。他這番話惹怒了一些激進份子。比爾告訴《金融時報》：「迄今為止，撤資可能讓排放量減少了零噸。」他在二〇二〇年的年度公開信中，花了一些時間討論這個議題，不過他的做法仍然偏向以調適為主：比爾主張協助人們在逐漸暖化的世界中存活；舉例來說，為農民提供可以抗旱抗洪的作物。不過這並不表示他只是一味講求效果，不重原則。事實上，比爾在第二年發表的新書《如何避免氣候災難》（*How to Avoid a Climate Disaster*）中談到他對新科技的憧憬，他相信可以用科技拯救地球，他強調：「我們現在就得大舉啟動解決辦法，在必要領域進行突破，因為乾淨的代用能源還不夠廉價。」就像過去一樣，比爾這些話可不是說說而已。

自二〇一六年起，比爾已為「突破能源創投」（Breakthrough Energy Ventures）——專門資助零碳能源專案的一個投資集團——集資二十多億美元。或許你還記得，對付難解的工程問題正是比爾的專長。以比爾在二〇〇八年創辦的公司泰拉能源（TerraPower）為例，就有一些非常大膽的設計。泰拉能源正在進行的一個專案是利用核廢料發電，一方面提供安全核能，同時還為美國境內估計約九萬公噸的核廢料找尋新用途。（談到規模，泰拉能源說，八噸核廢料就能為兩百五十萬戶家庭供電一年，規模自然不小。）而且不只是國內能源而已；泰拉能源同時也在探討利用小型零碳原子電池為遠洋船舶提供動力的可能性。此外，極度關切清潔水源與衛生設施的比爾，他和設計師合作，決心徹底改變開發中國家簡陋的廁所。考慮到每年有五十萬名五歲以下兒童因飲用遭人類糞便汙染的水而死亡，如何改善衛生設施是個重大議題。所以，沒錯，你不會見到比爾在石油公司總部門外抗議。但他可能會讓這些公司全部倒閉。

＊　＊　＊　＊　＊

隨著二〇〇九年一天天過去，比爾與華倫與愈來愈多億萬富豪聚餐，希望說服他們捐助慈善。第二場聚會活動辦在曼哈頓（Manhattan）的紐約公立圖書館（New York Public Library），另外還有一場是在蘋果與 Google 的誕生地，加州的門羅公園（Menlo Park）。億萬富豪的世界雖小，但也容易跨越國界。沒隔多久，比爾與梅琳達已經把這項勸募活動帶往國際。在印度、中國這些生產許多巨富的國度舉行餐會。比爾與華倫會出席這些活動，想辦法讓富豪們捐錢。但現在他們有了新點子。

或許這點子的重要性不下於活動本身。他們為此取了一個名字：**捐贈誓言**（Giving Pledge）。他們以《富比士》四百大富豪為開端，要求富豪們在有生之年或在臨死之前宣誓，將至少五〇%的淨資產捐贈慈善。盧米思解釋：「訂出五〇%這個數字純屬務實的憑空設想。這比發起人希望要求的比例來得低，但可能是最初能夠實現的最大比例了。」

《富比士》估計，二〇〇九年全美四百大富豪的淨資產總額為一．二兆美元。盧米思深入研究了富豪捐款的數據，算出這些富豪每年的捐款總額為一百五十億美元左右；如果你假設這些富豪的淨資產總額為一．二兆美元，半數為六千億，則每年捐款會達到六千億的五%（捐贈誓言要求的最低捐贈門檻），比他們目前的慈善捐輸高出一倍。《慈善紀事報》的一位專欄作家說：「一〇%的增幅就能讓非營利組織的資源提升到未來幾年難得一見的高度，一

○○%的增幅則意味著我們今天有了原本二、三十年內不可能有的資源。」

儘管或許是「憑空設想」，但五○%這個數字仍有一些憑據。有錢人在被問到需要多少錢才能讓他們真正感到富有時，他們會覺得需要把現有淨資產增加一倍。如果他們在銀行存了一千萬美元，他們會說要有兩千萬才真正感到富有。前《華爾街日報》財富報告專欄作家羅伯．法蘭克（Robert Frank）在他的《歡迎光臨富豪國》（*Richistan*，一本探討美國當代上流階級的書）中說，對這些人來說，一千萬美元是「入門級富有」。法蘭克又說：「但即使是富豪，現在也開始覺得自己沒那麼與眾不同了。」

「捐贈誓言」提出一種不一樣的財富衡量尺度：你富有到能夠捐出你的一半財產嗎？

這種新尺度完全改寫了所謂財富的真正定義，同時也完美掌握了富人心態，將原本艱巨繁重、令人喪氣的事情，轉變成一項振奮人心的挑戰。

「對我來說這完全不痛不癢，」華倫在談到他捐贈蓋茲基金會時說，「我已經擁有一切——人生中想要的一**切**。」這是一招令人驚嘆的柔術，讓那些捨不得捐錢、生怕錢不夠的富豪聽得心驚膽戰。

「捐贈誓言」運動推出後效果很好，比兩位發起人所期望的更好。

二〇一〇年六月，「捐贈誓言」運動正式宣布。同年八月，已有四十位億萬富豪在誓言上簽了名。那一年年底前，又有十七人加盟。

許多人投書保守派雜誌《標準周刊》（*The Weekly Standard*），大聲疾呼這是社會主義搞的花樣。顯然，這樣的發展令他們不解，也令他們憤怒。而且不只是他們有這種反應：在距離比爾與華倫祕密餐會地點遙遠的美國街頭，一些怪事發生了。

二〇〇八年大崩盤過後，美國國內民怨甚濃。數十萬人失去了工作、失去了生意，還失去了房子。而根據茶黨（Tea Party）的看法，歐巴馬的聯邦紓困方案根本就是對富豪階級的巨型補助。消費者新聞與商業頻道（CNBC）的黎克·桑德利（Rick Santelli）更火上澆油，說這項紓困方案是為了幫那些付不起房貸的「輸家」。奇怪的是，造成茶黨選戰勝利的助選資金，有一大半來自億萬富豪柯奇（Koch）兄弟，以及他們的超級政治行動委員會「美國繁榮行動」（Americans for Prosperity Action）。

柯奇兄弟沒有簽署「捐贈誓言」，這一點都不足為奇。但他們像許多簽了字的富豪一樣，也向各個慈善組織捐了超過十億美元。柯奇兄弟以他們的政治激進主張著名，但他們的名氣不僅僅如此而已。麻省理工（MIT）的癌症研究所，以大衛．柯奇（David Koch）的名字命名。大衛．柯奇還協助了西奈山（Mount Sinai）、約翰．霍普金斯（Johns Hopkins）與史丹佛建立研究與治療中心。此外，柯奇兄弟的關注領域還包括戒毒、脫貧與文化。若不是因為大衛．柯奇慷慨解囊，紐約市可能保不住做為芭蕾舞勝地的地位。二〇一四年，在他去世前五年，有人問他，他希望有一天當他去世時，訃聞上會怎麼寫。他的答案看起來很像是華倫或比爾的答案。他說：「我希望它寫道，大衛．柯奇盡了全力讓這個世界更美好。」此外，「他也希望他的財富能在他去世很久以後還能幫助人們。」

確實值得讚賞。問題是，根據文件紀錄，柯奇兄弟在投入癌症治療的同時，卻在讓人罹患癌症的過程中也扮演了一個角色，這筆帳該怎麼算？在一九九〇年代，美國職業安全衛生署（OSHA）強制進行的測試發現，柯奇旗下煉油廠的工人血液中含苯量超標，而苯是眾所周知的致癌物。更惡劣的是，這些工人往往沒有及時被告知。而柯奇工業公司在向環境當機構提出的報告中，還隱匿煉油廠將超量的苯違法排入空氣中的事實。柯奇工業公司最後付出數千萬美元的罰款，達成和解。既如此，當柯奇開始將錢投入癌症治療時，它是在使世界更美好嗎？還是說，它不過是在做損害管制而已？

要億萬富豪捐錢當然很好，但把錢捐給誰？還有怎麼查證這些錢怎麼運用？我們可能只會憤世嫉俗、一廂情願地想，捐助大筆財富竟也有這許多問題要面對……但設身處地想一想，換成你是那些富豪，或許你會發現慈善捐助做起來其實不容易。

第十二章　兄弟鬩牆

身為億萬富豪之子的霍威．巴菲特可以輕鬆起家——但話說回來，並非每一位富豪都像華倫。霍威在進入家族事業工作時，一開始可不是坐在波克夏董事會裡，而是拿著拖把、提著水桶在洛杉磯一家時思糖果的商店裡擦地打雜。他再婚以後，華倫為他的新家在內布拉斯加買了一個農場——但霍威得根據他的體重支付租金。霍威的體重如果超過一八二．五磅，就得將農場毛收入的二六％償還給他父親；如果不到這個數，只需償還二二％就行了。「他以這種方式展示他對我的健康的關心。」霍威說。華倫對農場的興趣純在財務方面：霍威喜歡耕作他那一排排的大豆與玉米，經常懇求父親前來農場，駕駛那輛「約翰．迪爾」（John Deere）牽引機在田裡奔馳。在華倫見到比爾的那段時間，霍威經常抱怨說：「我沒辦法讓他過來，看看作物的成長。」霍威心裡一定在想，比爾才是他父親理想的兒子。

當二〇一一年年底，華倫宣布要讓霍威繼他之後出任波克夏主席時，一定讓霍威大大鬆了一口氣。或許這是一項身為父親的決定，不過它也是一項實際的決定：原本在內布拉斯加、此刻在伊利諾州務農、指甲縫裡積滿塵土、卻沒有大學學歷的霍威，即將成為巴菲特家族價值的捍衛者。單純、不花俏、節約簡樸。他以一種典型的巴菲特精神接受了這個角色。「只要我能繼續做農人，」他說，「我沒問題。」

這項宣布在哥倫比亞廣播公司（CBS）《六十分鐘》的節目中播出。霍威在他的農場駕著一輛大型牽引機跑來跑去，看起來很開心。華倫也在現場對他的兒子讚不絕口。記者萊絲莉．史塔（Lesley Stahl）想讓華倫承認，他這位長子與他不是一個模子刻出來的。「他喜歡做大事，」華倫說，「就是那種把土搬來搬去之類的事。」

接下來，史塔開始直擊要害，而霍威也如法泡製。

「這很諷刺，」史塔說，「比爾．蓋茲花用華倫．巴菲特一大堆錢，幫助非洲窮苦農民，為他們提供雜交種子與人造肥料。而這正是霍威在那些每天只能賺一塊錢的農民身上嘗試過、現在發現注定失敗的高科技做法。」

霍威：他們正在推動的一種系統，其實與我們此刻在這屋子外做的並無不同。

史塔：但難道——難道那不好嗎？

霍威：那不好。我要說的是，在某個時間點，這些人總得回美國，錢不會繼續留在那裡。那就像我們過去做的一樣，而我覺得那行不通。

史塔：嗯，你認識比爾蓋茲。你曾跟他說過「你在非洲投入的心血八〇%不會有結果」嗎？

霍威：我想，我的說法略有不同。正因為如此，我們得換一種思考方式，不能把我們在美國的這套做法搬到非洲用。

這時，畫面插入與比爾的一次訪談。「霍威是農人，」比爾說，「我是不懂農務的城市人。」

史塔：所以，你父親把這些錢都給了蓋茲。而你現在出來告訴我們，他這些事都做錯了。

霍威：我可沒說他都做錯了。

史塔：可是許多地方都做錯了。這是有些兄弟相爭的味道嗎？

霍威：沒這回事。

史塔：也許有。

霍威：沒有——妳知道，曾經有一段時間，我們管他叫比爾哥。不過——不過——〔輕聲笑了笑〕不過——

史塔：我說的沒錯。

霍威：不是的——妳知道嗎？比爾．蓋茲或許是這世上除了我父親以外最聰明的人。我可得留下這句話做紀錄才行。

你可以看得出來，霍威在使用措辭時非常謹慎。比爾也一樣。但就像霍威一樣，比爾也知道鄉下孩子與城市孩子不會處得很好。

＊　＊　＊　＊　＊

就在華倫有關金融災難將至的預言即將成真之際，另一場金融危機也正在吞噬著世界。在二〇〇六年與二〇〇八年間，主食商品價格飆漲。米價漲了二一七%。小麥漲了一三六%，玉米一二五%，大豆一〇七%。幾十個國家爆發糧食暴亂：孟加拉、布吉納法索、埃及、海地、印尼、墨西哥、尼泊爾、秘魯、烏茲別克斯坦、葉門等等。《經濟學人》估計，糧食的實際價格比人類自一八四五年開始評估糧價以來的任何時間都要更高。這是怎麼回事？蓋茲基金會大力投入糧食增產，但問題不在於我們缺乏糧食。事實上，糧食投機泡沫的跡象隨處可見。根據聯合國糧食特別報告員奧立佛·德蘇特（Olivier De Schutter）的一項報告，在這場危機發生以前許多年，例如養老基金、避險基金、銀行等各式各樣投資人已經紛紛在糧食商品上下注。「這一切只因為其他市場逐一乾涸：網路熱於二〇〇一年年底消失，股市緊隨其後，美國房市也於二〇〇七年八月破滅。」投資糧食似乎是有賺無賠的賭注，人總需要小麥的，對嗎？但投資人愈多，糧食價格愈高漲，就像當年的「鬱金香熱」一樣，儘管糧食不斷增產，全球各地數百萬人仍陷於飢餓。

蓋茲基金會在這段期間做了些什麼？他們在幫著建立複雜的非洲農產品金融市場，還建了一個嶄新的商品交易商階級。不過，在這裡，比爾與梅琳達在他們資助的一個計畫中寫下傲人的成績。

這個計畫叫做「採購換進步」（Purchase for Progress），或稱「P4P」。它的構想很簡單，至少表面上看起來很簡單：糧食作物大買家「世界糧食計畫」（World Food Programme）——當這個為期五年的種子計畫於二〇〇八年展開時，世界糧食計畫在七十三個開發中國家買了十一億美元的穀物——承諾向小農戶採買它供應量的一〇％。它會在農作收成前以保證價格預購穀物，協助農戶免於市場力干擾，並提供安全保障，方便農戶進行貸款。蓋茲基金會在二〇一二年發表的推廣資料中，提到這個計畫的一名受益人：盧安達的小農戶奧蒂達．穆肯尼柯（Odetta Mukanyiko）。穆肯尼柯加入的農會是「採購換進步」計畫成員。「拜世界糧食計畫訓練之賜，〔P4P會員〕可以向世界糧食計畫與其他買家賣出他們盈收的玉米與豆子。有記憶以來頭一遭，這些農民能靠著收成賺到豐厚利潤。奧蒂達的收成增加了四倍以上，她因此有了足夠的錢將她原先那棟兩房、茅草屋頂的房子，換成一棟四房、鐵皮屋頂的房子。」

好消息繼續傳來。「由於申請到一筆貸款，她買下一大塊地，種了更多玉米與豆子。她領養了一位窮到不行的親戚的兩個孩子，所以現在她要養育四個孩子，支付他們的學費與醫療保險。此外，她還雇了八名鄰居當臨時工，協助她播種與收成。」

奧蒂達參加的那個農會的會長克利斯坦．比吉亞雷米（Christent Biziyaremyi）說：「過去，這裡的人曾經絕望地種植玉米。現在我們可以看到我們正在做的這件事的價值。」

就連極力批判蓋茲基金會的林賽．麥克高伊，也對在中美洲與非洲運作的

P4P讚譽有加。她指出，這個計畫「協助在地小農戶自給自足，無論碰上豐收或歉收，都能確保市場穩定」。此外，麥克高伊指出，儘管P4P還不能取代進口糧食援助，它有助於將「大型美國與歐洲跨國公司逐出它們在全球糧食鏈的壟斷地位」。

還有一位批判蓋茲綠色革命、但稱讚P4P的人：霍威．巴菲特。事實上，早在二〇〇八年P4P問世以來，他就參與了這個計畫：霍威的基金會將一千三百萬美元投入這個計畫，而且似乎毫不遺憾。二〇一一年，霍威在加碼投入兩千四百萬美元時說：「P4P是我們曾經投資過最重要的計畫之一。它極有可能改變一切。」

但誠如斐德烈．考夫曼（Frederick Kaufman）在《哈潑雜誌》（*Harper's*）中所說，P4P的保證價格系統看起來很像購買商品期貨的做法。考夫曼寫道：「P4P的設計就在於模仿精密的全球市場。就若干個案而言，P4P並不立即買進農民的穀物，而是鼓勵農民將他的產品收進倉儲，領取一張收據……農民可以憑藉這張收據在全國交換所登記。全國交換所位於首都，來自全國各地農民的一切穀物可以在這裡買賣。也因此，位於偏遠地區的農民可以透過行動電話科技隨時掌握浮動價格。原本貧困的農民可以變成商品交易商，選擇任何時機下單賣穀。」

考夫曼立即想到一個問題：如果錢賺得比當農民多，「原本貧困的農民」或許想改行當商品交易商，但話說回來，他關心的是糧食安全，而針對主要商品下注的機率將導致囤積與價格震盪。這是一項合理的關切。不過直到目前為止，還只是猜測而已。

但最引人警惕的，是蓋茲基金會與嘉吉（Cargill）及孟山都（Monsanto）——二〇一八年被拜耳（Bayer）併購——等大型糧商的關係。根據二〇一〇年的消息，蓋茲基金會買了五十萬股孟山都股票，價值約兩千三百萬美元。此外，蓋茲基金會還與嘉吉聯手，推動一個一千萬美元的計畫，在莫三比克「開發大豆價值鏈」——《衛報》當時說這是「在南非大舉引入基因改造大豆」。有關基因改造穀物的看法各不相同，但撇開相關辯論不計，與嘉吉的這項交易和其他類似交易，毫無疑問能幫助尋求在非洲立足的外國公司建立市場。比爾與梅琳達當然會說，這只是生物科技發展下引發的一個副作用，但從另一角度看來，營造市場才是主要目的。在與嘉吉這項交易及孟山都投資計畫曝光後沒多久，蓋茲基金會已經積極投入組建「糧食與營養安全新聯盟」（New Alliance for Food and Nutrition Security）的談判。這個新聯盟是八大工業國（G8）、非洲國家、捐助金主與民營企業在二〇一二年達成協議的一個合作架構，以「透過全面而持久的農業成長，在今後十年幫助五千萬人脫貧為宗旨」。但許多人譴責這個架構，說它是在幫著企業搶土地，說它在美國國際開發署（USAID）、世界銀行及類似機構協助下，迫使非洲政府將大片土地劃給外國投資，改變本國法律以鼓勵商品外銷，為在本國境內作業的外國公司提供豐厚稅務減免優惠。

幾位觀察家大聲疾呼，反對新聯盟強調工業化農業的做法，坦尚尼亞總理吉托．卡布威（Zitto Kabwe）是其中一人。卡布威指出，這項協議將掀起一場社會、經濟與政治安排的大轉型，但小農戶不能參與。他告訴《衛報》：「一旦推動大規模農耕，你會將小農戶打成農工。偏遠地區的基礎設施可能有所改善。但這不能讓人民掙脫貧窮。」卡布威還擔心，面對那些將他們拉進供應鏈的大公司，小農戶將毫無談判籌碼。「誰來決定合約？」他問。「讓人擔心的是，到頭來，吃虧上當的都是小農戶。」

儘管改善營養與糧食安全是新聯盟架構明訂的目標，但新聯盟沒有訂定計畫進度與指標，沒有一套是否、如何完成投資目標的評估做法——這與蓋茲基金會強調績效評估的慣例大不相同。倫敦大學亞非學院（School of Oriental and African Studies）研究員柯林．鮑爾登（Colin Poulton）說：「由於直到目前為止，還提不出明確的改善理論，證明增加大規模農業投資確實能減少貧窮，並改善糧食安全或營養，這個新聯盟基本上只是一項在非洲推動農業商業化的計畫罷了。」

換言之，就是搶土地。奧立佛．德蘇特就此將情勢總結如下：「這是一場爭土地、爭投資、爭種子系統的鬥爭，而且最重要的是，這是一場爭政治影響力的鬥爭。」

我們姑且假定，比爾在新聯盟談判中扮演的角色是鼓吹脫貧、改善糧食安全或營養，只是他是少數，他的意見未獲採納。畢竟，比爾不是新聯盟裡唯一有權勢的人——在促成新聯盟的八大工業國峰會召開期間，美國國務院正在推動基因改造穀物與基因改造種子科技，這是兩個能為美國帶來貿易盈餘的全球貿易領域。此外，就在美國國務院展開這項行動的同時，芝加哥一家蓋茲基金會資助的智庫發表了一篇報告，名為「重建美國在全球反飢餓與反貧窮之戰中的領導地位」（Renewing American Leadership in the Fight Against Global Hunger and Poverty），呼籲美國投入「擴散中的新科技」——不僅因為它能擴大貿易，也因為它能「加強美國建制」。

你就算不是陰謀論者——甚或不是馬克思主義論者——也能看出這裡面有些不對勁。這類人士不僅沒有大舉投書《紐約時報》，在霍威透過哥倫比亞廣播公司批判蓋茲基金會的十八個月之後，《紐約時報》才刊出一篇充滿激情的長篇大論，指責「慈善殖民主義」。而且這篇長文的作者名叫彼得·巴菲特。沒錯，就是**那位**彼得·巴菲特。

彼得·巴菲特由於參與《與狼共舞》音效製作，與美國印地安人傳統與激進主義結下不解之緣。不久以前，像他的哥哥一樣，彼得也開始積極參與非洲事務。舉例來說，他在二〇〇九年發表慈善單曲〈注血入金〉（Blood into Gold），歌頌塞內加爾美裔 R&B 藝術家阿肯（Akon）。這首歌的歌詞一開始就寫道：「夜晚入夢／為何不覺疼痛／陽光燦爛如昔／但人生空虛依舊」（When I go to sleep at night / I wonder why I don't feel the pain / From where the sun is shining bright / But empty shells of lives remain）。

沒錯，這首歌談不上什麼巴布．狄倫（Bob Dylan）*的風采。不過彼得熱衷於他的事業。這首歌的首演不在體育館，也不在電臺或串流媒體服務上，而是在聯合國大會音樂廳的現場表演。

彼得在他的這篇讀者投書中沒有提到任何姓名，不過他確實提出警告，說他這篇文章可能「冒犯一些非常好的人與幾位好友」。他寫道，根據他的觀察，

* 譯注：美國搖滾樂傳奇人物。

大多數慈善人士的所作所為，不過是強化一種不公不義的現狀而已。不少慈善家會拿著一體適用的農業問題解決辦法，空降遙遠的異域他鄉，其實做的卻是一種「良心洗錢」。「不過這麼做只會使既有貧富懸殊的結構繼續存在，」他寫道，「有錢人晚上能睡得好些，而其他人只能勉強糊口。」

「是建立一種新運作系統的時候了。我們要的不是一種2.0或一種3.0，而是一種嶄新的東西。一種新規則。愛因斯坦曾說，你無法以造成問題的思維模式來解決問題。」彼得寫道。

不要誤會：或許這一切看起來不像一場爭議，而更像一場無聲無息的橋牌賽，但比爾與巴菲特的兩個兒子似乎已經分道揚鑣了。

* * * * *

或許正是為調解這些爭執，華倫決定擴大對孩子們基金會的資助，還寫了一封信給他的孩子，宣布這項決定。「我知道你們會運用你們了不起的腦子與精力善用這些錢，」他在信中寫道，「我沒想到我的指望雖高，你們的表現更高。你們的母親會像我一樣，以你們為榮。你們的成就讓我見到她的影響力。」

這一招很聰明。不過，隨著霍威的基金不斷膨脹，他開始嘗到了衝突的滋味。

在霍威最大膽的一次冒險行動中，他飛到戰區，援助一位慈善家朋友。二○一一年，布里吉威基金會（Bridgeway Foundation）的霞農·賽吉威·戴維斯（Shannon Sedgwick Davis），已經深深捲入緝拿烏干達軍閥約瑟夫·科尼（Joseph Kony）的運動中，霞農甚至找上伊本·巴洛（Eeben Barlow）——如果你想找一支能征善戰的突擊隊，找巴洛這類人物就對了——訓練一支烏干達傭兵，深入叢林，搜索科尼與聖靈抵抗軍（Lord's Resistance Army）。科尼與聖靈抵抗軍已經在非洲大湖（Great Lakes）區盤據二十五年，製造死亡與痛苦。伊麗莎白·魯賓（Elizabeth Rubin）後來在 newyorker.com 上報導：「到二○一一年十二月，三百名烏干達傭兵已經通過巴洛在剛果邊界附近的『阿魯亞』（Arua）陸軍基地的三個月密集訓練。」這支新成軍的特種部隊一度險些逮到科尼，但科尼仍然逍遙法外，而緝拿行動燒錢燒得很快。

霍威於是上場。「那是二〇一二年的一個五月天，氣溫高達華氏一百多度。我搭乘一架塞斯納大篷車渦輪引擎飛機來到這處偏遠的營區，才到了幾分鐘，已經汗如雨下，」霍威將他來到一處前線行動基地的經歷寫了下來。「基地裡有帳棚，還停著幾架以迷彩油布覆蓋的 Mi-8 運輸直升機與 Mi-24 攻擊直升機。」布里吉威基金會無力負擔一切費用，霍威——華倫口中這位「慈善圈的印第安納．瓊斯」——於是加了進來，幫忙分攤一架直升機、一架塞斯納與一支軍犬隊的運作費用。科尼運用洗腦手段，找來幾千名兒童充當他的士兵，或當他的性奴，這支軍犬隊的任務就是把這些孩子找出來。在寫到這裡時，科尼尚未就逮，還在逃竄，他那支被迫躲起來的抵抗軍據說兵力已經不到百人，不再能在當地興風作浪。

這不是霍威唯一的戰區之旅：他曾經帶著他的兒子小霍華（Howard Jr.）訪問阿富汗；之後他帶著父親搭一架黑鷹直升機飛到賈拉拉巴德（Jalalabad），會見當地農民。他的基金會後來資助了當地大學的農學研究所。第二年，他帶頭推動一個在新成立的國家南蘇丹（South Sudan）建立農業的計畫，之後南蘇丹地區戰火重燃，但這個計畫仍堅持到底。霍威解釋：「你既然已經在南蘇丹啟動了一個一千萬美元的計畫，自然不能在子彈一開始亂飛時就跑掉。」

如果霍威與比爾之間真有一種緊張關係，至少到了二〇一一年十月，這種關係已經緩和。這年十月，支持聯合國WFP的非營利組織「世界糧食計畫USA」（World Food Program USA），選定「採購換進步」計畫頒發「麥高文領導獎」（McGovern Leadership Award）。這意味著，主持頒獎的時任國務卿希拉蕊，將兩個相同的獎盃頒給最努力推動這個計畫的兩個人：一個是比爾．蓋茲，另一個是……霍威．巴菲特。在這次頒獎儀式中，霍威像往常一樣八面玲瓏、談笑生風，比爾在領獎時則顯得羞怯得多。不過自那以後，兩個基金會在許多計畫上繼續合作，其中包括霍威最惦記在心的土壤品質專案。迄今為止，比爾已經投資霍威的計畫數百萬美元，以輪作與非化學肥料來改善非洲土壤。霍威為這個計畫取了一個名字，稱它為「褐色革命」（Brown Revolution）。

當然，巴菲特有三**個**孩子（不算大哥比爾）。當兩個弟弟忙著揮刀舞劍時，小蘇西在做什麼呢？

其實，她做了不少事。不過你當然不會見到她搭乘直升機闖入戰區。她完全就是她母親的女兒：她盡可能默默工作，盡可能行善。畢竟，小蘇西負責經營她母親的基金會，還有主要聚焦於奧瑪哈與內布拉斯加州地方性議題的「巴菲特幼兒基金」（Buffett Early Childhood Fund）與「謝伍德基金會」（Sherwood Foundation）。謝伍德基金會捐助的「常青計畫」（Project Everlast）就是一個範例。常青計畫是一個草根團體，透過住宿、交通、醫療保健、教育與就業等方式，協助奧瑪哈地區目前與過去的寄養兒童走出州政府的監控。長久以來，謝伍德基金會資助了許多反對特許學校的組織。近年來，它的許多與教育有關的捐助也已擴展到「七十五北方振興公司」（Seventy Five North Revitalization Corp.）等計畫。七十五北方振興公司是一個非營利組織，它打造平價房屋以重振奧瑪哈一處荒廢地區，還與一所在地學校合作，將校園改造成職訓與醫療中心。一生為廢除種族隔離奔忙的大蘇西若在天有靈，無疑會為這樣的計畫讚賞有加。巴菲特幼兒基金強調對高風險兒童的教育：它最著名的計畫是「Educare」。Educare是一個由二十五家育幼機構組成的全國性網絡，提供低廉學費。小蘇西基金會於二〇〇三年第一次投資Educare，在某種程度上是出於一個意外。在爸爸給的錢多到擠爆了口袋以後，身為奧瑪哈公立學校畢業生的小蘇西，原本決定回饋造就她的這個系統。「我前往拜會我們的學校總監，」她回憶說，「他基本上對我說：『不要給我這些錢。去查一下誰在幼兒教育這一塊做得最好，然後把錢捐出去。』」

賓州大學慈善基金會高影響力中心（Center for High Impact Philanthropy found）在二〇一四年發表一篇研究報告，發現在奧瑪哈地區，三年級到七年級、至少曾在Educare接受過兩年教育的兒童，其標準化閱讀測驗的成績，比同一學區的其他低收入戶學生高出二九%。

至少就時下美國境內政治氣候而言，蘇珊．湯普森．巴菲特基金會的情況比較讓人緊張。在小蘇西的領導下——應該說在她的決定下，因為基金會沒有多少工作人員，一切運作唯小蘇西之命是從——這個基金會擴大捐助大蘇西最熱衷的生育權運動。它是「計畫生育聯合會」（Planned Parenthood）的首要捐助人；是專業墮胎服務提供商協會「國家墮胎聯盟」（National Abortion Federation, NAF）迄今為止的最大捐助人；還是國際家庭計畫服務最慷慨的私人資助者。舉例來說，負責在全球各地訓練墮胎服務供應商的Ipas，在二○○六至二○一六年間從巴菲特基金會獲得近一·五億美元補助。巴菲特基金會還提供了補助，使子宮內避孕器（IUD）更加普及，並投資研發更好的長效避孕工具以及推廣使用的計畫。《施予者》作者大衛·卡拉漢指出：「巴菲特基金會資助的一個為科羅拉多州少女提供長效避孕措施的專案計畫，從二○○九到二○一三年間，將整個州的少女生育率降低了驚人的四○%，還大幅削減了墮胎數字。」不過，卡拉漢指出，蘇珊·湯普森·巴菲特基金會雖然開出了面額愈來愈大的支票，但不透明的情況也至為驚人。根據《彭博商業週刊》（*Bloomberg Businessweek*）的報導，蘇珊·湯普森·巴菲特基金會在二○一三年捐了近五億美元，其中大部分捐給獻身生育健康的組織，但這個基金會「僅保有一個網站，刻意避開媒體」，而且它的一切捐助幾乎都來自「一位匿名捐贈人」。

為追蹤基金會與富有的捐助人，卡拉漢成立了一個名叫「慈善內幕」

（Inside Philanthropy）的新聞網站。他在這個網站上說，巴菲特基金會「是做不透明個案研究的好地方。雖然可以理解為什麼一個致力於保護墮胎權的基金會竭力保持低調，但似乎有些超過了。」

是這樣嗎？反對墮胎與節育的人，似乎可以輕鬆找出誰在資助國家墮胎聯盟這類團體：無數「生命權」部落格〔更別提福克斯新聞（Fox News）了〕對蘇西與華倫大加撻伐，對「反選擇」主義者來說，一旦發現GEICO保費與冰雪皇后聖代的收益是流向這些團體，無疑會懊惱不已。〔同理，自由派人士每每想到購買「壯漢」（Brawny）紙巾就便宜了柯奇兄弟，難免會怒罵，主張非洲農業改革的人，在使用微軟文書處理軟體時，也氣得呲牙裂嘴。〕華倫本人或許沒有挺身而出為巴菲特基金會的工作辯護，但他也沒有退縮：在使用波克夏資金資助的所有各項慈善計畫中，生育權似乎與他本人的信念最直接相關。

蘇珊・湯普森・巴菲特基金會國內計畫前負責人朱迪絲・迪沙諾（Judith DeSarno），在二〇〇八年的一次訪談中說：「對華倫來說，這是個經濟問題。他認為，除非婦女能控制她們的生育……否則你就有點浪費半數以上美國人的腦力。」

「嗯，不只是美國而已，」迪沙諾補充說，「應該說是全世界。」

* * * * *

巴菲特兄弟或許與他們的比爾大哥不和，但至少在生育權議題上，巴菲特基金會與蓋茲基金會站在同一線上。或者更精確地說，小蘇西在梅琳達那裡有一位重要盟友。

在二〇〇八年《財富》刊出的一篇專題人物報導（這是第一篇有關梅琳達的專題報導，是一次經梅琳達同意發表的、幫助梅琳達走出比爾陰影的公關活動）中，梅琳達的朋友霞洛．桂曼（Charlotte Guyman），談到她與梅琳達在二〇〇四年一次加爾各答之行中訪問了德蕾莎修女的「垂死者收容所」（Home for the Dying）。所內一位因患了愛滋病與肺結核而瘦得只剩皮包骨的婦女，像僵屍一般茫茫然盯著兩人。「梅琳達走了進去，停了一下，直接走到這位少婦面前，」桂曼回憶道，「她搬來一把椅子，伸出兩手握著這女人的手。這女人不肯看她。梅琳達於是說：『妳得了愛滋病，這不是妳的錯。』說完再次重複：『這不是妳的錯。』」桂曼回憶道，那位少婦轉過臉，直接望著梅琳達，淚水從她憔悴的臉頰滾滾而下。梅琳達就這樣牽著那位垂死婦人的手，和她坐在一起。桂曼說：「那景象就像是可以這樣坐下去，天荒地老。」

《提升的時刻》收集了許多像這樣的故事：梅琳達柔和地望著疾病與不公義的犧牲者，接納他們，在與他們分手以後，她無視於人世現實的殘酷，下定決心幫助他們，並且**立刻**行動。換成比爾，開口閉口談的都是圖表和理論，例如應該如何將「挽救一年人命」的成本壓到一百美元以下，如果基金會浪費了五十萬美元，就是「浪費了五千年人命」等等。從梅琳達口中，你聽到的是她訪問馬拉威，見到母親們領著孩子徒步數十英里，排著長隊等著打針的故事。有一位母親問梅琳達：「**我在哪裡打針啊？**」梅琳達解釋說：「她說的這個針是長效避孕劑『得普樂』（Depo-Provera）。她生了一堆孩子，已經無力負擔。她很怕還會生更多……我在早期幾次出訪中會見的許多母親，會將話題從兒童疫苗轉到家庭計畫，她是其中一位。」

「漸漸地，在我的旅途中，不論旅途目的是什麼，我開始見到、聽到對避孕的需求。」梅琳達繼續說，「在我訪問的那些社區，每一位母親都經歷過喪子之痛，每個人都認識一位在生產過程中死難的母親。我見到愈來愈多想盡辦法避孕的母親，因為她們已經沒有能力照顧生下來的孩子。我開始了解，儘管避孕不是我到訪的目的，但婦女們總是與我談避孕。」

在那段時間，對梅琳達來說，避孕是個棘手議題。畢竟梅琳達生長在一個篤信天主教的家庭，而且她仍然是虔誠的天主教徒。梵蒂岡對這件事的立場……這麼說吧，眾所周知。我們不再贅述。但另一方面，梅琳達本身也曾使用避孕措施來讓自己的生活更好。如果在訪問非洲或印度時**不談**避孕，她等於是以一種不作為的態度，讓數百萬名婦女不能做出跟她一樣的選擇。

最後鼓勵她，讓她終於站出來為婦女發聲的人是小蘇西嗎？是華倫嗎？還是說，梅琳達在不斷權衡利弊得失，在經過無數難以成眠的長夜之後，終於做出她的決定？

二〇一二年七月，梅琳達出席倫敦家庭計畫峰會（Summit on Family Planning），第一次在一個重要公共論壇上談到生育權議題。她的演說勇氣十足。蘇西．巴菲特強調有錢好辦事，但身為天主教徒的梅琳達．蓋茲站在講臺上，要求世人透過弱勢婦女的眼睛，從渴望掌控自我生育命運的婦女的角度來觀察節育。她說：「當你從需要運用它的婦女的角度思考家庭計畫問題時，一切都變了。你的基本假定與長期政策開始轉變。」

舉例來說，許多家庭計畫專案考慮的，是一種擁有避孕「庫存」的診所。這類診所可能僅僅備有保險套，認為這就行了。如果你只從供應這方面來思考，這麼做或許也有道理。但許多與我交談的婦女告訴我，她們就是沒辦法說服她們的伴侶使用保險套。

有一位婦女說，她不能要求她的丈夫使用保險套。我問她為什麼，而她說，如果提出這樣的要求，會讓他以為她有ＨＩＶ，或以為她擔心他有ＨＩＶ。現在許多國家開始改變政策，讓診所為婦女提供許多選項——包括注射劑、植入物、子宮內避孕器——使婦女可以在她們需要的時候，運用她們選定的避孕手段。

梅琳達的家庭計畫之戰，堪稱是蓋茲基金會強調在地實用價值的範例。她在倫敦發表的那場演說中，梅琳達向觀眾出示一張新科技的照片——輝瑞（Pfizer）正在測試的一種一次性注射裝置，使用者可以利用它在家裡自行注射新版得普樂（在非洲很流行的節育注射劑）。考慮到生活在撒哈拉以南非洲偏遠地區的婦女，可能得長途跋涉走到最近一家診所，注射她們每三個月一劑的得普樂，但並非每個婦女都能經常這樣旅行，能夠自行居家注射將使一切為之改觀。梅琳達說，在基金會鼓舞下，民營企業的創新能「掃除使婦女無法使用避孕劑的障礙」。

蓋茲基金會為輝瑞開創了新市場嗎？沒錯。這種新藥劑滿足了一項迫切的需求嗎？也沒錯。

梅琳達不僅在這次倫敦峰會上發表演說；她還出力籌辦了這次峰會。在這次峰會結束時，她已經獲得英國承諾，要像蓋茲基金會一樣，將國際家庭計畫預算增加一倍，而許多開發中國家也保證將增列二十億美元投入家庭計畫項目，讓其他一．二億名婦女也能在二〇二〇年前（倫敦峰會結束時訂定的目標日期）可以取用避孕藥劑。

反應很快。在一般情況下，當虔誠的天主教徒基於良知，決定採取與教會不一樣的做法時，即使引起騷動也不至於公開張揚。梅琳達的情況不同。梵蒂岡報紙《羅馬觀察報》（*L'Osservatore Romano*）在頭版刊文表示反對，說梅琳達「誤入歧途」。但梅琳達堅守自己的立場。她告訴《衛報》：「身為天主教徒，我相信這個宗教。這個宗教有許多神奇的事，有許多我篤信的神奇的道德教條，但我也得考慮我們如何為婦女保命的問題。」梅琳達指出，畢竟，「教會是由人組成的。」

梅琳達身為女權運動戰士女王的新角色並未止步於此。而且在這場鬥爭中，她也未能一直依賴她的老盟友。大約就在《提升的時刻》出版前後，她告訴《慈善紀事報》，她要求與比爾共同撰寫基金會的二〇一三年公開信，但比爾堅持反對。她告訴《慈善紀事報》編輯史塔西．巴默（Stacy Palmer）：「我對我們的家庭計畫工作有一種強烈的主導意識，我要在公開信中寫下我的感覺，但他說，他看不出有什麼需要改變的理由。」

「我們鬧得很凶，」梅琳達承認，「我們都動了怒。那是對我們兩人的一大考驗。最後，我們過了這一關。儘管這封信後來還是以他的名義發表，但信中附了一篇以我的名義發表的家庭計畫文章。」

到二〇一五年，梅琳達開始與比爾共同撰寫公開信。但在幕後，她或許仍然感到自己沒能享有對等待遇——她同時也疑心，她的先生不能完全分享她有關女權的強烈信念。

寫到這裡，我得再一次暫停我們的故事。這一次我得另起爐灶，討論傑佛瑞．艾普斯坦（Jeffrey Epstein）。這是一項令人沮喪的任務。或許有讀者想更深入了解艾普斯坦這號人物——他躋身美國金融圈高層的傳奇；他錯綜複雜的陰暗關係網；他對年輕女性的凌虐與壓榨——可供參考的有關內容很多，《邁阿密前鋒報》（*Miami Herald*）記者茱莉．布朗（Julie K. Brown）所寫的《正義的變態》（*Perversions of Justice*）就是很好的起點。不過為了本書敘事之便，我們簡單一筆帶過，就說，在二〇一一年一月，當比爾初遇金融家艾普斯坦時，艾普斯坦已經因涉及未成年人賣淫而遭佛羅里達州定罪，而且他還有一堆各式各樣醜陋的傳言纏身。不過這一切並不影響名流權貴成為他的座上賓——這類人士除比爾以外，還有安德魯王子（Prince Andrew）、哈佛大學教授史蒂芬·平克（Steven Pinker）、名律師艾倫·德蕭維茲（Alan Dershowitz），以及或許是最有名的比爾·克林頓（Bill Clinton）。根據比爾的說法，他與艾普斯坦結交純屬慈善理由。比爾說，他與艾普斯坦第一次握手，是因為聽說艾普斯坦結交了許多有錢人，而且能讓他們出錢捐助比爾醉心的慈善事業。我想比爾這麼說是可信的。或許事情本就如此而已，他們碰面了幾次，艾普斯坦想在蓋茲基金會的全球健康相關投資的營利性業務上分一杯羹，但沒有成功。沒啥新奇之處。也或許，確實有一些值得注意的地方。在第一次往訪艾普斯坦如今聲名狼藉的上東區豪宅之後，比爾在一份電郵中寫道：「他的生活方式儘管不適合我，卻非常不一樣，非常有趣。」這樣的「我無罪」聲明，讓人不能不想起比爾讀大學期間訪問波士頓「戰鬥區」，但他表示自己「只是去吃披薩和看人」。

但話又說回來……

或許比爾**就如**「每日野獸」（Daily Beast）新聞網站所說——但比爾本人矢口否認——曾與艾普斯坦見了「好幾十次」。也或許，套用一名參與聚會人士的說法，比爾**確曾**利用「艾普斯坦在紐約這棟七千七百萬美元豪宅的聚會，做為逃避『有毒婚姻』的避難所，這個話題兩人都很關切」。這個說法也被比爾指為「不實」，比爾也否認曾經接受或徵求艾普斯坦的任何個人建議。既如此，誰又真能知道比爾對艾普斯坦及其隨行人員的想法究竟是什麼。比爾除了表示遺憾，什麼也沒說，至於艾普斯坦，幾乎任何能上網的人都知道，二〇一九年，他在等候性販賣控罪審判時死於獄中（茱莉．布朗認為他的死因可疑）。我們可以百分之百確定的是，梅琳達非常厭惡艾普斯坦，曾要求比爾切斷與他的關係。在二〇二二年三月一次訪問中，梅琳達告訴哥倫比亞廣播公司的蓋爾．金恩（Gayle King）：「我不喜歡他與傑夫瑞．艾普斯坦見面，一點也不喜歡」。是的，她向比爾明白表示，打從大約十年前第一次見到艾普斯坦的那一刻起，她就對這個人很反感。

我也曾見過艾普斯坦，見過一次。我當時很想看看這究竟是一號什麼人物。而且打從踏進門裡的那一刻起，我就後悔了。他令人憎惡，彷彿惡靈化身。之後我做了噩夢。我為那些年輕女性感到心碎，因為那就是他給我的感覺，而我是個年長的女性——天哪，我為那些年輕女性感到難過極了。太可怕了。

二〇一四年十月，比爾應艾普斯坦之請，捐了兩百萬美元給麻省理工媒體實驗室（MIT Media Lab）——這是比爾個人對艾普斯坦寵愛的專案的捐助，不是基金會分配的資助金。之後，或是由於梅琳達的堅持，或是基於他本身的理由，比爾斷了與艾普斯坦的連繫。但比爾願意與艾普斯坦廝混——以及他對艾普斯坦「生活方式」的輕描淡寫——讓梅琳達憤恨不已。此外，或許有關比爾喜歡對部屬「拈花惹草」的傳言也令梅琳達不快。在二〇〇八年，比爾就曾因這樣的事引起微軟高層矚目，還遭到一陣斥責；在他於二〇二〇年離開公司前不久，過去與一名微軟工程師的性關係也曾鬧上董事會。

無論如何，在二〇一二年發表那篇倫敦峰會演說以前，梅琳達一定已經發現比爾不能像她一樣，全心投入女權運動，在發表那篇演說之後，她更加確信如此。梅琳達獻身女權運動的決心，特別因一次與出席峰會的女權運動重量級人士的餐敘而更加堅定。當時峰會剛剛落幕，梅琳達沐浴在任務圓滿達成的喜悅中；心力交瘁的她，完全沒料到餐會出現這樣意義深遠的話題。「這些女士對我說：『梅琳達，妳不明白嗎？家庭計畫只是女權運動的**第一步**！我們得繼續推進一項更大的議程！』」

梅琳達說，這次在餐會上的交談讓她豁然開朗，發現家庭計畫只是打一場更大的戰鬥的武器：性別平等之戰。這是一場必須在許多戰線同時發動的戰鬥，而且想打贏這場戰鬥，你不能在造成這種不公的體制內運作。你必須先拆了父權制的鷹架，建立更好的東西來取代它。一個新的作業系統。不是 2.0 版或 3.0 版，而是全新的程式碼。

梅琳達下定決心，不再屈居於比爾身後，不再做一個甘心躲在男人身後的女人。在塞內加爾與當地婦女的一次座談中，梅琳達許下這項爭取全球女權的大願。這些與會婦女都來自普遍存在女性割禮的社區，每個人都接受過割禮，還有些人曾經被迫按著自己的女兒進行割禮。但她們已經下定決心反抗這種做法。在她們講述自己的故事中一些最令人毛骨悚然的細節時，連翻譯員都不肯翻譯，怕梅琳達聽了會受不了。梅琳達在《提升的時刻》中寫道：「『那些婦女』認為她們在對我說一個進步的故事，她們確實如此。不過想了解它是就什麼意義而言的進步，就得了解這種做法直到今天仍然普遍存在的殘酷事實。她們要告訴我，她們經歷了多少苦難，還要讓我知道，她們國家的女孩仍在忍受多麼可怕的事。這些故事讓我心驚膽戰。我徹底當機。我發現一切努力都是徒勞無功，我沒這能耐，也沒這資源，我對自己說：『我**放棄**了。』」

但她隨即重新振作。「我得做好我分內的工作，這是我必須接受的。我為所有那些我們幫不上忙的婦女心碎，但我必須保持樂觀。」

戰鬥展開了。

第十三章　零

二〇一五年，華倫．巴菲特慶祝入主波克夏五十週年。二〇一六年，在大舉捐贈蓋茲基金會十年之後，華倫八十六歲了。他為自己買了一份大禮：奧勒岡州的航太零件製造商「精密鑄件」（Precision Castparts）。這筆交易總額三百二十三億美元，是他有史以來單價最高的一筆交易。華倫或許老了，但他並沒有放慢腳步。

為求一切圓滿順利，他還寫了兩封信。在二〇一五年，他寫了一封信給他的波克夏．海瑟威股東。翌年，他寫了另一封信給比爾與梅琳達。

華倫的第一封信一如傳統，充滿陽光與坦誠，標題也樸實無華：「波克夏——過去、現在與未來」。他在信中回顧他和這家公司一起走過的路，談到波克夏從新英格蘭一家「就寓意與實質意義而言都在走下坡」的紡織廠不斷演進，成為今天「雄霸四方，而且觸角還在延伸的企業集團」。對於看著《機器戰警》（*RoboCop*）長大的一代來說，這樣的形象或許讓人惡夢連連，但對華倫來說，這絕對是好事。因為波克夏的業務**無所不包**——在他寫這封信的時候，波克夏擁有時思糖果與可口可樂這類消費品牌，擁有保險公司、工業製造業者，還有一家汽車代理、一家鐵路公司；它是整個美國經濟的縮影——他能「在絕佳位置上，以最低成本，合理調撥資金」。如果人壽保險利潤穩定，但機器零件業務需要更多投資，他只需動一動手指，資金調度就完成了。

華倫坦承他過去犯下的錯，也談到幫他改變投資做法、讓他做得更好的人（主要是查理．蒙格）。做為一個樂於授權的人，他很樂於承認這個過程仍是進行式。他為波克夏塑造的遠景是一場大規模的共同冒險，一種夥伴關係，華倫會在其中做一些決策（無論是好是壞），但永遠樂於聽取好意見。他在這封信的結尾，談到不久前股東對一項決議案的投票。這項決議文寫道：

決議：鑑於公司有多餘的資金，並且股東們不像華倫那樣是億萬富豪，董事會將考慮支付一筆豐厚的年度股息。

波克夏股東——全部加起來，可能有一百萬人之譜——以壓倒性多數拒絕了這項決議。他們不要一次領一筆錢；他們要波克夏按照現行模式繼續做下去：讓他們的錢利上滾利。

在這封對一百萬投資人的公開信的結尾，華倫寫道：「能夠有你們這群合作夥伴，我很幸運。」

這封信獲得熱烈迴響——比爾．蓋茲也贊不絕口，說它是華倫「寫過最重要的一封信」。就這樣，華倫在他的第二封致比爾與梅琳達的信中，建議兩人或許也可以採取同樣的做法。談到主持波克夏滿五十年這件事時，華倫在信中寫道：

我利用這個場合，寫了一份特別報告給公司股東。我在報告中反省公司哪些事做得特別好，或特別差，我學到了些什麼，以及我希望能在今後做到些什麼。

你們可能已經猜到，最後我成為這項努力的主要受益人。能用筆寫下一些東西以澄清思考，這世上還有什麼比這更好的事……

我想你們或許也想寫一封類似我這樣的回顧與展望之信。

我不會是唯一想讀你們這封信的人。許多人想知道你們從哪裡來，往哪裡去，為什麼。我也相信有一件事很重要，就是我們得讓人們了解，量度慈善事業成功與否的標準，和量度企業或政府成功與否的標準不同。你們的信可以解釋你們兩人如何自我評估，你們希望自己最後的成績單上寫些什麼。

比爾與梅琳達果然照做。兩人的信滿載搶眼的圖表，比華倫寫的時髦。在談到悲劇性議題時，他們不能像華倫那樣隨意揮灑，但他們像華倫一樣對未來充滿樂觀。他們指出，在之前一年，一百萬名嬰兒在生下來那天夭折。他們說，四五%的兒童死亡與營養不良有關——這些兒童並非死於飢餓，但因為得不到必要營養而無力抵抗疾病。他們引用數據指出，開發中國家有二．二五億婦女想避孕，但無法取得避孕裝置。但他們說，在所有這些案例中，一切都比過去**更好**。

兩人這封信就像一份蓋茲基金會報告，提出許多佐證數據：自一九九〇年以來，已經拯救了一．二二億兒童的性命，部分原因是「基本兒童疫苗接種的覆蓋率達到八六%，創下有史以來最高紀錄。而最富有與最貧窮國家間的差距也創下有史以來**最低**紀錄」。不過他們鼓吹的一些解決辦法，科技含金量低得令人稱奇：以盧安達為例，只用鼓勵哺乳，以及母親與新生嬰兒之間皮膚與皮膚接觸的手段，就將新生兒夭折率降低了三〇%。

對比爾與梅琳達而言，事情不可能改善的悲觀氣氛，是最大的問題，而這個問題本身看起來甚至不像一個真正的健康議題：

比爾：極度貧窮人口在過去二十五年來已經減少了一半。這是一項應該能讓每個人都更樂觀的大成就。但幾乎沒有人知道這件事。在最近舉行的一次民調中，僅有一%的人知道我們已經將極度貧窮案例腰斬，九九%的人低估了我們的進展。這次民調不僅測試了知識；它也測試了樂觀——結果世人的成績不怎麼好。

梅琳達：樂觀是一筆巨大的財富。我們永遠需要它，愈多愈好。但樂觀不是一種認定事情會自動好轉的信念；它是一種我們能讓事情好轉的信念。我們在華倫你身上見到這種信念。你的成功並沒有創造你的樂觀；是你的樂觀導引你走向成功。

讓人難以置信的是，比爾與梅琳達在這封信中，**沒有**直接為他們已經取得的進展居功。他們或許採取一種可以量化的慈善做法，但這些干預造成的直接衝擊極難量化。如果極度貧窮案例大幅減少，比爾與梅琳達能夠望著一個情況獲得改善的世界，從那裡面看出他們的成就嗎？或者，他們看到的只是中國共產黨那嚴苛的嘴臉？（根據世界銀行的數據，自一九八〇年以來脫貧的人，有四分之三都是中國人。）倒不是說這些困難阻止了蓋茲夫婦居功。舉例來說，梅琳達就在二〇一九年現身大衛．萊特曼（David Letterman）的 Netflix 節目接受了讚譽。在那次專訪一開始，萊特曼就問梅琳達：「把小兒麻痺趕出地球，這是妳幹的吧？」

「是比爾和我一起幹的。」梅琳達滿意地點頭答道，還說他們「瀕臨」達標邊緣。觀眾報以熱烈掌聲。

打擊小兒麻痺之戰早於一九八八年就已展開，但直到二〇〇〇年蓋茲基金會加盟，才開始嶄露勝利曙光。蓋茲基金會所做的是解決棘手的案例，包括醫療服務充其量只能算得上參差不齊的國家、貧窮與戰亂肆虐的地區、幾乎無法與外界接觸的偏遠村落。蓋茲基金會並非一切都能親力親為，但它的錢與它的影響力對政府、捐助人、志工與非政府組織產生了激勵效應。儘管近年來有人在倫敦、紐約市等地的廢水中檢測到小兒麻痺病毒，它在巴基斯坦與阿富汗若干地區也頑固地存在著，但很可能在未來幾年內，小兒麻痺將成為繼天花之後被徹底消滅的第一種疾病。

如果——希望如此——小兒麻痺真能在不久的將來消失，蓋茲基金會將花費二十年的時間來取得一個沒有爭議的**成果**。誰又知道今後幾十年會為這個世界帶來些什麼？

比爾與梅琳達將他們最重要的一個數字留到信尾：零。比爾寫道：「我們每天在基金會奮力追求的就是零這個數字。零瘧疾。零肺結核。零ＨＩＶ。零營養不良。可預防的死亡為零。窮孩子與其他孩子在健康上的零差為異。」這是一個恢弘的目標，但一件事可以確定：在達標過程中，經歷的失敗一定多於勝利。這樣的事不可能取巧。誠如慈善評估機構「GiveWell」所說，慈善事業鎖定解決的，許多都是「基金會、政府與專家奮鬥數十年力求克服的極端難題」，最後，「許多資金充裕、執行良好、合理可行的計畫都不能達成預期成果。」就這樣，當比爾與梅琳達繼續撒他們的錢、撒華倫的錢時，為了招架批判——其實批判他們的人，不過是在做他們的工作罷了——還得舉出數據，證明他們正在往達標的路上邁進，不過，那是一條漫漫長路。

但華倫的信與比爾和梅琳達的信有很大差異。華倫寫信的對象是波克夏的股東：是數十萬把錢交給他投資的人，他做的一切都有他們一份。華倫可以說，這是我們做的。**這是我們一起做的**。每一個投資人都應邀隨他一起行動，都有一票。但比爾與梅琳達的信是寫給**華倫**的。他們還能寫給誰？比爾與梅琳達．蓋茲基金會沒有數十萬股東。它只對它所命名的人負責。當比爾與梅琳達說「**這是我們做的**」，所謂「我們」指的是比爾與梅琳達，以及華倫的錢。

這裡面有一個危險。你或許還記得二〇一六年發生的另一個與億萬富豪有關的新聞，就是唐納．川普當選第四十五屆美國總統。要解釋川普何以當選的原因可以寫一本書，而且做這種嘗試的人已經很多。不過川普當選的一個原因是，千百萬美國平民百姓感覺他們受到冷落，沒有應邀一起行動：有權勢的人在未經他們同意的情況下改變世界，沒有人願意聽他們的故事。

華倫花了很長一段時間教比爾如何改善溝通技巧。比爾開始寫年度公開信、說明基金會的工作，是華倫出的點子；在華倫協助下，微軟這位科技暴君改頭換面，成為舉世仰慕的慈善家。但現在他或許得教比爾如何**傾聽**了。

* * * * *

為梅琳達撰寫二〇〇八年《財富》富豪小傳的作者曾經問華倫，如果沒有梅琳達介入，他會不會把他的天文數字財富交給蓋茲基金會，華倫當時承認他「不確定」。華倫說，比爾「顯然精得像鬼一樣。但就綜觀全局而言，她更聰明」。他認為梅琳達對比爾的影響，就像蘇西對他的影響一樣。「比爾是個不容易相處的人，」華倫指出，「他的為人處世不夠平衡，但自從他見到梅琳達以後，不平衡的情況改善了。蘇西也讓我的不平衡狀況改善不少。」

想到比爾與梅琳達的夥伴關係，很容易讓人聯想到陰、陽之分：他是帳本思想家，管帳面上的數字，她念念不忘的是帳本上那些數字代表的人。

「你不能只用疫苗就拯救孩子，」梅琳達告訴《財富》，「我前往印度偏遠的小村，心裡想著，『好的，我們救了這孩子。但牛在河裡排便，而遭牛糞汙染了的河水又流入這個小村子。我們還得做其他事才行。』」

如果比爾是華倫的第三個兒子，梅琳達可以算得上是他的第二個女兒。她毫無疑問更符合霍威、彼得及小蘇西所建立的慈善傳統。無論是為傳統農耕做法傳播福音，或為奧瑪哈草根團體挹注資金，巴菲特家子女一般都遵守彼得在他的著作《做你自己》（*Life Is What You Make It*）中所提的原則，就是「為找出**他們自身**需求、提出**他們自身**解決辦法的人提供支援」。

面對像俄羅斯娃娃般問題內包著問題的情勢，梅琳達喜歡採取的解決辦法就是「聆聽」。如果不是因為她能不斷聆聽，蓋茲基金會將失去一項重要的自我修正機制。蓋茲基金會將部分資金從疫苗研發撤出，轉而投入噴過殺蟲劑的蚊帳與保險套等低科技解決辦法，就是受了梅琳達的影響。比爾當年會用那麼長的時間與政府的反壟斷控罪頑抗，也因為面對擺在面前的數據，他只會想方設法進行解讀，證明自己是**對的**。

還有別忘了，由於能夠**聆聽**她在海外旅途中會見的那些婦女的心聲，梅琳達終於成為世界上最強大的生育權與性別平權倡導者之一。

畢竟，避孕工具的普及意味著有數百萬婦女突然能夠**選擇**自己的生活方式，特別是在備受人口增長壓力的非洲，與孟山都所能提供的所有基因改造種子相比，她的努力可能為民眾減輕了更多痛苦。

這是一種對「卵巢樂透」規則的重整，也難怪華倫最關心的就是基金會這部分的工作。梅琳達在二〇一六年告訴《紐約時報》：「這是華倫與我討論的最重要的議題。每次與他在一起，無論是在基金會年會上，或是在他與我及其他富豪參加的捐贈誓言活動上，華倫總會在後臺找上我，說：『梅琳達，我認為這是妳在基金會做的最重要的事，最重要的。』」

在《提升的時刻》中的一段，梅琳達詳細討論了性別與農業發展之間的關係。她在這段文字中，巨細靡遺地說明基金會內部對於是否應該以及如何在各種激進主義議題之外加上女性平權議題的相關辯論。書中說，一位「很有地位的人士」反駁她的觀點，說「我們不搞『性別』」，還有人說「我們**無意**成為一個社會正義組織」。

所以說，蓋茲基金會**不是**一個社會正義組織？真的嗎？能確定嗎？

* * * * *

二〇二一年五月，爆發了比爾與梅琳達要離婚的消息。兩人提供的公開聲明直截了當，但也不透明：「經過好一番思考與許多挽回我們之間關係的努力之後，我們已經決定結束我們的婚姻關係，」兩人分別在他們各自的推特帳號上發了推文，「我們不再相信我們可以做為夫妻一起成長。」對大多數觀察家而言，兩人的決裂似乎是晴天霹靂；比爾與梅琳達一直代表著一個聯合陣線。自然，有關兩人分手的猜測很多，其中不乏一些淫穢荒誕之說。在兩人分手的消息傳出後，《紐約時報》就刊出一篇報導，談到比爾在二〇〇〇年與一名微軟員工有染，還說比爾喜歡「對進出辦公室的女人毛手毛腳」。此外還有一些更有耐人尋味的傳言——就是比爾與艾普斯坦之間那些狗皮倒灶的瓜葛。根據一些報導，《時代》在二〇一九年刊出的一篇調查比爾與艾普斯坦之間關係的報導，令梅琳達氣得聘了一隊律師，準備打離婚官司。之後，《華爾街日報》也在二〇二三年報導，說比爾可能在二〇一〇年與比他年輕得多的職業橋牌手米拉・安托諾娃（Mila Antonova）有染；艾普斯坦在獲悉這件事後似乎還曾設法勒索比爾。真是一筆糾纏不清的爛帳。

在比爾與梅琳達宣布離婚之後，更多細節出現。有蓋茲基金會幕僚傳出的傳言耳語，說梅琳達認為比爾根本不關心她的女權運動，艾普斯坦事件就是明證。在處理針對麥克·拉森（Michael Larson）提出的職場騷擾投訴的過程中，比爾的做法可能也令梅琳達氣急敗壞。麥克·拉森是比爾與梅琳達夫婦的財務，以及「蓋茲基金會信託」（Gates Foundation Trust）的財務總管。《浮華世界》（*Vanity Fair*）繪聲繪影地釋出更多兩人夫妻不和的傳言，例如：「梅琳達圈子裡有人」在訴請離婚之前那段時間雇了私家偵探，梅琳達的發言人已經斷然否認這個說法。至於這名私家偵探的任務是不是查證比爾有沒有騙她，《浮華世界》沒有說清楚，但這麼說顯然意指梅琳達懷疑比爾有婚外情。

有鑑於此，《提升的時刻》中有關蓋茲基金會是——或應該是——「一個社會正義組織」的辯論，值得我們重新檢討。根據弦外之音判斷，這個問題似乎是比爾與梅琳達之間的斷層線——比爾以純技術性、解決問題的邏輯詮釋基金會的使命，梅琳達則認為基金會是一種邁向更大目標、特別是婦女平權目標的工具。基於這個理由，艾普斯坦事件很可能是梅琳達終於決定分手的最後一根稻草：想「解決問題」，往往得與品行不端的人打交道；但「聖戰的義師」容不下這種人。

我們可能永遠不會知道事情全部真相。但發生這次離婚事件之後，由於記者開始檢驗蓋茲基金會內部作業與氣氛、它的全球影響力，還有或許最引人注目的財務狀況，蓋茲基金會的黑盒子被打開了。二〇二〇年三月，《國家》（*The Nation*）雜誌的一篇報導揭露，蓋茲基金會將二十幾億美元的免稅捐贈投入營利事業，其中包括將二·五億美元贈予它同時也投資的默克與「聯合利華」（Unilever）。用贈款捐助**它持有股份**的公司？這合法嗎？那麼，贈款在什麼時候不是贈款？在有些案例，這類重疊出於意外——基金會的贈予管理人不知道投資經理的計畫，反之亦然——但在其他案例，這是策略運用，例如蓋茲基金會捐了兩千萬美元給它投資了七百萬美元的新創AgBiome，為非洲農民研發殺蟲劑。（不知霍威·巴菲特**對此**有何感想？）新聞界這些檢驗，延伸到比爾與梅琳達在基金會以外的財務利益，《時代》雜誌說，根據評估，兩人在基金會以外擁有的財產超過摩洛哥的年度GDP，而且兩人的投資管道大不相同：梅琳達主要透過以鼓吹女權為宗旨的「關鍵創投」（Pivotal Ventures）進行投資，比爾的投資對象是幾家聚焦於改善氣候變化狀況的企業。順著金錢脈絡摸索，我們可以看出比爾與梅琳達各有各的優先事項——並非截然不同，但差異之大，已經足以讓人懷疑兩人既已離婚，怎麼可能像兩人向社會大眾保證的那樣，繼續共享蓋茲基金會的主導權。

離婚本是一件私事。但蓋茲基金會的未來備受社會大眾關切——為緩解有關基金會可能分家、可能重組，或整個內爆的疑慮，比爾與梅琳達發表一篇聲明，間接承認了社會大眾對這件事的關切。這篇聲明要表達的訊息是「**一切照舊**」，就像蘇西．巴菲特告訴華倫，「**我們反正早已各過各的日子**」，就算她搬到舊金山，事情也不會出現任何重大改變。這不禁讓人想到，蓋茲夫婦的離婚會不會重創華倫——華倫曾經擔心比爾過於「不平衡」，把錢交給比爾一個人讓他不放心，有梅琳達站在比爾身邊，華倫這才放心。根據猜想，蓋茲夫婦應該早在公開宣布離婚之前很久，已經將這項計畫告知華倫，我們也只能猜想當時他們私下談了些什麼，對蓋茲基金會今後何去何從做了哪些思考。不過沒多久，震撼的消息接踵而來。二〇二一年六月，華倫宣布辭去蓋茲基金會董事。華倫在一篇聲明中說：「多年來，我一直在我的資金唯一受託人——比爾與梅琳達．蓋茲基金會——擔任董事，一個不作為的董事。現在，就像我在除了波克夏以外的所有公司做的一樣，我要辭去這個職位。」華倫將在那年夏天滿九十一歲，他為了降低工作負荷而做出這項決定，當然言之有理。

華倫離開的決定引起蓋茲基金會內外的關切。自二〇二〇年以來擔任基金會執行長的馬克．蘇茲曼（Mark Suzman）在一封電子郵件中向員工保證，「在比爾與梅琳達離異的消息宣布後」，他一直「積極與華倫、比爾與梅琳達討論如何加強我們的治理，提供長程安定與永續能力」。但在僅僅事隔兩週之後的二〇二一年七月七日，蘇茲曼宣布，事實上，比爾與梅琳達在做一項實驗，看看兩人能不能以共同負責人的方式經營這個基金會。「兩人已經協議，如果經過兩年，兩人中有任何一人決定他們沒辦法繼續在一起工作，梅琳達會辭去共同主席與董事。」蘇茲曼通知基金會員工。而如果梅琳達辭職，她「會接到來自比爾的個人資源，幫她投入慈善工作」。那一年稍後，梅琳達以自己的名義發表一封「捐贈誓言」信，信中也提到她的投資工具「關鍵創投」。必須指出的是，「關鍵創投」**不是**一家慈善機構，不過蓋茲基金會透過這家創投，資助美國境內的性別平等相關運動。在寫到這裡時，關鍵創投已經擁有九十名員工，做了超過一百五十筆慈善投資。二〇二二年二月，《華爾街日報》報導，梅琳達不打算把她離婚後的大部分財產交給蓋茲基金會，情勢走向似乎已經明朗。但在離婚兩年後，梅琳達．法蘭奇．蓋茲仍留在蓋茲基金會董事會——身邊還跟了六個新近任命的董事，其中包括蘇茲曼。

至於華倫，他也沒有放棄蓋茲基金會。或許有人認為，華倫在宣布辭去董事職位時，以波克夏股票捐給蓋茲基金會的三十二億美元是他的臨別贈禮，但事實上，他在之後又捐了好幾筆。二〇二三年六月，他又捐了一千零四十五萬股；至此他對蓋茲基金會的捐輸總額已經超過三百九十億美元。同一時間，華倫還宣布了其他捐助——他捐出兩百二十萬股波克夏股票，由以華倫子女為首的幾個慈善組織均分，另外捐了一百零五萬股給蘇珊．湯普森．巴菲特基金會，這家基金會近年來也在不斷成長。二〇二二年，就在聯邦最高法院推翻《羅訴韋德案》（*Roe v. Wade*）判決*之前兩三天，《華爾街日報》報導，蘇珊．湯普森．巴菲特基金會近來不斷增募人手，準備接收一大筆錢。根據這篇報導，所謂一大筆錢，數字約在七百億到一千億美元之間，在華倫離開人世那一天，華倫（仍在利上滾利）的財富將大部分流入鼓吹生育權的蘇珊．湯普森．巴菲特基金會。如果這篇報導大致屬實，那將是一種遊子歸鄉的美事——蘇西與華倫在來生重聚，一起為兩人鍾愛的運動奮鬥。

倒不是說蓋茲基金會可能缺錢——即使它的創始主人翁把注意力與金錢投向其他地方，也沒有這樣的顧慮。比爾本人的注意力愈來愈投向基金會以外的活動；例如：他最感興趣的那些與氣候變化相關的創新與低碳科技，都與基金會活動無關。比爾已經將訂定與溝通基金會優先事項的大部分職責交給蘇茲曼，蘇茲曼自二〇二二年起負責撰寫年度公開信。蓋茲基金會似乎也在不斷轉變，變得愈來愈大，愈來愈與福特或洛克菲勒基金會沒有多大差異。它的風格也在改變。蘇茲曼在二〇二三年的公開信中，直接槓上有關基金會缺乏透明度與問責力的批判。他說：「我們有義務說清楚我們如何運用我們的影響力，以及為什麼這樣運用。」獨白的時代已經過去，對話的時代來了。這是一個新開端。

總言之，比爾與梅琳達．蓋茲基金會最讓人喪氣的地方，在於它的兩位創辦人不肯打舌戰。兩人早已訂定一套行動路線，依計而行，對於旁人提出的疑慮與擔憂不理不睬，認為那是「悲觀論調」，直到若干數據讓他們不得不改變想法。善意的批評者都認為，比爾與梅琳達真的想竭盡全力緩解世人苦難，他們知道兩人大可每天泡在豪華遊艇上享受日光浴，不必在偏遠小村落與貧民窟亂竄，查看兩人的錢為窮人帶來什麼成果。

但他們也感到不解，為什麼比爾與梅琳達這許多年來一直這麼逃避問題？舉例來說，兩人不理會印度的爭取食物權（right to food）運動，兩人主張透過科技手段，藉由基因改造種子與化肥，與自由貿易政策與公司夥伴系統搭配，處理飢餓問題，卻不肯討論這種科技做法的利弊得失。反之，二〇〇三年在巴

* 譯注：美國聯邦最高法院判決孕婦有權選擇墮胎。

西發起的「零飢餓」（Zero Hunger）計畫確實獲得來自基金會的研究經費，所以說事情有例外，表示基金會對於與政府合作、幫政府履行它們對人民的義務一事，並無特別異議。但對比爾（基金會的主宰）來說，「政治」長久以來就是一種令人厭惡的咀咒——或許對一些自詡為社會正義鬥士的人來說，政治不是一件壞事，但比爾自詡為慈善家，講究的是解決問題，要用創新與有效的辦法解決這世上最大的問題。但矛盾依然存在，至少對本書作者而言如此：在既有系統解決問題，必然是一種政治形式，必然是一種基於政治現實、尋求解決之道的做法。

比爾曾在二〇一四年三月接受《滾石》（*Rolling Stone*）雜誌訪問，對創新與政治做了一次明確的區分：

> 在一七〇〇年以前，每個人都非常貧窮。生命短暫而野蠻。那不是因為我們沒有好的政治家；我們有幾位非常好的政治家。但之後我們開始發明——電氣、蒸汽引擎、微處理器，開始深入了解基因、醫

藥等等。沒錯，安定與教育都很重要——我沒有貶抑它們的意思，但創新是進步的真正推手。

這或許是比爾．蓋茲說過最具「比爾．蓋茲特色」的話。他不僅忽視創新除了推動「進步」同時也助長政治改革的事實——例如：工業革命過後，歐洲以土地分封為基礎的貴族系統崩潰——他還說創新與政治是彼此截然不同的兩回事。他認為，在緩解人世苦難的同一問題上，創新與政治是各自運作的。只不過科技手段遠比政治更能收效而已。

這個觀點的問題在於，任何一種改變都有必然的政治後果，都能帶來巨大的社會後果，所以忽略這種關係極度危險。創新可以純粹根據自己的軌道奔馳，不必環顧左右，只需一路不斷向世人散發禮物就好——這種想法當然很誘人。但問題是，研發居家自行施打的避孕針**是**政治行為。創辦特許學校與共同核心（Common Core）標準**是**政治行為。像小馬丁．路得．金恩（**Martin Luther**

King Jr.）那樣，創造一種觀察美國境內種族分裂問題的新方法，也是政治行為。而且「進步」本身也是一種政治；對一些人來說是「改善」，對其他人來說是「挫敗」，而且在大多數情況下，所謂「改善」與「挫敗」的定義取決於當權者。

美國、英國與歐盟諸國的人民，**現在**就在這種心態造成的泥沼中掙扎著。當你將「創新」視為一種不可阻攔、價值中立的東西時，就會有大批民眾因為工作被外包或自動化取代，或因全球供應鏈的演算法使然淪為臨時工而憤怒不已。許多人堅信，因這種「創新」而獲利的「菁英」根本不在乎他們，不在乎他們的孩子或他們的社區。許多人痛恨「菁英」，因為菁英們自作主張，在系統出問題的地方這裡打個補丁，那裡打個補丁，而一旦這些補丁需要補丁，菁英們聳聳肩，說一聲：「嗯，好像沒效。」就這樣，懷疑科學的反疫苗接種派出現了，福克斯新聞的觀眾不相信「事實」，因為菁英們只知道口沫橫飛、大談數據，問題卻始終解決不了，菁英們究竟知道什麼？於是移民恐慌症出現了。英國脫歐了。唐納．川普也橫空出世。

無論如何，比爾並不是不懂政治。二〇一八年，他在奈及利亞首都阿布賈（Abuja）發表演說。在這篇以「人力資本」（human capital）為主題的演說中，比爾直截了當告訴包括奈及利亞總統穆罕默杜・布哈里（Muhammadu Buhari）在內的現場觀眾，擁有「無敵經濟潛能」的奈及利亞，如果不開始投資它的人民，將陷入一片危急存亡的惡水中。

「我所謂投資你的人民指的是什麼？我指的是以健康與教育為優先，」比爾說，「不久前剛發表的《世界銀行世界發展報告》明白指出，教育導致就業、生產力與工資的改善。但在今天，奈及利亞鄉村偏遠地區的孩子有半數以上還不能讀、不能寫。」

「結論是必然的，」他繼續說，「奈及利亞明天的經濟，靠的是它的學校在今天的改善。」

比爾接著指出，奈及利亞要想投資它的學校，從而投資它的人民，奈及利亞政府需要改善它的稅收系統。他指出，而改善稅收系統就需要**政治意志**。你必須槓上既得利益者，以胡蘿蔔和棒子兼施的手段說服那些權貴，讓他們調整他們對「系統」應該如何運作的期待。由於這是一項艱巨的任務，你必須讓數字、讓廣大群眾站在你這一邊，透過行動明確發聲，讓當局聽到群眾的聲音。

有鑑於蓋茲基金會這時擁有的權勢，在召喚政治意志這個議題上，蓋茲基金會難道不該自我要求、做得更好些嗎？

* * * * *

COVID-19疫情凸顯了這個問題的重要性，也凸顯了其他許多問題的重要性。隨著亞馬遜這類公司的市場占有率不斷擴大，小型業者無以為繼，壟斷再一次成為熱門議題。這場危機暴露了全球供應鏈的脆弱，讓人一眼看出窮苦工人階級在一個極端不公時代的弱不禁風：負責家庭主要生計的工人在職場上染了COVID-19，回到人滿為患的家，將病毒帶給家人與鄰居，許多工人擔驚受怕，因為政府強制的房貸延緩償還期限即將屆滿。美國教育系統的問題也逐一曝光。遠程學習技術盛行，處於科技劣勢的孩子遠遠落後，讓人不禁思考那許多熱心投入教育改革的億萬富豪都做了些什麼。（或者可以說，都在做些什麼，因為這些問題至今仍在持續。）當然，那些億萬富豪一切安好，他們度完假，回到他們的私人飛機上，圓睜著眼，望著那位喜怒無常的市場先生——那位市場先生正在發脾氣，但威脅不到他們的財富。

當然，面對COVID-19疫情，首當其衝的重中之重就是蓋茲基金會的專長：疫苗。關於兩個比爾．蓋茲的故事就此出現。

我們先談正確的故事。

二〇一五年四月三日，比爾在溫哥華（Vancouver）舉行的「科技、娛樂與設計會議」（TED）中提出一項現已不幸成真的警告。他說：「在今後幾十年，如果有什麼東西殺害了超過一千萬人，這東西極可能是一種極具感染性的病毒，而不是一場戰爭。」當時沒有人真的注意他這番話。就一種方式來說，這也沒什麼——誠如史丹佛的羅伯．萊許在《只是贈予》一書中所說，慈善最能與民主相輔相成之處，就在於能將有錢人多出來的億萬財富做為社會的「風險資本」，針對大型全球性傳染病這類**低或然率的災難**，以這些資金找出可能的解決辦法。

當然，比爾在這場TED演說中談到的傳染病，不是低或然率的災難——它之所以還沒出現，只因為我們走運而已。但賭徒不會輕易退出一場激烈的賭局，就這樣，地球不斷轉動著，世事不停變化著，比爾也像阿波羅神的祭司、先知卡珊德拉（Cassandra）一樣，四處奔走，提出他的警告。他在二〇一六年向當時的總統當選人川普提出這個議題。在二〇一七年的慕尼黑安全會議（Munich Security Conference）上，他呼籲世界領導人像竭力阻止恐怖份子發展新武器、殺害千百萬人一樣，重視大流行病爆發的威脅。一年以後，他又一次來到慕尼黑，再次發表演說，呼籲——應該說懇請——各國政府與非政府組織聯手，進行疫情爆發模擬演習，「讓我們更了解疫病如何散播，如何運用隔離等手段應付疫情。」最後，在二〇一九年十月，蓋茲基金會與世界經濟論壇及約翰・霍普金斯健康安全中心（Johns Hopkins Center for Health Security）合作，舉行了「事件二〇一」（Event 201）的演練。這是一場「三個半小時的疫情爆發沙盤推演，模擬一場假設的、但從科學角度而言的確有可能出現的疫病爆發，人們如何在各種真實困境中因應的一連串有時、地、人物背景的戲劇性討論」。根據模擬狀況，十五個人聚在一起開會，其中一人是中國疾病預防控制中心負責人，討論一旦全球性疫情爆發時，他們應該做些什麼。他們看著幾個駭人聽聞的新聞報導，會議氣氛凝重。根據模擬場景，巴西境內養豬場爆發新疾病，疫情擴散全球，不出十八個月就殺害了六千五百萬人。

他們尋找可能導致這場疫情的傳播媒介，認定這個可怕的新傳染病應該來自一種**新型冠狀病毒**。

真的，沒錯。

鏡頭拉到二〇二〇年一月十七日，就在COVID-19橫掃中國武漢之際，蓋茲基金會、世界經濟論壇與約翰·霍普金斯就「事件二〇一」發表聯合聲明，向世界各國政府提出七項加強防疫措施的建議。其中最後一項建議強調各國政府需要迅速採取行動，「打擊虛假信息」。

無論如何，接下來的事我們都知道了。於是**另一個**比爾·蓋茲出現了。這第二個比爾是陰謀論者造出來的，因為他們知道，要讓社會大眾相信他們的理論，他們就得找一位著名人物當墊背。疫情？比爾．蓋茲一定是幕後操盤手。突然間，在推銷另一種疫情爆發過程版本的人心目中，比爾成了掀風作浪的妖魔。自然療法師羅斯．華特（Ross Walter）在臉書貼文說：「在這整個事件中，無所不在的蓋茲基金會才剛宣布另一項資助計畫，準備透過一個名為『信任印章』（Trust Stamp）的新專案，控制全世界每一個人。」根據華特提出的這個說法，信任印章「是一個以疫苗為基礎的數位識別計畫……它將你的生物數位識別與你的疫苗接種紀錄，以及你的財務與銀行帳戶資料結合在一起」。華特甚至說，這是一場「奪錢大戰」的一部分，目的要建立一種《關鍵報告》（*Minority Report*）電影情節裡那種預判執法的系統。相關陰謀論還有其他許多版本：#exposebillgates 的推文說，比爾．蓋茲本人在實驗室中研發了 COVID-19，他申請了專利，準備用一種 COVID-19 疫苗為世上每一個人植入晶片，與華特「信任印章」的說法相互呼應——喔，推文中還說，這與 5G 無線網路有關，而比爾．蓋茲是這種網路的推手。**真可怕**。

我在這本書裡對蓋茲基金會提出許多批判。我所以這麼做，除了因為我相信合法的批判很重要，陰謀論很容易湧入一個沒有嚴肅公開辯論的真空，是我認為應該為周延的另類說法留出空間的另一個原因。當主流媒體只知道將比爾與梅琳達塑造成大善人，卻不深入探討他們究竟做了些什麼——他們無論做什麼，都是存心良善，就算結果不理想也沒關係——就會讓那些自然療法師趁虛而入，在臉書上貼文，扮演起批判當局的角色。哥倫比亞廣播公司晚間新聞主播諾拉·奧唐奈（Norah O'Donnell）在二〇二〇年七月的一次訪談中對比爾說：「社交媒體上有關你與新冠病毒的貼文，是迄今為止散播得最廣的有關新冠病毒的謠言。所以……讓我們弄清楚：你想研發一種讓你能將晶片植入人體的疫苗嗎？」比爾沒有動怒。只是搖著頭。「這些疫苗與任何追蹤……裝置……完全無關。」

為了對付那些瘋狂的說法，例如說他以新冠病毒做藉口，為無辜的人打上「獸印」（Mark of the Beast）等等，比爾不得不放下對抗 COVID 的重要工作——這樣的事實證明，更清醒、更周詳地辯論慈善基金會應該在我們的生活上扮演什麼角色，對我們的世界、對蓋茲基金會都有好處。在未來幾年，更透明、更民主的做法對我們只有好處。

換成在一個比較完美的世界，不斷流傳在臉書上的新聞應該是這樣的：蓋茲基金會在這場危機中發揮了關鍵性作用。首先，它多年來在免疫學議題方面的經驗，鼓舞了科學家與流行病學家，讓他們竭盡心力擊敗COVID。在二〇二〇年那個漫長而酷熱的夏天，蓋茲基金會砸下三．五億美元，強化對新冠病毒的偵測、隔離與治療，加速疫苗研發；並且採取行動，保護非洲與南亞的高危險人群。比爾還效法華倫的做法，不斷在私下與公開場合遊說、鼓吹：除了私底下不斷與美國首席醫療顧問安東尼．佛奇（Anthony Fauci）博士這類重量級人物通電話，他還經常為緊張的民眾提供有科學根據的指導，他勤發推文，投書媒體，透過雲端視訊會議（Zoom）在電視上露面。前蓋茲基金會執行長傑夫．雷克斯（Jeff Raikes）告訴《華盛頓郵報》：「他現在忙得不亦樂乎。」

比爾對疫苗議題的立場有一項特色：他堅持將一切造出的疫苗視為一種「全球公共財」。二〇二〇年七月，比爾在國際愛滋病協會（International AIDS Society）主辦的一次遠端會議上說：「如果我們只是讓出價最高的人標到藥品與疫苗，而不是讓最需要這些藥品與疫苗的人民與地方取得它們，疫情會拖得更久、更不公正、更致人於死。」他說，藥品與疫苗的分發，不應以「市場因素」為準，而應基於一種「平等」的概念。或許，換言之，就是應該基於正義？

比爾仍然篤信民營企業創新。在疫情期間，甚至當無國界醫生（Doctors Without Borders）等組織與拜登的白宮都表示，將COVID疫苗科技置於公領域能加速貧窮國家的接種作業，比爾仍然竭力維護COVID疫苗專利權，並因此招來絕非信口雌黃的批判。在這個議題上，比爾對「公共財」的關切，直接牴觸了他對智慧財產權——早在當年自製電腦俱樂部抄襲微軟程式碼時，比爾已經開始高舉維護智財權的旗幟——不可侵犯的堅定信念。

但話又說回來，時間能讓人改變。拜口服補液鹽有效分發所賜，當年開著跑車亂闖、在微軟停車場數車子的這位神童，如今儼然一位政治家模樣的慈善家，數著他**拯救的人命**。那位看見記者就害羞、篤信天主教的媽媽，已經成為全世界最有影響力的生育權發言人。人確實會改變。有時會以始料未及的方式改變。喬納斯．沙克（Jonas Salk）拒絕為他的小兒麻痺疫苗申請專利；或許有一天，當比爾接獲報告，得知小兒麻痺主要因為自己的努力而從世上根除時，或許也會遵循沙克的傳承，決定軟化他對智財權與市場機制的立場。

這麼說並非異想天開。蓋茲基金會二十年來已經有所轉變——或許轉變速度沒有批評者指望的那麼快，但明顯轉變了。以二〇一八年為例，比爾與梅琳達做了一項重大宣布：他們將再一次擴大蓋茲基金會的作業範圍，這一次將聚焦於美國國內貧窮問題。在這個計畫領域展開的第一個大項目，是投入一．五八億美元，研究美國境內貧窮的根源與後果，以及造成經濟流動性受阻的障礙。如時任蓋茲基金會執行長的蘇．戴斯蒙—赫爾曼（Sue Desmond-Hellmann）所說，比爾與梅琳達準備投資數據，以蓋茲的方式處理這個問題，因為「如果不能掌握好數據，不知道其他人在做什麼，不知道怎麼樣才能取得成果，你就不能評估成果，敏捷做出調適」。所以說，有些事**不會**改變——但反貧窮運動以及基金會同時展開的國際教育援助計畫，顯示蓋茲基金會對慈善事業的思考已經出現變化。與比爾與梅琳達過去以簡單的辦法處理的那些專案相比，想解決美國國內的教育問題與外國的貧窮問題，需要更全面的解決辦法。

在麻州劍橋成立的比爾與梅琳達．蓋茲醫藥研究所（Bill & Melinda Gates Medical Research Institute）是另一個新嘗試。這是一個非營利的世界級生物科技研究設施，能進行自己的臨床實驗，它說明一件事：比爾已經用他的錢證明，他所謂要將研究工作（局部）獨立於製藥公司之外的說法並非說說而已。就算認為蓋茲基金會有一天會出現改頭換面的新改革，看起來不再像是億萬富豪私人的慈善機構，而更像是一種全民參與、讓世界變得更好的作業，或許也並非痴人說夢。

* * * * *

把時間拉回二〇〇〇年，梅琳達在華盛頓婦女基金大會（Washington Women's Foundation Convention）發表她第一篇重要的慈善演說。如今重讀她當年這篇講稿，給人一種奇怪的感覺——在這篇講稿中，你幾乎看不到充斥在蓋茲基金會演說中的那種誇張與自信。在這篇演說一開始，梅琳達談的不是有關貧窮與疾病問題的全球規模重大聲明。她談到她與比爾喜歡一起在社區附近散步。「我先生與我，」她說道，「在我們的慈善之旅上，只不過剛剛起步而已。要形容這趟漫漫旅途，我想不出其他更好的說法，只能說，我希望我們能走對方向。」

這趟慈善之旅有不少迂迴轉折，而且除非抵達目的地，你永遠沒辦法知道方向是否正確。一切得交由未來決定；這個故事當然未完。但如果說蓋茲基金會在某件事上做得比過去好，這件事就是它正在變得**更好**。由於有了比爾與梅琳達．蓋茲的努力，未來的世界會比今天更好。

＊　＊　＊　＊　＊

哦，華倫呢？他還是華倫。他仍然住在那棟房子裡，穿著那套皺巴巴的衣服，喝著同樣的櫻桃可樂。當然，他還是很有錢。但多有錢？儘管不斷散財，他仍然富可敵國。《富比士》四百大富豪榜排名近年來小有波折，在榜首寶座之爭上，伊隆．馬斯克（Elon Musk）與傑夫．貝佐斯（Jeff Bezos）兩人互有消長，不過華倫總是緊隨其後。〔有關貝佐斯的附注：直到二〇二〇年，全球五大首富中，只有貝佐斯一個人沒有簽「捐贈誓言」——在有生之年捐出一半財富——不過他的前妻麥肯琪．史考特（MacKenzie Scott）在二〇一九年簽了這項誓言。但貝佐斯捐了二十億美元，為街友收容組織提供資金，為低收入家庭的孩子開設幼兒班等等。二〇二二年，在接受CNN專訪時，貝佐斯還語出驚人地說，他現在打算在有生之年，將他時值一二四〇億美元財富的「大部分」捐出來。〕

華倫口中，從來沒有跟他有過一次爭論的查理．蒙格，於二〇二三年十二月在他一百歲生日前一個月去世。華倫寫的悼文很簡單：「查理給了我一個人能給另一個人最大的禮物。我的人生因為查理而更美好。」

寫到這裡時，華倫已經九十三歲，他仍是比爾與梅琳達的忠實朋友，仍彼此提供與接受建議。誰能想到他在一九九一年與比爾的第一次會面，竟對他自己、對今天全球各地數不清急需援助的人產生那麼大的影響？他本人一定沒想到。

在因應COVID-19疫情方面，他做了些什麼？當然，每當蓋茲基金會為疫情緊急任務進行捐助時，比爾與梅琳達都在幫他花錢。不過我們沒有精確數字。我們確實知道他賣了他全部的航空公司股票，派出他的公司專機將N95口罩從中國運往紐約的西奈山醫院（Mount Sinai Hospital）。此外，他還出現在一個為兒童製作的動畫公共服務公告中，教孩子如何正確洗手。而且，在二〇二〇年，他還不得不破天荒頭一遭，在**線上**對他的粉絲發表波克夏股東公開信！

他開始走進科技領域——他在二〇一六年成了蘋果的大股東。在蜜月旅行途中不忘研讀《穆迪手冊》的他，現在會抽出時間陪孫兒、陪曾孫一起玩耍了。他每週還會在「橋牌基地」（Bridge Base）平臺上，與比爾等人打幾場線上橋牌。在橋牌圈，他的牌技仍然數一數二。每個月，他都會光顧幾次……當然是冰雪皇后了。大夥會在那裡大啖迪利冰糕與暴風雪冰棒（Blizzard）。華倫老爹喜歡簡單的聖代。當然，因為他喜歡。因為他是這世上最普通的人：他曾經拯救過兩家瀕臨破產邊緣的華爾街銀行，一肩撐起美國經濟，他養育了一個幾乎單槍匹馬維護了美國墮胎權的女兒，他的一個兒子創作了一首關於美洲原住民困境的獲獎多媒體歌曲，他的另一個兒子，經我們最新查證，已經退出伊利諾州警長競選。華倫只是個普通人，下定決心比其他人捐出更多的錢，因為每當想到自己那麼幸運、賺了那麼多錢，就讓他睡不安枕。由於天性樸實、不願張揚，華倫從來不肯讓任何事物以他的姓名命名，就連他一手打造、讓他一度成為世界首富的那家公司也不例外。每一個工作日，波克夏·海瑟威總有一億美元——來自子公司、股息、利息——進帳。而華倫就坐在他位於基威特廣場的辦公桌旁，想辦法處理這些錢。就算投資搞砸了，不也是一種工作樂趣嗎？

華倫常說：「如果打高爾夫，每球必然一桿進洞，就不會有人喜歡玩了。你總會打幾球掉進深草區，然後想辦法脫困。」

「正因為這樣，」他加了一句，「它才有趣。」

後記

不過是一場戲罷了

華倫・巴菲特與比爾・蓋茲是非常不一樣的人。如果不是因為兩人都是狂熱的橋牌玩家，他們的友誼可能不會這麼重要。

橋牌的規則——玩家稱它們為「法則」——以複雜出名，不過它們的開局都是一樣的。需要四名玩家，分成兩隊——坐在對桌的兩人是隊友——和一副牌。牌分完以後，每個玩家祕密看完分到手中的牌，然後開始「叫牌」。在這個過程中，每一個玩家都要根據手中的牌，叫一個「價」，表示他們認為他們這一隊可以打出的最好的成績，叫得最高的達成「合約」。

商人往往愛打橋牌：它是一種獎勵專注與策略的遊戲，打橋牌需要一種遠大眼光，一種殺手直覺，還得耐性與決心兼具。你得知道如何吞下你的損失，因為就跟在商務或在慈善事業上一樣，你不可能戰無不勝。但你可以看得出來，為什麼像這樣的遊戲會特別吸引華倫這樣的人：簡言之，這是他的「卵巢樂透」。就像所有其他牌戲一樣，你不能選擇分到你手裡的是什麼牌，每隔一段時間，無論哪個玩家，總會拿到一手爛牌。不同的是，在橋牌世界，沒有人孤軍奮戰。你的隊友就坐在你對桌，而他的責任就是把你的爛牌轉變為取勝的好牌。

終其一生，華倫一直在追尋能與他搭檔的隊友，像露絲・布魯金與查理・蒙格……當然，還有比爾・蓋茲這類人物。就像華倫的事業一樣，橋牌的好夥伴也需要共同的目標與良好的溝通。夥伴不可以公開相互告知自己手裡拿著什麼牌，但他們可以用事先安排的密碼相互傳遞「訊號」——例如：你可以用一張非常低的牌因應一張高牌，表示你手上的牌很弱，反之你也可以打一張高得沒有必要的牌，暗示你握有一手好牌。值得一提的是，華倫・巴菲特或許堪稱我們這個時代最偉大的商業溝通人才。成千上萬從未花過一毛錢購買波克夏股票的人會反覆研讀他的年度股東信，不是沒有道理的。這種溝通本領存在他的血液裡。

比爾或許也在橋牌中找到一種合他脾性的東西。畢竟，橋牌講究的就是許下承諾，然後**想辦法做到**。你當然可以每一手牌都拿下合約，保證你會贏——但如果達不到合約門檻，你就輸了。而比爾的人生職涯，就建構在許下超高保證、然後如約達標的基礎上。早在一九七五年，他因為保證寫出一個能用在8080晶片上的BASIC，而贏得一紙合約，最後他果然如約完成。快轉到大約五十年後，比爾承諾要消除所有由愛滋病、小兒麻痺及其他貧困所導致的可預防的死亡。這是一次強勢叫牌。而蓋茲基金會正在全球各地努力完成這項承諾。

當然，憤世嫉俗的人大可拿橋牌的其他一些特性來貶抑比爾與華倫的慈善事業。在叫牌後，贏得叫牌的人在這一盤的比賽中稱為「莊家」（declarer），莊家得決定王牌的花色，莊家的夥伴叫做「夢家」（dummy），必須把牌攤在桌面，讓每個人看，並且不能再參與遊戲。夢家的一切動作都由莊家代勞。也就是說，這種夥伴關係從來就不公平。正如我們所記錄的，在印度、非洲與全球其他各地，很多人可能認為自己有點像比爾與華倫玩的這場牌戲中的夢家。眼看著富豪們勾心鬥角，他們卻只能把牌攤開——就算他們最後勝了，但許多人覺得自己沒有發揮什麼作用。或許，在慈善事業，這只是一條遊戲規則罷了。

在一場橋牌比賽中，分數記在一張畫成兩欄的計分卡上，兩欄分別是「我們」（We）和「他們」（They），中間畫一條水平線。當一方贏了一百分或超過一百分時，這一方就贏了這一「盤」。為了標示，記分員會在結束這一盤比賽的分數下方畫一條水平線，表示下一盤即將開始。

或許你還記得華倫那位橋牌教練莎朗．奧斯伯格，她曾描述過比爾和華倫在牌風上的差異，而她使用的詞語同樣可以用來描述這兩個人整體上的不同。她告訴《華盛頓郵報》：「比爾非常科學，喜歡做自己的閱讀與研究。華倫則沉醉於打牌之樂。華倫有很好的直覺。」華倫真的很愛打橋牌。他曾說，如果與他關在一起的三個人都打橋牌，他不介意被關在監獄裡。至少據華倫說，如果對手不是莎朗．奧斯伯格，他通常都能占上風。華倫於二〇一九年告訴CNBC，「我打橋牌的次數可能是比爾的一百倍，所以或許橋牌是世界上我唯一能稍稍領先他一點的遊戲。」他承認，「領先優勢非常小。」

至於一向好勝的比爾——至少在這裡，他似乎並不在意偶爾輸幾場。正如過去十年，他在對億萬富豪發表演說時總不忘強調：勝利帶來的快感儘管珍貴，卻不能持之久遠，而且絕不能忘了，一旦大限到來，一旦來到人生最後一局，面對那永遠打不贏的對手，你必敗無疑，你的財富一點也帶不走。既然如此，何不趁現在先做好迎接那場最後失敗的準備；噢，還有，在你將你的計分卡永遠封藏以前，何不將你的計分卡弄得漂漂亮亮的，確保你開出的最後一張支票不會退票。

謝詞

我在寫這本書的過程中，承蒙幾位人士鼎力相助。這幾位人士主要是我的研究員馬亞．辛格（Maya Singer）與山姆．克里斯（Sam Kriss），他們提供我最大的支援，以和法醫一樣敏銳的嗅覺與洞察力，幫助我看透這往往一片混沌的億萬富豪慈善家世界。我要感謝哈潑柯林斯（HarperCollins）的諾亞．艾克（Noah Eaker）堅定的支持，並為我提供編輯建議。還要感謝我的經紀與友人，ICM/CAA 的珍妮佛．喬爾（Jennifer Joel）。最後，感謝我在德國的出版社，迪歐根尼出版公司（Diogenes Verlag），二十多年來不斷給予我支持。

參考書目

書目注釋

這本書的起源可以追溯到二〇一七年，當時它是一部舞臺劇：《星期三在華倫家，星期五在比爾家》（*Wednesday at Warren's, Friday at Bill's*），這是後來成為《崇拜三部曲》（*Worship Trilogy*）的第三部分，這三部劇探討了宗教、藝術和金錢等受人崇拜的世界中存在的爭議。在這第三部分中，關於超級慈善事業對社會究竟是有利還是有害，我沒有固定的觀點，我特別感興趣的不僅是華倫和比爾之間友誼的家庭層面，還有梅琳達、蘇西和艾絲翠在這四人或五人友誼中所扮演的重要角色，這段友誼看似在一系列無辜的橋牌遊戲之夜和其他相遇中隨意地發展，最終成為歷史上最大的一筆慈善承諾。

正如我之前兩次發現的那樣——這本書是第三次——創作一部舞臺或銀幕上的推測性小說的衝動，必然需要大量的前期研究，以免對歷史造成嚴重損害。最終，這些研究以另一部非小說作品的形式呈現，並且對嚴格的準確性有著不屈不撓的要求。

這本書的編寫依賴大量的資料來源，但我希望特別提到以下幾本書。保羅．艾倫的《創意人》（*Idea Man*）提供了對比爾的獨特視角，史蒂芬．曼斯和保羅．安德魯斯也是如此，而霍華．巴菲特和凱洛．盧米思，尤其是艾莉絲．施洛德，也為華倫提供了同樣的視角。梅琳達的《提升的時刻》充滿了令人振奮的坦率。華特．艾薩克森對我們一生中所經歷的數位變革給予了精闢的概述。對超級慈善的成本和收益的更深入分析則由下列三本書提供：林賽．麥克高伊的《天下沒有免費的禮物》、大衛．里夫的《飢餓的譴責：二十一世紀的食物、正義與金錢》（*The Reproach of Hunger: Food, Justice, and Money in the Twenty-First Century*），以及大衛．卡拉漢的《施予者》。最後要提到羅伯．柯林格利，哪怕僅僅是因為他的書名：《意外的電腦帝國》。

書籍

Allen, Paul. *Idea Man: A Memoir by the Cofounder of Microsoft*. New York: Portfolio/ Penguin, 2011.

Brill, Steven. *Class Warfare: Inside the Fight to Fix America's Schools*. New York: Simon & Schuster, 2011.

Buffett, Howard G. *40 Chances: Finding Hope in a Hungry World*. New York: Simon & Schuster, 2013.

Callahan, David. *The Givers: Wealth, Power, and Philanthropy in a New Gilded Age*. New York: Alfred A. Knopf, 2017.

Cringely, Robert X. *Accidental Empires: How the Boys of Silicon Valley Make Their Millions, Battle Foreign Competition, and Still Can't Get a Date*. Boston: Addison- Wesley, 1992.

Doerr, John. *Measure What Matters: OKRs—The Simple Idea That Drives 10x Growth*. New York: Portfolio/Penguin, 2018.

Doogan, Kevin. *New Capitalism?: The Transformation of Work*. Cambridge, UK: Polity Books, 2009.

Federici, Silvia. *Wages Against Housework*. London: Falling Wall Press, 1975. Fleishman, Joel L., J. Scott Kohler, and Steven Schindler. *Casebook for the Foundation: A Great American Secret*. New York: PublicAffairs, 2007.

Frank, Robert. *Richistan: A Journey Through the 21st Century Wealth Boom and the Lives of the New*

Rich. London: Piatkus Books, 2008.

Gates, Bill. *How to Avoid a Climate Disaster: The Solutions We Have and the Break-throughs We Need*. New York: Alfred A. Knopf, 2021.

Gates, Melinda. *The Moment of Lift: How Empowering Women Changes the World*. New York: Flatiron Books, 2019.

Giridharadas, Anand. *Winners Take All: The Elite Charade of Changing the World*. New York: Alfred A. Knopf, 2018.

Graubard, Margaret E. M. *In the Best Society*. Bloomington, IN: iUniverse, 2008.

Hays, Charlotte. *The Fortune Hunters: Dazzling Women and the Men They Married*. New York: St. Martin's Press, 2007.

Isaacson, Walter. *Steve Jobs: A Biography*. New York: Simon & Schuster, 2011.

———. *The Innovators: How a Group of Hackers, Geniuses, and Geeks Created the Digital Revolution*. New York: Simon & Schuster, 2014.

Kovacs, Philip E., ed. *The Gates Foundation and the Future of US Public Schools*. New York: Routledge, 2011.

Lesinski, Jeanne M. *Bill Gates: Entrepreneur and Philanthropist*. Minneapolis, MN: Twenty-First Century Books, 2009.

Loomis, Carol. *Tap Dancing to Work: Warren Buffett on Practically Everything*. New York: Portfolio/Penguin, 2012.

Lowe, Janet. *Bill Gates Speaks: Insight from the World's Greatest Entrepreneur*. Hoboken, NJ: John Wiley & Sons, 2001.

Lowenstein, Roger. *Buffett: The Making of an American Capitalist*. New York: Random House, 1995.

MacFarquhar, Larissa. *Strangers Drowning: Voyages to the Brink of Moral Extremity*. London: Allen Lane, 2015.

Manes, Stephen, and Paul Andrews. *Gates: How Microsoft's Mogul Reinvented an Industry—and Made Himself the Richest Man in America*. New York: Doubleday, 1993.

Mayer, Jane. *Dark Money: The Hidden History of the Billionaires Behind the Rise of the Radical Right*. New York: Doubleday, 2016.

McGoey, Linsey. *No Such Thing as a Free Gift: The Gates Foundation and the Price of Philanthropy*. London: Verso, 2015.

Muraskin, William. *Crusade to Immunize the World's Children*. Morrisville, NC: Lulu Press, 2005.

Plath, James, ed. *John Updike's Pennsylvania Interviews*. Bethlehem, PA: Lehigh University Press, 2016.

Reich, Rob. *Just Giving: Why Philanthropy Is Failing Democracy and How It Can Do Better*. Princeton, NJ: Princeton University Press, 2018.

Rieff, David. *The Reproach of Hunger: Food, Justice, and Money in the Twenty-First Century*. New York: Simon & Schuster, 2015.

Schroeder, Alice. *The Snowball: Warren Buffett and the Business of Life*. New York: Bantam Books, 2008.

Wainer, Howard. *Picturing the Uncertain World: How to Understand, Communicate, and Control Uncertainty Through Graphical Display*. Princeton, NJ: Princeton University Press, 2009.

文章

Ackman, Dan. "Bill Gates Is a Genius and You're Not." *Forbes*, July 21, 2004. Alberts, Hana R. "Legal Adversary Turned Ally." *Forbes*, June 25, 2008.

Alpert, Gabe. "If You Had Invested in Berkshire Hathaway When Buffett Took Over." Investopedia, May 21, 2020.

Andrews, Paul. "Bill Gates, Version 38 0." *Seattle Times*, October 28, 1993.

Andrews, Paul, and Stephen Manes. "Power User—He Saw the Future and It Was Him." *Seattle Times*, January 10, 1993.

Armstrong, Robert, Eric Platt, and Oliver Ralph. "Warren Buffett: I'm Having More Fun Than Any 88-Year-Old in the World." *Financial Times*, April 24, 2019.

Bailey, Jeff, and Eric Dash. "How Does Warren Buffett Get Married? Frugally, It Turns Out." *New York Times*, September 1, 2006.

Bajaj, Vikas. "Freddie Mac Tightens Standards." *New York Times*, February 28, 2007. Beam, Alex. "Lifestyles of the Rich." *New York Times*, June 10, 2007.

Bishop, Todd. "Bill Gates Patched Things Up with Paul Allen, Hoped to Travel the World with Microsoft Co-founder." *GeekWire*, February 12, 2019.

Bloomberg News. "Buffett Reluctantly Discloses Berkshire Stake in Microsoft." *New York Times*, February 23, 2000.

Bowman, Andrew. "The Flip Side to Bill Gates' Charity Billions." *New Internationalist*, April 1, 2012.

Buffett, Peter. "The Charitable-Industrial Complex." *New York Times*, July 26, 2013. Buffett, Warren E. "Warren Buffett: Buy American. I Am." *New York Times*, October 16, 2008.

Buhayar, Noah. "U.S. Embassies Are Obsessed with Warren Buffett's Chocolate." Bloomberg, December 1, 2015.

Burck, Gilbert. "A New Kind of Stock Market." *Fortune*, March 1959.

Callahan, David. "Who's Who at the Secretive Susan Thompson Buffett Foundation." Inside Philanthropy, February 4, 2014.

Campany, David. "Allan Sekula: A Mirror to Fractured Times." *Financial Times*, March 8, 2019.

Cao, Sissi. "Melinda Gates Talks Her 'Big Test' with Bill Gates in Rare Interview."

Observer, April 24, 2019.

Carlton, Jim. "They Coulda Been a Contender." *Wired*, November 1, 1997.

Chambers, Sam. "Bill Gates Joins Nuclear-Powered Shipping Push." Splash247.com, November 2, 2020.

Clark, Andrew. "Buffett Says Act or Face 'Economic Pearl Harbor.'" *Guardian*, September 24, 2008.

———. "She Was Working as a Waitress in a Cocktail Bar. Then She Met Warren." *Guardian*, September 1, 2006.

Cohen, Adam. "Microsoft Enjoys Monopoly Power . . ." *Time*, November 15, 1999. Constantinou, Marianne. "Bill Gates Tries to Upgrade His Image." *Baltimore Sun*, May 4, 1998.

Consumer Federation of America. "Media Commentators Across the Country Reject Harsh and One-Sided Bankruptcy Legislation." Consumerfed.org.

Corcoran, Elizabeth, and John Schwartz. "The House That Bill Gates's Money Built."

Washington Post, August 28, 1997.

Corr, O. Casey. "Melinda French Gates: A Microsoft Mystery." *Seattle Times*, June 4, 1995.

———. "Mr. X—Coupon King Bill Gates and Other High-Tech Tales." *Seattle Times*, February 27, 1992.

Crippen, Alex. "New Peter Buffett-Akon Collaboration Debuts at United Nations Concert." CNBC, March 25, 2009.

Daly, James. "The Robin Hood of the Rich." *Wired*, August 1, 1997. Darlin, Damon. "He Wants Your Eyeballs." Forbes, June 16, 1997.

Deutschman, Alan. "Bill Gates' Next Challenge." *Fortune*, December 28, 1992. Diamond, David. "Adventure Capitalist." *Wired*, September 1, 1996.

Dodge, John. "A Visit to Bill Gates' House a Decade Ago." EDN, July 3, 2006. Doughton, Sandi.

"Not Many Speak Their Mind to the Gates Foundation." *Seattle Times*, August 3, 2008.

Dugger, Celia W. "For Melinda Gates, Birth Control Is Women's Way Out of Poverty." *New York Times*, November 1, 2016.

———— . "From U.S. to Africa, with a Fortune and a Tractor." *New York Times*, October 23, 2009.

Dzombak, Dan. "25 Best Warren Buffett Quotes." The Motley Fool, September 28, 2018.

Edgecliffe-Johnson, Andrew, and Billy Nauman. "Fossil Fuel Divestment Has 'Zero' Climate Impact, Says Bill Gates." *Financial Times*, September 17, 2019.

Egan, Timothy. "Bill Gates Views What He's Sown in Libraries." *New York Times*, November 6, 2002.

Eichenwald, Kurt. "Microsoft's Lost Decade." *Vanity Fair*, August 2012. Einstein, David. "Gates Steps Down as Microsoft CEO." Forbes, January 13, 2000.

———— . "The Lawyer Who Took on Microsoft." *San Francisco Chronicle*, March 20, 1995.

Elkins, Kathleen. "Warren Buffett Spends 8 Hours a Week Playing the 'Only Game' at Which He May Be Better than Bill Gates." CNBC, February 25, 2019.

Elliott, Philip. "Charles Koch Has Given $1 Billion to Charity." *Time*, October 3, 2018. Ervin, Keith. "Federal Way Pares School-Chief List to Three Finalists." *Seattle Times*, July 26, 1994.

Eschner, Kat. "The Peculiar Story of the Witch of Wall Street." *Smithsonian*, November 21, 2017.

Feder, Barnaby J. "Rose Blumkin, Retail Queen, Dies at 104." *New York Times*, August 13, 1998.

Foroohar, Rana. "Warren Buffett Is on a Radical Track." Time, January 23, 2012.

Fox, Ben. "Warren Buffett Doubles Pledge to Kids' Foundations." *MarketWatch*, August 30, 2012.

Frank, Robert. "What Does It Take to Feel Wealthy?" CNBC, July 19, 2012.

Freed, Dan. "'King of Wall Street' Trader John Gutfreund Dies at 86." Reuters, March 9, 2016.

Gammon, Katharine. "What We'll Miss About Bill Gates—A Very Long Goodbye." *Wired*, May 18, 2008.

Gates, Bill. "Here's a Chapter from My Favorite Business Book." *Gates Notes*, July 13, 2014.

———. "25 Years of Learning and Laughter." *Gates Notes*, July 5, 2016.

———. "Warren and Me." *Gates Notes*, May 12, 2015.

———. "Warren Buffett's Best Investment." *Gates Notes*, February 14, 2017.

———. "Warren Buffett Just Wrote His Best Annual Letter Ever." *Gates Notes*, March 15, 2015.

———. "What I Learned from Warren Buffett." *Harvard Business Review*, January–February 1996.

———. "What Makes for a Good Bridge Partner?" *Gates Notes*, August 6, 2010.

———. "Why We Swing for the Fences." *Gates Notes*, February 10, 2020.

Gates, Melinda. "The Vacation That Changed Everything." AARP, November 28, 2017.

Geballe, Bob. "Bill Gates' Guinea Pigs." Seattle Weekly, October 9, 2006. Gibbs, Nancy. "The Good Samaritans." Time, December 19, 2005.

Gibbs, W. Wayt. "Bill Gates Views Good Data as Key to Global Health." *Scientific American*, August 1, 2016.

Gillis, Justin. "Bill and Melinda Gates' Charities Go Far Beyond Writing Checks." *Washington Post*, October 3, 2003.

Goodell, Jeff. "Bill Gates: The Rolling Stone Interview." *Rolling Stone*, March 13, 2014. Grant, Linda. "Taming the Bond Buccaneers at Salomon Brothers." *Los Angeles Times*, February 16, 1992.

Hanbury, Mary. "We Ate at Warren Buffett's Favorite Omaha Steakhouse—Here's What It's Like." *Business Insider* India, July 10, 2017.

Heath, Thomas. "Meet the Woman Who Gives Bridge Tips to Warren Buffett and Bill Gates." *Washington Post*, July 28, 2017.

———. "My Conversation with Warren Buffett about Bridge, Bill Gates and a Bus Ride." *Washington Post*, August 4, 2017.

Heilemann, John. "The Truth, the Whole Truth and Nothing But the Truth." *Wired*, November 1, 2000.

Helmore, Edward. "So Who's Crying Over Spilt Milk?" *Guardian*, May 9, 2001. Hendrie, Caroline. "High Schools Nationwide Paring Down." *Education Week*, June 16, 2004.

Henican, Ellis. "Giving It Away: The Other Buffett Family Business." *Barron's*, June 18, 2018.

Herszenhorn, David M. "Gates Charity Gives $51 Million to City to Start 67 Schools." *New York Times*, September 18, 2003.

Hill, Paul T. "A Foundation Goes to School: Bill and Melinda Gates Shift from Computers in

Libraries to Reform in High Schools." *Education Next*, Winter 2006.

Holm, Erik. "Warren Buffett Won't Quit Until He's 'Buried in the Ground,' His Son Says." *Wall Street Journal*, December 8, 2011.

Holt-Giménez, Eric, Miguel A. Altieri, and Peter Rosset. "Ten Reasons Why AGRA Will Not Solve Poverty and Hunger in Africa." Food First, October 2006.

Independent. "Office Romance: How Bill Met Melinda." June 27, 2008. Isaacson, Walter. "In Search of the Real Bill Gates." Time, January 13, 1997.

Jewish Telegraphic Agency. "Long Before Israeli Deal, Warren Buffett Made His Mark on Jewish Community." May 16, 2006.

Johnson, Richard, with Paula Froelich, Chris Wilson, and Bill Hoffmann. "Buffett to Kin: You're Fired!" *New York Post*, Sept 7, 2006.

Johnston, David Cay. "Dozens of Rich Americans Join in Fight to Retain the Estate Tax." *New York Times*, February 14, 2001.

Kaufman, Frederick. "The Food Bubble." *Harper's Magazine*, July 2010.

———— ."Let Them Eat Cash." *Harper's Magazine*, June 2009.

Kiersz, Andy. "Here's How Rich You'd Be If You Had Bet $1,000 on Warren Buffett Way Back When." *Business Insider* India, March 3, 2015.

Kimmett, Colleen. "10 Years After Katrina, New Orleans' All-Charter District Has Proven a Failure." *In These Times*, August 28, 2015.

Kinsella, Kevin. "Newsmakers: Tom Vander Ark." *Philanthropy News Digest*, October 15, 2003.

Kirkpatrick, David, and Brenton Schlender. "The Valley vs. Microsoft." *Fortune*, March 20, 1995.

Knight-Ridder Newspapers. "Microsoft Spoof: Microshaft Winblows 98 Bill Gates' Empire Is the Target of Latest Parody by CD-ROM Maker Palladium Interactive." *Spokesman-Review*, January 6, 1998.

Kolbert, Elizabeth. "Gospels of Giving for the New Gilded Age." *New Yorker*, August 20, 2018.

Lane, Randall. "Bill Gates and Bono on Their Alliance of Fortune, Fame and Giving." Forbes, December 1, 2013.

Levy, Steven. "Behind the Gates Myth." *Newsweek*, August 29, 1999. Lewis, Michael. "The Master of Money." *New Republic*, June 3, 2009.

——— . "The Temptation of St. Warren." *New Republic*, February 17, 1992. Loomis, Carol J. "The Inside Story of Warren Buffett." *Fortune*, April 11, 1988.

——— . "The $600 Billion Challenge." *Fortune*, June 16, 2010.

——— . "Warren Buffett Gives It Away." *Fortune*, July 13, 2006.

Luckerson, Victor. "'Crush Them': An Oral History of the Lawsuit that Upended Silicon Valley." The Ringer, May 18, 2018.

Martin, Douglas. "Rabbi Myer Kripke, Early Buffett Friend and Investor, Dies at 100." *New York Times*, May 3, 2014.

Martin, Nina. "How One Abortion Research Megadonor Forced the Supreme Court's Hand."

Mother Jones, July 14, 2016.

Matas, Robert. "The Man Who Gives Away Gates' Money." *Globe and Mail*, July 31, 2000.

Maxwell, Lesli A. "Foundations Donate Millions to Help New Orleans Schools' Recovery." *Education Week*, December 13, 2007.

McKibben, Sarah. "Foreclosed: 2 Million Homeless Students and Counting." *News Leader*, January 2009.

McNeil, Donald G., Jr. "WHO Official Complains About Gates Foundation's Dominance in Malaria Fight." *New York Times*, November 7, 2008.

Moeller, Kathryn. "The Ghost Statistic That Haunts Women's Empowerment." *New Yorker*, January 4, 2019.

Moorhead, Joanna. "Melinda Gates Challenges Vatican by Vowing to Improve Contraception." *Guardian*, July 11, 2012.

Munk, Nina. "How Warren Buffett's Son Would Feed the World." *Atlantic*, May 2016.

———. "It's the I.P.O, Stupid!" *Vanity Fair*, January 2000.

Myerson, Allen R. "Rating the Bigshots: Gates vs. Rockefeller." *New York Times*, May 24, 1998.

Nader, Ralph. "An Open Letter to Bill Gates." Nader.org, July 27, 1998.

Newburger, Emma. "Bill Gates Warns against Coronavirus Vaccine Going to the Highest Bidder—'We'll Have a Deadlier Pandemic.'" CNBC, July 11, 2020.

Norris, Emily. "Benjamin Graham, the Intelligent Investor." Investopedia, January 31, 2020.

Onion. "Bill Gates to Get Half." July 23, 1996.

Patel, Raj, Eric Holt-Gímenez, and Annie Shattuck. "Ending Africa's Hunger." *Nation*, September 2, 2009.

Pelline, Jeff. "Buffett Won't Invest in Tech Stocks." CNET, May 5, 1998.

Pemberton-Butler, Lisa. "Vander Ark's Exit No Surprise." *Seattle Times*, May 6, 1999.

Philanthropy News Digest. "Gates Foundation Commits $158 Million to Fight Poverty in the U.S." May 4, 2018.

Philpott, Tom. "Taxpayer Dollars Are Helping Monsanto Sell Seeds Abroad." *Mother Jones*, May 18, 2013.

Piller, Charles. "Gates Foundation to Keep Its Investment Approach." *Los Angeles Times*, January 14, 2007.

Piller, Charles, Edmund Sanders, and Robyn Dixon. "Dark Cloud Over Good Works of Gates Foundation." *Los Angeles Times*, January 7, 2007.

Piper, Kelsey. "Bill Gates Is Committed to Giving Away His Fortune—But He Keeps Get- ting Richer." *Vox*, April 23, 2019.

Ponsot, Elisabeth. "14-Year-Old Warren Buffett's First Tax Return Shows He Was Mak- ing Bank Even as a Teen." *Quartz*, June 27, 2017.

Premack, Rachel. "'I Missed a Lot': Bill Gates Regrets Not Partying and Going to Foot- ball Games at Harvard." *Business Insider*, April 27, 2018.

Provost, Claire, and Erick Kabendera. "Tanzania: Large-Scale Farming Turns Small Farmers into Mere Labourers." *Guardian*, February 18, 2014.

Provost, Claire, Liz Ford, and Mark Tran. "G8 New Alliance Condemned as New Wave of Colonialism in Africa." *Guardian*, February 18, 2014.

Read, Madlen. "Margin Calls Can Trigger a Downward Selling Spiral." *Mercury News*, August 18, 2007.

Reft, Ryan. "The Foreclosure Crisis and Its Impact on Today's Housing Market." KCET, September 20, 2017.

Rieff, David. "The Gates Foundation's Delusional Techno-Messianism." *New Republic*, November 1, 2010.

———. "A Green Revolution for Africa?" *New York Times*, October 10, 2008.

Robelen, Erik. "Venture Fund Fueling Push for New Schools." *Education Week*, January 16, 2007.

———. "Walton Family Puts Stamp on Education." *Education Week*, November 4, 2008. Rondy, John. "The Human Cost." *Milwaukee Magazine*, February 2011.

Rubin, Elizabeth. "How a Texas Philanthropist Helped Fund the Hunt for Joseph Kony." *New Yorker*, October 21, 2013.

Schlender, Brent. "All You Need Is Love, $50 Billion and Killer Software Code-Named Longhorn." *Fortune*, July 8, 2002.

———. "The Bill & Warren Show." *Fortune*, July 20, 1998.

———. "The Billionaire Buddies." *Wall Street Journal*, July 21, 2022.

Seabrook, John. "E-mail from Bill." *New Yorker*, December 27, 1993.

Sellers, Patricia. "Melinda Gates Goes Public." *Fortune*, March 16, 2016.

Seymour, Jim. "Judge Richard Posner Enters Microsoft vs. Justice Negotiations." TheStreet, November 19, 1999.

Shah, Sonia. "The Patient Recruitment Bottleneck." Soniashah.com, October 3, 2007. Sharwood, Simon. "Bill Gates Debunks 'Coronavirus Vaccine Is My 5G Mind Control Microchip Implant' Conspiracy Theory." *Register*, July 24, 2020.

Sherry, Allison. "Manual's Slow Death." *Denver Post*, May 5, 2006.

Singer, Peter. "The Logic of Effective Altruism." *Boston Review*, July 1, 2015. Specter, Michael. "What Money Can Buy." *New Yorker*, October 24, 2005.

Spurgeon, Devon. "Warren Buffett Bids and Bill Gates Passes." *Wall Street Journal*, December 11, 2000.

Stannard-Stockton, Sean. "Gates-Buffett Example Worth Its Weight in Gold." *Chronicle of Philanthropy*, July 11, 2010.

Strom, Stephanie. "Gates Aims Billions to Attack Illnesses of World's Neediest." *New York Times*, July 13, 2003.

Strouse, Jean. "How to Give Away $21.8 Billion." *New York Times*, April 16, 2000. Swisher, Kara. "Taming the Apex Predators of Tech." *New York Times*, May 21, 2019. Thomas, June. "The

Retreat Observation That Put Patty Stonesifer on Microsoft Leadership's Radar." *Slate*, March 28, 2019.

Udland, Myles. "This Is the Moment America Met Warren Buffett." Yahoo! Finance, April 30, 2019.

Vartan, Vartanig G. "Buffett's Low-Key Role in a High-Stakes Deal." *New York Times*, March 20, 1985.

Vidal, John. "Why Is the Gates Foundation Investing in GM Giant Monsanto?" *Guardian*, September 29, 2010.

Wathen, Jordan. "1 Stock That Was Pivotal in Billionaire Warren Buffett's Career." The Motley Fool, May 27, 2017.

Weise, Karen. "Warren Buffett's Family Secretly Funded a Birth Control Revolution." *Bloomberg Businessweek*, July 30, 2015.

Wilke, John R. "Billionaire Duffer Would Love to Belong to Storied Golf Club." *Wall Street Journal*, September 18, 1998.

Wilke, John R., and Rebecca Buckman. "U.S. Judge Calls Abrupt End to Microsoft An- titrust Trial." *Wall Street Journal*, May 25, 2000.

Winter, Greg. "Critical of Public Schools, and Poised to Take Action." *New York Times*, February 25, 2004.

Wired. "Gates, Microsoft Jump on 'Internet Tidal Wave.'" May 26, 1995.

信件、演講與新聞稿

Bill & Melinda Gates Foundation. "Purchase for Progress: Profiles of Progress." Press release, February 2012.

Bono. "Because We Can, We Must." Commencement speech at the University of Pennsylvania, Philadelphia, May 19, 2004.

Buffett, Warren. "Berkshire—Past, Present and Future." Letter to the shareholders of Berkshire Hathaway Inc., February 27, 2015.

———. Letter to Charles N. Huggins, December 13, 1972.

———. Letter to the shareholders of Berkshire Hathaway Inc., February 27, 1987.

———. Letter to the shareholders of Berkshire Hathaway Inc., February 29, 1988.

———. Letter to the shareholders of Berkshire Hathaway Inc., February 27, 2009. Gates, Bill. Roundtable at the World Economic Forum, New York, February 2, 2002.

———. Speech at the National Education Summit on High Schools, Washington, D.C., February 26, 2005.

———. Speech at the Nigeria Human Capital Event, Abuja, Nigeria, March 22, 2018.

———. Speech at the World Economic Forum, Davos, Switzerland, January 29, 2001. Gates, Melinda. "Educating All Children Well: Do We Want to Do It Badly Enough?"

Speech at the National Conference of State Legislatures, San Francisco, July 25, 2003.

———. Keynote remarks at the London Summit on Family Planning, London, July 11, 2012.

———. Remarks at the Washington Women's Foundation Annual Meeting, Seattle, April 6, 2000.
"Microsoft." U.S. Justice Department news conference, May 18, 1998.
"Secretary-General Calls for 'Uniquely African' Green Revolution in 21st Century." UN press release, July 6, 2004.

電影、音樂、電視節目

"An Hour with Warren Buffett, Bill Gates & Melinda Gates." *Charlie Rose*, PBS, June 26, 2006.
Becoming Warren Buffett (directed by Peter W. Kunhardt). HBO, 2017.
"Bill Gates and Warren Buffett." *Charlie Rose*, PBS, January 27, 2017.
"Bill Gates Must Die." Composed and performed by John Vanderslice, Barsuk Records, 2000.
"Blood into Gold." Composed by Peter Buffett, performed by Peter Buffett and Akon, Beside Records, 2009.
"Harm to Ongoing Matter." *On the Media*, WNYC, April 19, 2019.
"Melinda Gates." *My Next Guest Needs No Introduction with David Letterman*, Netflix, May 31, 2019.
Panic: The Untold Story of the 2008 Financial Crisis, directed by John Maggio. Vice/
HBO, 2018.
"Remembering Susan Buffett." *Charlie Rose*, PBS, August 26, 2004.
60 Minutes, CBS, December 11, 2011.

財經企管 BCB844

巴菲特與蓋茲：一段改變世界的友誼

WARREN AND BILL：Gates, Buffett, and the Friendship That Changed the World

作者 — 安東尼．麥卡騰（Anthony McCarten）
譯者 — 譚天

總編輯 — 吳佩穎
社文館副總編輯 — 郭昕詠
責任編輯 — 張彤華
校對 — 凌午（特約）
封面插畫 — June Park
封面設計 — 張議文
內頁排版 — 蔡美芳（特約）

出版者 — 遠見天下文化出版股份有限公司
創辦人 — 高希均、王力行
遠見．天下文化 事業群榮譽董事長 — 高希均
遠見．天下文化 事業群董事長 — 王力行
天下文化社長 — 王力行
天下文化總經理— 鄧瑋羚
國際事務開發部兼版權中心總監 — 潘欣
法律顧問 — 理律法律事務所陳長文律師
著作權顧問 — 魏啟翔律師
社址 — 臺北市 104 松江路 93 巷 1 號
讀者服務專線 — 02-2662-0012 ｜傳真— 02-2662-0007；02-2662-0009
電子郵件信箱 — cwpc@cwgv.com.tw
直接郵撥帳號 — 1326703-6 號　遠見天下文化出版股份有限公司

製版廠 — 中原造像股份有限公司
印刷廠 — 中原造像股份有限公司
裝訂廠 — 中原造像股份有限公司
登記證 — 局版台業字第 2517 號
總經銷 — 大和書報圖書股份有限公司｜電話 — 02-8990-2588
出版日期 — 2024 年 6 月 28 日第一版第 1 次印行
2024 年 8 月 6 日第一版第 2 次印行

定 價 — 600 元
ISBN — 978-626-355-834-2
EISBN — 9786263558298（EPUB）；9786263558304（PDF）
書 號 — BCB844
天下文化官網 — bookzone.cwgv.com.tw

巴菲特與蓋茲:一段改變世界的友誼 / 安東尼．麥卡騰（Anthony McCarten）著 ; 譚天譯 . -- 第一版 . -- 臺北市 : 遠見天下文化 , 2024.06
472 面 ; 21×14.8 公分 . -- (財經企管 ; BCB844)

譯自 : WARREN AND BILL: Gates, Buffett, and the Friendship That Changed the World

ISBN 978-626-355-834-2 (平裝)

1.CST: 巴菲特 (Buffett, Warren) 2.CST: 蓋茲 (Gates, Bill, 1955-) 3.CST: 傳記 4.CST: 友誼 5.CST: 美國

785.28　　113008860